# መጽሓፍ ጸሎት

## ጸሎት ሾብዓተ ሰዓታት

†

## ውዳሴ ማርያም

ምስ

ኣንቀጸ ብርሃንን

ይውድስዋ መላእክትን

†

## ምሩጻት ጸሎታት

2018 ዓ.ም

ቤት ትምህርቲ ሰንበት ማሕበር ኣቡነ ተኽለሃይማኖት ሲድኒ

## መእተዊ

ብስም ኣብን ወልድን መንፈስ ቅዱስን ሓደ ኣምላኽ፡ ኣሜን።

እዛ መጽሓፍ ጸሎት እቲ ኣብ መንፈሳዊ ህይወትና ከንጥቀመሉም ዝጸናሕናን ሕጂ'ውን ንጥቀመሉም ዘሎና ጸሎት ሾብዓተ ሰዓታትን ውዳሴ ማርያምን ኣብ ሓደ ጠርኒፋቶም ትርከብ። ከምኡ'ውን እቶም ምሩጻት ጸሎታት ኣገደስቲ ኮይኖም ብምርካቦም ካብ ናይ ግብጺ ኦርቶዶክሳዊት ቤተክርስትያን መጽሓፍ ጸሎት (ኣግቢያ) ብትግርኛ ተተርጒሞም ቀሪቦም ኣለዉ።

**ምስጋና ንእግዚኣብሄር ኣምላኽ ይኹን።**

# ትሕዝቶ

**ጸሎት ሾብዓተ ሰዓታት**

ጸሎት ዘዘውትር 1
ጸሎት ቀዳመይቲ ሰዓት 12
ጸሎት ሳልሰይቲ ሰዓት 48
ጸሎት ሻዱሸይቲ ሰዓት 70
ጸሎት ታስዓይቲ ሰዓት 91
ጸሎት ዓሰርተ ሓደ ሰዓት 111
ጸሎት ዓሰርተ ክልተ ሰዓት 127
ጸሎት ሓለዋ 152
ጸሎት ፍርቂ ለይቲ 162

**ውዳሴ ማርያም 218**

ናይ ሰኑይ 219
ናይ ሰሉስ 222
ናይ ሮቡዕ 227
ናይ ሓሙስ 233
ናይ ዓርቢ 239
ናይ ቀዳም 243
ናይ ቅድስት ሰንበት 247
ኣንቀጸ ብርሃን 252
ይውድስዋ መላእኽቲ ንማርያም 264

**ምሩጻት ጸሎታት 268**

ጸሎት ጣዕሳ 269
ጸሎት ቅድሚ ኑዛዜ 270
ጸሎት ድሕሪ ኑዛዜ 271
ጸሎት ቅድሚ ቅዱስ ቁርባን 272
ጸሎት ድሕሪ ቅዱስ ቁርባን 273
ጸሎት ቅድሚ መግቢ 274
ጸሎት ቅድሚ ውሳኔ ምውሳድ 275

# ጸሎት ሾብዓተ ሰዓታት

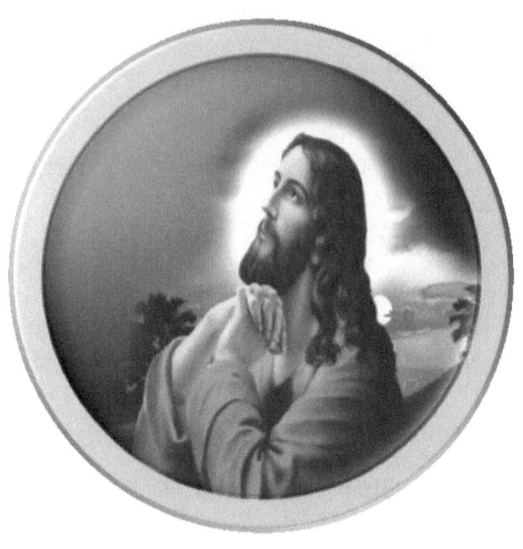

ናብ ፈተና ከይትኣትዉስ ንቕሑን ጸልዩን።
(ማቴ. 26:41)

# ናይ ዘውትር ጸሎት

## መእተዊ ነፍሲ ወከፍ ጸሎት ሰዓታት

## ብስም ኣብን ወልድን መንፈስ ቅዱስን ሓደ ኣምላኽ! ኣሜን።

ብሓደ ኣምላኽ ብኣብ ብወልድ ብመንፈስ ቅዱስ ስም፡ ብቅድስት ስላሴ እናኣመንኩን እናተማሕጸ ንኩን ኣብ ቅድሚ እዛ ኣደይ ዝኾነት ቅድስቲ ቤተ ክርስትያን፡ ሰይጣን እኽሕደካ ኣሎኹ። ንሳ'ውን ናይ ዘለዓለም ጸግዐይን ምስክረይን ዝኾነት ማርያም እያ።

## ነመስግነካ (ነእኵተከ)

ኦ ጐይታ ፈጺምና ነመስግነካን ነኽብረካን ኣሎና ኦ ጐይታ ኣሚንና ንግዝኣካ ኣሎና፡ ንቅዱስ ስምካ'ውን ንግዛእ ኣሎና፡ ናይ ኲሉ ብርኪ ዝሰግደልካ፡ ናይ ኲሉ ልሳን ዝግዝኣካ ጐይታ ንሰግደልካ ኣሎና። ናይ ኣማልክት ኣምላኽ ንስኻ ኢኻ፡ ናይ ጐይቶት ጐይታ፡ ናይ ነገስታት ንጉስ ንስኻ ኢኻ። ናይ ኲሉ ስጋን ናይ ኲላ ነፍስን ኣምላኽ ንስኻ ኢኻ፡ ክቡርን ምስጉንን

ወድኻ ንስኻትኩምሲ ክትጽልዩ ከሎኹም ከምዚ በሉ እናበለ ከም ዝመሃረና ከምዚ ኢልና ንጽውዓካ ኣሎና፡-

## ኣብ ሰማያት እትነብር ኣቦና

ኣብ ሰማያት እትነብር ኣቦና፡ ስምካ ይቀደስ፡ መንግስትኻ ትምጻእ፡ ፍቓድካ ከምቲ ኣብ ሰማይ፡ ከምኡ'ውን ኣብ ምድሪ ይኹን። ናይ ዕለት እንጌራና ሎሚ ሃበና፡ ንሕና ንዝበደሉና በደሎም ከም ዝሓደግናሎም በደልና ሕደገልና። ካብ ክፉእ ኣድሕነና እምበር ኣብ ፈተና ኣይተእትወና፡ ከመይ መንግስትን ሓይልን ክብርን ንዘለዓለም ናትካ እዩ እሞ፡ ኣሜን።

## ብናይ ቅዱስ ገብርኤል መልኣኽ ሰላምታ

ኦ እግዝእትየ ማርያም ብናይ ቅዱስ ገብርኤል መልኣኽ ሰላምታ ሰላም እብለኪ፡ ብሕልናኺ ድንግል ኢኺ፡ ብስጋኺ'ውን ድንግል ኢኺ፡ ኣደ እግዚኣብሄር ጸባዖት (ጐይታ ሰራዊት) ሰላም እብለኪ ኣሎኹ። ንስኺ ካብ ኣነስቲ ብርኽቲ ኢኺ ፍረ ከርስኺ'ውን ቡሩኽ እዩ። ኦ ምልእተ

ጸጋ እግዚኣብሄር ምሳኺ እዩ፡ ኦ ፍስሕቲ ደስ ይበልኪ፡ ሓጢኣትና ኪሰርየልና ናብ ፍቁር ወድኺ ኢየሱስ ክርስቶስ ምእንታና ምሕረት ለምንልና።

## መእተዊ ጸሎት ሃይማኖት

ኦ ኣደ ሓቀኛ ብርሃን ነኽብረኪ። ኦ ቅድስት ድንግል ወላዲት ኣምላኽ፡ መድሕን ዓለም ስለ ዝወለድክልናን፡ መጺኡ ኸኣ ንነፍስና ስለ ዘድሓነናን ነመስግነኪ። ኦ ጐይታናን ንጉስናን መድሓኒናን ኢየሱስ ክርስቶስ፡ ክብሪ ንዓኻ ይኹን። ንስኻ ንሓዋርያት ሞገሶም፡ ንሰማዕታት ኣኽሊሎም፡ ንጻድቃን ዕልልታኦም፡ ንቤተ ክርስትያን ጽንዓት፡ ንሓጥኣን ሕድገት። ብሓደ ዝመለኮቱ ስሉስ ቅዱስ ነበስር፡ ንሰግደሉን ነኽብሮን። ኦ ጐይታ መሓረና፡ ኦ ጐይታ መሓረና፡ ኦ ጐይታ ባርኸና፡ ኣሜን።

# ጸሎት ሃይማኖት

ንኹሉ ብዝሓዘ ሰማይን ምድርን ዚርአን ዘይ ርአን ብዝፈጠረ ብሓደ ኣምላኽ እግዚአብሄር ኣብ ነኣምን።

ብሓደ ጐይታ ብኢየሱስ ክርስቶስ ዓለም ከይተፈጥረ ምስኡ ህልው ብዝኾነ ወልደ ኣብ ዋሕድ'ውን ነኣምን። ካብ ብርሃን ዝተረኽበ ብርሃን፡ ካብ ሓቀኛ ኣምላኽ ዝተረኽበ ሓቀኛ ኣምላኽ፡ ዝተወልደ እምበር ፍጡር ዘይኮነ፡ ብመለኮቱ ምስ ኣብ ማዕረ ዝኾነ፡ ኩሉ ብእኡ ዝተፈጥረ፡ ብዘይካኡ ግና ኣብዚ ምድሪ ዘሎ ይኹን ወይስ ኣብ ሰማይ ዘሎ ምንም ዝተፈጥረ የልቦን፡ ምእንታና ምእንቲ ሰብ፡ ምእንቲ ምድሓንና ካብ ሰማያት ዝወረደ ብመንፈስ ቅዱስ ካብ ቅድስት ድንግል ማርያም ስጋ ለቢሱ ሰብ ኮነ፡ ሰብ ኮይኑ ድማ ብዘመን ጴንጤናዊ ጲላጦስ ምእንታና ተሰቕለ፡ መከራ መስቀል ተቐበለ፡ ሞተ ተቐብረ፡ ኣብ ቅዱሳት መጻሕፍቲ ከም ዝተጻሕፈ ኣብ ሳልሳይ መዓልቲ ካብ ምውታት ተፈልዩ ተንሰአ።ብኽብሪ ናብ ሰማያት ዓረገ፡ ኣብ የማን ኣቡኡ ተቐመጠ፡ ከም በሓድሽ

ድማ ንሕያዋንን ንምውታትን ኪፈርድ ብኽብሪ ኪመጽእ እዩ። ንመንግስቱ መወዳእታ የብሉን፡

ጐይታን መሕወዪን ብዝኾነ ካብ ኣብ ብዝሰረጸ፡ ብመንፈስ ቅዱስ ነኣምን። ምስ ኣብን፡ ወልድን፡ ንሰግደሉን ነመስግኖን፡ ንሱ ኣብ ነቢያት ሓዲሩ ዝተናግረ እዩ።

ልዕሊ ኵሉ ብዝኾነት ናይ ሓዋርያት ጉባኤ ብሓንቲ ቅድስት ቤተ ክርስትያን ነኣምን። ሓጢኣት ንምስትራይ ብሓንቲ ጥምቀት'ውን ነኣምን፡ ንትንሳኤ ምውታንን ንዘለዓለም ዓለም ዚመጽእ ሕይወትን ተስፋ ንገብር፡ ኣሜን።

## ቅዱስ ቅዱስ ቅዱስ

ቅዱስ፡ ቅዱስ፡ ቅዱስ፡ እግዚኣብሄር ጐይታ ሰራዊት ናይ ጐይትነቱ ምስጋና ፈጺሙ ሰማይን ምድርን ዝመልኦ እዩ፡ ኦ ክርስቶስ መጺእካ ኣድሒንካና ኢኻ'ሞ፡ ምስ መሓርን ሰማያውን ኣቦኻ፡ መሕወዪ ምስ ዝኾነ ቅዱስ መንፈስካ ንሰግደልካ ኣሎና።

ንኣብ፡ ንወልድ፡ ንመንፈስ ቅዱስ ሓንቲ ስግደት እሰግድ (3 ጊዜ በል)፡ ሓደ እንከለዉ ሰለስተ፡ ሰለስተ እንከለዉ ሓደ ዝኾኑ፡ ብኣካላት ሰለስተ፡ ብመለኮት ሓደ እዮም።

ኣምላኽ ንዝወለደት ብስጋን ብነፍስን ንጽሕት ንዝኾነት ንእግዝእትነ ድንግል ማርያም እሰግድ፡ ዓለም ንምድሓን ንዝተሰቕለሉ ናይ ጐይታና ኢየሱስ ክርስቶስ መስቀል እሰግድ።

መስቀል ሓይልና እዩ፡
መስቀል ጽንዓትና እዩ፡
መስቀል ቤዛዊና እዩ፡
መስቀል መድሓን ነፍስና እዩ፡

ኣይሁድ ክሓድዎ ንሕና ግን ኣመንናዮ ዝኣመንና ንሕና ድማ ብናይ መስቀሉ ሓይሊ ደሓንና።

## <u>ሰላም ንዓኺ (ሰላም ለኪ)</u>

እናሰገድና ንዓኺ ሰላምታ ይግባእ ንብል ኦ ኣዴና ማርያም ካብ ሃዳናይ ኣራዊት (ዲያብሎስ) ክተድሕንና ንልምነኪ፡ ናባኺ ከኣ ንምዕቈብ፡

ምእንቲ ኣዴኺ ሓናን ኣቦኺ ኢያቄምን፡ ኣ ድንግል ሎሚ ነዚ ማሕበርና ባርኺ።

## ናይ እግዝእትነ ማርያም ጸሎት

ነፍሰይ ንእግዚኣብሄር ተዕብዮ፡ መንፈሰይ ከኣ ብኣምላኸይ፡ በቲ መድሓኒየይ ባህ ይብላ፡ ውርደት ባርያኡ ርእዩ እዩ'ሞ፡ እንሆ ካብ ሕጂ ኲሎም ወለዶ ብጽዕቲ ኪብሉኒ እዮም።

እቲ ኹሉ ዝኽእል ዓበይቲ ነገራት ገይሩለይ እዩ'ሞ፡ ስሙ ቅዱስ እዩ፡ ምሕረቱ'ውን ኣብቶም ዝፈርህዎ ንውሉድ ወለዶ እዩ፡ ብቕልጽሙ (ስልጣኑ) ሓይሊ ገበረ፡ ንዕቡያት ሓሳባት ልቦም በተነሎም፡ ንሓያላት ካብ ዝፋናቶም ኣውረዶም፡ ንዝተዋረዱ ከኣ ልዕል ኣበሎም፡ ንጥሙያት ካብ በረኸቱ ኣጽገቦም፡ ንሃብታማት ከኣ ጥራይ ኢደም ሰደዶም። ከምቲ ነቦታትና ንኣብርሃምን ንዘርኡን ዝነገሮም፡ ንዘለዓለም ምሕረቱ እናዘከረ ንእስራኤል ባርያኡ ተቐበሎ (ሉቃ. 1:46-55)።

*ንኣብ ንወልድ ንመንፈስ ቅዱስ ምስጋና ይኹን፡ ንዘለኣለም ኣለም ኣሜን።*

## ናይ ምስጋና ጸሎት

ንገባሬ ሰናያትን መሓርን ኣምላኽ፡ ኣቡኡ ንጐይታናን ኣምላኽናን መድሓኒናን ኢየሱስ ክርስቶስ፡ ሰቲሩናን ረዲኡናን፡ ዓቂቡናን ተቐቢሉናን፡ ራሕሪሑልናን ደጊፉናን ክሳዕ እዛ ሰዓት እዚኣ'ውን ኣብጺሑና እዩ እሞ ነመስግኖ ኣሎና።

ሕጂ'ውን ንዕኡ በዛ ቅድስቲ ዕለት እዚኣን፡ ብኹሉ ዘመን ሕይወትናን ብፍጹም ሰላም ክዕቅበና፡ ንኹሉ ዝመልኽ እግዚኣብሄር ኣምላኽና ንለምኖ። ኦ ጐይታና እግዚኣብሄር፡ ኲሉ እትመልኽ ኣቡኡ ንጐይታናን ኣምላኽናን መድሓኒናን ኢየሱስ ክርስቶስ፡ ልዕሊ ኲሉ ኩነታትን፡ ምእንቲ ኲሉ ኩነታትን፡ ኣብ ውሽጢ ኲሉ ኩነታትን ነመስግነካ ኣሎና።

ስለ ዝሰተርካናን ዝረዳእካናን ዘዕቘብካናን፡ ናባኻ'ውን ስለ ዝተቀበልካናን፡ ስለ ዝራሕራሕካልናን ዝደገፍካናን፡ ክሳዕ እዛ ሰዓት እዚኣ'ውን ስለ ዘብጻሕካናን ነመስግነካ ኣሎና።

ኦ መፍቀር ሰብ፡ ካብቲ ሰናያትካ ንሓትትን ንልምንን ኣሎና፡ ነዛ ቅድስት ዕለት እዚኣን፡ ኣብ ኩሉ ዘመን ህይወትና ንዓኻ ብምፍራህ ብፍጹም ሰላም ክንፍጽሞ ሃበና። ኩሉ ቅንኣትን፡ ኩሉ ፈተናን፡ ኩሉ ግብሪ ሰይጣንን፡ ምኽሪ ክፉኣት ሰባትን፡ ሕብኡን ግሁድን ዝኾነ ምልዓል ጸላእን፡ ኦ ጐይታ ካባይ ኣርሕቕ፡ ካብ ኩሉ ሕዝብኻ'ውን ኣርሕቕ፡ ካብዚ ቅዱስ ቦታኻ እዚ'ውን ኣርሕቕ።

ኩሉ ሰናያትን፡ ዘድሊ ነገርን ዓድለና። ምኽንያቱ ንስኻ ኢኻ ተመንን ዕንቅርቢትን ኩሉ ሓይሊ ጸላእን ክንረግጽ ስልጣን ዝሃብካና። ካብ ኩሉ ክፉእ ኣድሕነናን ባልሃናን (ዓቅበናን) እምበር፡ ናብ ፈተነ ኣይተእትወና።

በቲ ሓደ ወድኻ ጐይታናን ኣምላኽናን መድሓኒ ናን ኢየሱስ ክርስቶስ፡ ምእንቲ ፍቕሪ ሰብ ኢሉ ብዝገበሮ ጸጋን ምሕረትን፡ ምሳኻ ማዕረ ምስ ዝኾነ ወሃቢ ሕይወት መንፈስ ቅዱስን፡ ክብርን ግርማን ውዳሴን ኣምልኾን ብሕብረት ምስኡ

ናትካ እዩ። ሎምን ኵሉ ሳዕን ንዘለዓለም ዓለም ኣሜን።

## ናይ ንስሓ መዝሙር 51

ኦ ኣምላኽ ከምቲ ዓቢይ ምሕረትካ መሓረኒ፡ ከም ብዝሒ ርህራሄኻ ኣበሳይ ደምስስ። ካብ ኣበሳይ ኣጸቢቅካ ሕጸበኒ፡ ካብ ሓጢኣተይ'ውን ኣንጽሃኒ። ኣነ ኣበሳይ ስለ ዝፈልጦ፡ ሓጢኣተይ ኵሉ ጊዜ ኣብ ቅድመይ እዩ። ንዓኻ ንበይንኻ ጥራይ በደልኩ፡ ኣብ ቅድሜኻ'ውን እከይ ገበርኩ። ብቓላትካ ቅኑዕ ክትከውን እንተ ፈረድካ'ውን ክትመልኽ። እንሆ ብእከይ ተጠነስኩ፡ ኣደይ ከኣ ብሓጢኣት ወለደትኒ፡ ንስኻ ከኣ ንዝጋረድካዮን ንስውር ጥበብካን፡ ስለ ዝገለጽካለይ ንሓቂ ፈተኻ። ብስምዕዛ ትነጽገኒ እሞ እነጽሕ፡ ትሓጽበኒ እሞ ካብ በረድ እጽዕዱ። ባህታን ሓጐስን ተስማዓኒ እሞ፡ እተን ዱርቁማት ኣዕጽምተይ ይሕጐሳ። ንገጽካ ካብ ሓጢኣተይ ከውሎ፡ ንብዘሎ ኣበሳይ'ውን ደምስሶ። ኦ ኣምላኽ ጽሩይ ልቢ ፍጠረለይ፡ ቅኑዕ መንፈስ ከኣ ኣብ ውሽጠይ ሓድስ።

ካብ ቅድሚ ገጽካ ኣይትደርብየኒ፡ ቅዱስ መንፈስካ'ውን ኣይተግድፈኒ። ሓጐስ ምድሓንካ ሃበኒ፡ ብዝመርሓኒ መንፈስ'ውን ደግፈኒ፡ ሽው መገድኻ ንገበነኛታት ክምህሮም እየ፡ እቶም ተጠራጠርቲ ከኣ ናባኻ ክምለሱ እዮም።

ኦ ኣምላኸ፡ ኣምላኸ ምድሓነይ፡ ካብ ዕዳ ደም ኣናግፈኒ፡ ልሳነይ'ውን ብጽድቅኻ ክትሕጐስ እያ። ኦ ጐይታ! ኣፈይ ምስጋንኻ ክነግርሲ ከናፍረይ ክፈት። መስዋዕቲ ባህ ኣይብለካን እዩ፡ ንመስዋዕቲ ምሕራር'ውን ኣይትብሎን ኢኻ፡ እትብህጎ እንተ ትኸውን ግና መቅረብኩልካ ነይረ። መስዋዕቲ እግዚኣብሄር ትሑት መንፈስ እዩ። ኣምላኸ ንትሑትን ለዋህን ልቢ ኣይንዕቆን እዩ። ኦ ጐይታ! ንጽዮን ብሓጐስካ ሰናይ ግበረላ፡ መካበብያታት ኢየሩሳለም ይነደቓ። ሽው ብመስዋዕቲ ጽድቂ፡ ብዝሓርር መስዋዕትን ቁርባንን ባህ ክብለካ እዩ፡ ኣብ መሰዊኢኻ'ውን ኣርሑ ከቅርቡልካ እዮም። ሃሌ ሉያ።

# ጸሎት

# ቀዳመይቲ ሰዓት

## (ናይ ንግሆ ጸሎት)

ኣብዛ ሰዓት እዚኣ ጐይታና ኢየሱስ ክርስቶስ ካብ ሞት ተንሰአ። ንእግዚኣብሐር ንናይ ምጅማር ሓዳሽ መዓልቲ ንኸነመስግንን ንትንሳኤኡ ከኣ ንኽነኽብርን፡ ናይ ንግሆ ክንበብ ዘለዎ እዩ።

ቀዳመይቲ ሰዓት - ናይ ንግሆ ሰዓት ሽዱሽተ እዩ።

# ናይ ንግሆ ጸሎት

*ቅድም ናይ ዘውትር ጸሎት ኣብጽሕ፡ ገጽ 1-11*

ንዑ ንስገድ ንዑ ንሕተት ንክርስቶስ ኣምላኽና። ንዑ ንስገድ ንዑ ንለምን ናብ ክርስቶስ ንጉስና። ንዑ ንስገድ ንዑ ንማህለል ናብ ክርስቶስ መድሓኒና።

ኦ ጐይታ ኢየሱስ ክርስቶስ ቃል እግዚኣብሄር ኣምላኽና፡ ብኣማላድነት ቅድስቲ ድንግል ማርያምን ኩሎም ቅዱሳንካን፡ ሰናይ ምጅማር ክንጅምር ፍቐደልና። ከም ፍቃድካ ክሳዕ ዘለኣለም መሓረና።

ኦ ጐይታ ለይቲ ብድሓን ሓሊፉ እያ እሞ፡ ነመስግነካ ኣሎና። ኣብዛ መዓልቲ እዚኣ ኸኣ፡ ብዘይ ሓጢኣት ክትሕልወናን ክትረድኣናን ንልምነካ ኣሎና።

## ኤፌሶን 4:1-5

ደጊም ኣነ ንጐይታ ብምግልጋለይ ዝተኣሰርኩ፡ ነቲ እተጸዋዕኩምሉ ጽውዓ ብቑዓት ኰንኩም

ክትነብሩ እልምነኩም ኣሎኹ። ብሓቂ ትሑታት ከምኡ'ውን ለውሃት ኩኑ፡ ነሓድሕድኩም ብፍቕሪ እናተጻወርኩም ዕጉሳት ኩኑ። ነቲ ብመንፈስ ቅዱስ ዝረኸብኩምዎ ሕብረት፡ ብማእሰር ሰላም ጠሚርኩም ክትሕልውዎ ተጋደሉ። ከምቲ ንሓንቲ ተስፋ ዝተጸዋዕኩምዎ፡ ሓደ ስብነት፡ ሓደ መንፈስ ኣሎ። ሓደ ጐይታ፡ ሓንቲ እምነት፡ ሓንቲ ጥምቀት ኣሎ።

## ካብ እምነት ቤተ ክርስትያን

እቲ ኣቦ ኹሉ ዝኾነ ኣምላኽ ሓደ እዩ፡ እቲ ስብ ዝኾነን ዝሞተን ካብ መንጎ ሙዉታት'ውን ኣብ ሳልሰይቲ መዓልቲ ዝተንስአን ምስኡ'ውን ዘተንስኣና፡ ወዱ ኢየሱስ ክርስቶስ ቃል ኣምላኽ ሓደ እዩ። እቲ መጸናንዕን ንኹሉ ፍጡር ዘንጽህን፡ ምስ ኣቦን ወድን ብመለኮት ሓደ ዝኾነ፡ ካብ ኣቦ ዝሰረጸ መንፈስ ቅዱስ ሓደ እዩ። ነቲ ንሱ ክንሰግደሉ ዘምሃረና ብመለኮቱን ባህርዩን ብፍቃዱን ሓደ ዝኾነ ስሉስ ቅዱስ፡ ንዘለኣለም ነመስግኖን ንሰግደሉን ኣሎና! ኣሜን።

# ጸሎት ይቕጽል

ኣብዛ ብርኽቲ መዓልቲ እዚኣ፡ ንክርስቶስ ንጉሰይን ኣምላኽይን ጸሎት ቀዳመይቲ ሰዓት እናኣቕረብኩ፡ ሓጢኣተይ ክሓድገለይ እልምኖ።

## መዝሙር 1

ብምኽሪ ረሲኣን ዘይመላለስ፡ ኣብ መንገዲ ሓጢኣን ከኣ ዘይቀውም፡ ኣብ መንበር መላገጽቲ ድማ ዘይቅመጥ፡ ብሕጊ እግዚኣብሄር ደኣ ዚሕጎስ፡ ነቲ ሕጉ'ውን ለይትን መዓልትን ዝመራመሮ ሰብሲ ብጽእ እዩ። ንሱ፡ ከምታ ፍሬኣ በብግዜኣ እትህብ፡ ቆጽላ ከኣ ዘይረግፍ፡ ኣብ ወሰን ወሓዚ ማይ ዝተተኸለት ኦም ይኸውን። ዝገብሮ ኹሉ'ውን ይሰልጦ። እቶም ረሲኣን ከምቲ ንፋስ ዝብትኖ ብቚብቚ እዮም እምበር፡ ከምዚ ኣይኮኑን። ንመገዲ ጻድቃንሲ፡ እግዚኣብሄር ይፈልጦ እዩ። መገዲ ረሲኣን ግና ኽትጠፍእ እያ እሞ፡ ስለዚ ረሲኣን ኣብ ፍርዲ፡ ሓጥኣንውን ኣብ ማሕበር ጻድቃን፡ ኣይኪቖሙን እዮም። ሃሌ ሉያ።

## መዝሙር 2

ስለምንታይ እዮም ኣሕዛብ ጫውጫው ዚብሉ፡ ሕዝብታትሲ ከንቱ ዚሓስቡ፡ ነገስታት ምድሪ ይትንስኡ፡ መሳፍንቲ ኸኣ ሓቢሮም፡ ንመቓውሖም ንስበሮ፡ ንማእሰሪኦም'ውን ካባና ንደርብዮ፡ ኢሎም ኣብ እግዚኣብሄርን ኣብ መሲሑን ይመኽሩ። እቲ ኣብ ሰማይ ዝነብር ይስሕቆም፡ ጐይታ የላግጸሎም። ሽዑ ብኹራኡ ይዛረቦም፡ ብነድሩ ከኣ የፋራርሆም፡ ኣነ ኣብ ጽዮን ኣብ ቅዱስ ከረነይ ንጉሰይ ሸምኩ ይብል። እቲ ምዱብ ምኽሪ እነግር ኣሎኹ፡ እግዚኣብሄር በለኒ፡ ንስኻ ወደይ ኢኻ፡ ኣነ ሎሚ ወለድኩኻ። ኣሕዛብ ንርስትኻ፡ ወሰናት ምድሪ ከኣ ንግዝኣትካ ክህበካስ ለምነኒ። ብበትሪ ሓጺን ክትቅጥቅጦም፡ ከም ኣቕሓ ሰራሕ መሬት ከኣ ክትሰባብሮም ኢኻ። እምበኣርሲ ኣቱም ነገስታት ለብሙ ኣቱም ፈራዶ ምድሪ'ውን ተኣረሙ። ንእግዚኣብሄር ብፍርሃት ኣገልግልዎ ብረዓድ ከኣ ተሓጐሱ። ኹራኡ ቀልጢፉ ይነድድ እዩ እሞ፡ ከይኹሪ ኣብ መገዲ ከሎኹም ድማ ከይትጠፍኡስ ንጥበብ ሓዝዋ። ኣብኡ ዚምዕቆቡ ዘበሉ ኩሎም ብጹኣን እዮም። ሃሌ ሉያ።

## መዝሙር 3

ኦ እግዚኣብሄር ጠቓዕተይሲ ክንደይ ኮን ይበዝሑ፡ ኣባይ ዝለዓሉ ብዙሓት እዮም። ብዙሓት ሰባት ንነፍሰይ፡ ኣምላኽኪ ኣየድሕነክን እዩ ይብሉ ኣለዉ። ኦ እግዚኣብሄር ንስኻ ግና ኣብ ዙርያይ ዋልታ ኢኻ፡ ክብረይን ንርእሰይ ልዕል እተብላን ንስኻ ኢኻ። ብድምጸይ ናብ እግዚኣብሄር አእዊ ኣሎኹ፡ ካብ ቅዱስ ከረኑ ኸኣ ይምልሰለይ። ተገምሰስኩ ደቀስኩ'ውን፡ እግዚኣብሄር ይድግፈኒ ኣሎ እሞ ነቓሕኩ። ነቶም ዚኸቡኒ ኣእላፋት ኣሕዛብ ኣይፈርሆምን እየ። ንመንጋጋ ኹሎም ጸላእተይ ወቒዕካዮ፡ ነስናን ረሲኣን ሰባቢርካዮ ኢኻ እሞ፡ ኦ እግዚኣብሄር፡ ተንስእ፡ ኦ ኣምላኸይ ኣድሕነኒ። ምድሓን ናይ እግዚኣብሄር እዩ፡ በረኸትካ ኣብ ህዝብኻ ይኹን። ሃሌ ሉያ።

## መዝሙር 4

ኦ ኣምላኽ ጽድቀይ፡ ከእዊ ከለኹ፡ መልሰለይ፡ ብጸበባ ኣርሒብካለይ ኢኻ እሞ ደንግጸለይ ጸሎተይ ስማዕ። ኣቱም ደቂ ሰባት ክሳብ መዓስ ኢኹም ልብኹም ትኸብዱ። ስለምንታይ ከንቱ

ዝኾነ ነገር ተፍቅሩ፡ ስለምንታይ'ከ ሓሶት ትሕስዉ፡ እግዚኣብሄር ብጻድቑ ከም ዝተገልጸ ፍለጡ። እግዚኣብሄር ናብኡ እንተ ጠራዕኩ ይሰምዕ እዩ። ኩርዩ እሞ ኣይትበድሉ፡ ኣብ መደቀሲኹም ልብኹም መርምሩን ፍለጡን። መስዋእቲ ጽድቂ ሰውኡ፡ ኣብ እግዚኣብሄር ድማ ተወከሉ። ብዙሓት ንሰናይ መን እዩ ዘርእየና፡ ይብሉ ኣለዉ። ኦ እግዚኣብሄር ብርሃን ገጽካ ኣብርሃልና። ካብቶም እኽሎምን ወይኖምን ምስ በዝሐ ዚሕጐስዎ ኣብሊጽካ ኣብ ልበይ ሓጐስ ገበርካ። ኦ እግዚኣብሄር ንስኻ በይንኻ ኢኻ ብደሓን እተሕድረኒ እሞ፡ ብሰላም እግምሰስን እድቅስን ኣሎኹ። ሃሌ ሉያ።

## መዝሙር 5

ኦ እግዚኣብሄር፡ ንቓላተይ ጽን በሎ፡ ንሓሳባተይ ኣስተውዕሎ። ናባኻ እጽሊ ኣሎኹ እሞ፡ ኦ ንጉሰይን ኣምላኸይን፡ ንድምጺ ጥርዓነይ ኣድህበሉ። ኦ እግዚኣብሄር፡ ኣንጊህካ ንድምጻይ ትሰምዖ ኢኻ፡ ኣንጊሀ ልበይ ናባኻ ኣቕኒዐ ኣማዕዱ ኣሎኹ። ብረሲእነት ባህ ዝብለካ ኣምላኽ ኣይኮንካን እሞ፡ እኩይ ምሳኻ

ኣይሓድርን። ትዕቢተኛታት ኣብ ቅድሚ ገጽካ ኣይቆሙን፡ ንገበርቲ እከይ ዘበሉ ትጸልኦም። ሓሶት ንዝዛረቡ ተጥፍኦም። እግዚኣብሄር ንደመኛን ንተንኮለኛን ይፍንፍኖም እዩ። ኣነ ግና ብብዝሒ ሳህልኻ ናብ ቤትካ ክኣቱ፡ ብፍርሃትካ ናብ ቅድስቲ መቕደስካ ኣቢለ ክሰግድ እየ። ኦ እግዚኣብሄር፡ ብምኽንያት ተጻናጸንተይ ብጽድቕኻ ምርሓኒ፡ ንመገድኻ ኣብ ቅድመይ መድምዳ። ኣብ ኣፎም ቁምነገር የልቦን እሞ፡ ውሽጦም ጥፍኣት፡ ጐረርኦም ክፉት መቓብር እዩ፡ ብመልሓሶም የቀባጥሩ። ኦ ኣምላኽ፡ ኮንኖም ኣብ ምኽሮም ይውደቑ። ካባኻ ዓልዮም እዮም እሞ፡ ብብዝሒ ኣበሳኦም ኣባርሮም። ኣባኻ ዝዕቆቡ ኩሎም ግና ይተሓጎሱ፡ ንስኻ ኣጽሊልካዮም ኢኻ እሞ፡ ንዘለኣለም ዕልል ይበሉ፡ ንስምካ ዘፍቅርዎ ድማ ብኣኻ ይተሓጎሱ። ንጻድቕ ትባርኾ ኢኻ እሞ፡ ኦ እግዚኣብሄር፡ ከም ብዋልታ ብጸጋ ትኸቦ። ሃሌ ሉያ።

## መዝሙር 6

ኦ እግዚኣብሄር፡ ብኹራኻ ኣይትግናሓኒ፡ ብሓርቖትካ ድማ ኣይትቕጽዓኒ። ኦ እግዚኣብሄር ማህሚን እየ'ሞ፡ ምሓረኒ። ኦ እግዚኣብሄር፡ ኣዕጽምተይ ተሸቢረን እየን እሞ፡ ኣጥዕየኒ። ነፍሰይ'ውን ኣዝያ ተሸቢራ፡ ንስኻኸ ኦ እግዚኣብሄር፡ ክሳዕ መዓስ፡ ኦ እግዚኣብሄር ተመለስ፡ ንነፍሰይ ኣናግፋ፡ ምእንቲ ምሕረትካ ኣድሕነኒ። ኣብ ሞት ዝዝክረካ የልቦን እሞ፡ ኣብ ሲኦልከ መን እዩ ዘመስግነካ፡ ኣነ ብእህህታ ሰልክየ፡ ለይቲ ለይቲ ንመደቀስየይ አርሕሶ፡ ንመንጸፈይ ብንብዓተይ አጠልቅዮ ኣሎኹ። ዓይነይ ብሓዘን ተባላሸወት፡ ብሰሪ ኲላቶም ተጻረርተይ ትጭነቕ ኣላ። እግዚኣብሄር ንድምጺ ብኽያተይ ሰሚዕዎ እዩ እሞ፡ ኣቱም ገበርቲ እከይ ኲላትኩም፡ ካባይ ረሓቑ። እግዚኣብሄር ንምህለላይ ሰሚዕዎ፡ እግዚኣብሄር ንጸሎተይ ተቐቢልዎ እዩ። ኲላቶም ጸላእተይ ክሓፍሩ፡ እምብዛ ክሸበሩ ንድሕሪት ክምለሱ፡ ብድንገት ክሓፍሩ እዮም። ሃሌ ሉያ።

## መዝሙር 8

አ እግዚአብሄር ጐይታና፡ ኣታ ንግርማኻ ኣብ ሰማያት ዝተኸልካዮ፡ ስምካስ ኮን ኣብ ኲላ ምድሪ ክንደይ ግሩም እዩ። ምእንቲ ነቲ ተቓወሚኻ ጸላእን ገፋዕን ከተሕፍሮ፡ ሰቐ ከተብሎ፡ ካብ ኣፍ ቆልዑን ዚጠብዉን ምስጋና ኣዳሎኻ። ንሰማያትካ ነቲ ስራሕ ኣጻብዕካ፡ ንስኻ ዘቐምካዮም ወርሕን ከዋኽብትን እንተ ጠመትኩ፡ እቲ ንስኻ እትዝክሮ ሰብ፡ እቲ እትሓልየሉ ወዲ ሰብሲ እንታይ እዩ፡ ካብ መላእኽቲ ቅሩብ ኣንኣስካዮ፡ ብኽብርን ምስጋና ከኣ ኸለልካዮ። ኣብ ልዕሊ ግብሪ ኣእዳውካ ሸምካዮ፡ ንኹሉ ኣብ ትሕቲ ኣእጋሩ ኣግዛእካሉ፡ ንብዘለዋ ኲላተን ኣባጊዕን ኣሓን፡ ንእንስሳታት በረኻ'ውን ነዕዋፍ ሰማይን፡ ንዓሳታት ባሕርን ነቲ ብመገድታት ባሕሪ ዝሓልፍ ዘበለን። አ እግዚአብሄር ጐይታና፡ ስምካስ ኮን ኣብ ኲላ ምድሪ ክንደይ ግሩም እዩ። ሃሌ ሉያ።

## መዝሙር 12

ኦ እግዚኣብሄር፡ ሕያዋይ ሰብ ተሳኢኑ፡ ካብ ማእከል ደቂ ሰብ'ውን እሙናት ጠፊኦም እዮም እሞ፡ ኣድሕነኒ። ነፍሲ ወከፎም ምስ ብጻዩ ሓሶት ይዛረብ፡ ብዜቃባጥር ከንፈርን ብኽልተ ልብን ይዛረቡ ኣለዉ። እግዚኣብሄር ንዅላተን መቀባጠርቲ ከናፍርን ነታ ዕቡይ ነገር እትዛረብ መልሓስን፡ ነቶም ሳላ መልሓስና ንብርትዕ ኣሎና፡ ከናፍርና ናትና እየን፡ መን እዩ'ኸ ጐይታና፡ ዚብሉን ኪምንቍሶም እዩ። ስለ ምግፋዕ ጥቑዓትን ስለ ብኽያት መሳኪንን ሕጂ ክትንስእ፡ ነቲ ዝናፍቖ'ውን ምድሓን ከምጽኣሉ እየ፡ ይብል እግዚኣብሄር። ቃላት እግዚኣብሄር ጽሩይ ቃላት እዩ፡ ብመምከኺ መርየት ዝጸረየ፡ ሾብዓተ ሳዕ እተኾልዐ ብሩር እዩ። ኦ እግዚኣብሄ ር፡ ክትሕልዎም፡ ካብዚ ወለዶ እዝስ ንዘለኣለም ክትዕቅቦም ኢኻ። ብልሸውነት ኣብ ማእከል ደቂ ሰብ ልዕል እንተ በለ፡ ረሲኣን ኣብ ኲሉ ወገን ይዕምሩ (ይዞሩ)። ሃሌ ሉያ።

## መዝሙር 13

ኦ እግዚኣብሄር፡ ክሳዕ መዓስ ኢኻ ፈጺምካ እትርስዓኒ፡ ክሳዕ መዓስከ ኢኻ ገጽካ እትኸውለለይ፡ ክሳዕ መዓስ ብነፍሰይ ክጭነቕ፡ ዕለተ ዕለትሲ ብልበይ ክሓዝን እየ፡ ጸላእየይከ ክሳዕ መዓስ እዩ ዚዕብየለይ ኦ እግዚኣብሄር ኣምላኸይ ጠምት እሞ መልሰለይ። ኣነ ድቃስ ሞት ከይድቅስ፡ ጸላእየይ ሰዒረዮ ከይብል፡ እንተ ተናወጽኩ፡ ተጻረርተይ ከይሕጐሱስ፡ ነዒንተይ ኣብርሃየን። ኣነ ግና ብምሕረትካ እውከል ኣሎኹ፡ ልበይ ብምድሓንካ ይሕጐስ ኣሎ። እግዚኣብሄር ሰናይ ገይሩለይ እዩ እሞ፡ ምስጋናኡ ክዝምር እየ። ሃሌሉያ።

## መዝሙር 15

ኦ እግዚኣብሄር፡ ኣብ ድንኳንካ ዝሓድር መን እዩ፡ ኣብቲ ከረን ቅድስናኻ ዝነብርከ መን እዩ፡ እቲ ብቕንዕና ዝመላለስን ጽድቂ ዝገብርን ብልቡ ሓቂ ዝዛረብን፡ ብልሳኑ ዘይሓሚ፡ ንመሓዝኡ ገለ ክፉእ ዘይገብሮ፡ ንብጻዩ ዘይጸርፎ፡ እቲ ጽዩፍ ንዑቕ ኰይኑ ዝረኣዮ፡ ንፈራህቲ እግዚኣብ ሄር

ግና ዘኽብሮም፡ ዝጕድአ እኳ እንተ ኾነ፡ ነቲ ዝመሓለሉ ዘይልውጦ፡ ገንዘቡ ብሓረጣ ዘይህብ፡ ንጉድኣት ንጹህ ከኣ መማለዲ ዘይቅበል፡ እቲ ኸምዚ ዝገብርሲ ንዘለኣለም ኣይከናወጽን እዩ። ሃሌ ሉያ።

## መዝሙር 16

ኦ ኣምላኽ፡ ብኣኻ እውከል ኣሎኹ እሞ፡ ሓልወኒ። ንእግዚኣብሄር፡ ንስኻ ጐይታይ ኢኻ፡ ብዘይ ንስኻስ ሰናይ የብለይን፡ ኢለዮ። ኣብ ምድሪ ዘለዉ ቅዱሳን፡ ንሳቶም ክቡራን እዮም፡ ባህገይ ኩሉ ኣባታቶም እዩ ዘሎ፡ በልኩ። ጻዕሪ እቶም ናብ ካልእ ኣማልኽቲ ዝጐዩ ክበዝሕ እዩ። ኣብ ናይ ደም መስዋእቶም ኣይክሓብርን ንስሞም ከኣ ብኸናፍረይ ኣይከውጽእን እየ። እግዚኣብሄርሲ ክፍሊ ርስተይን ጽዋእይን እዩ፡ ነቲ ብዕጻ ዝበጽሓኒ እተጽንዖ ንስኻ ኢኻ። ኣብ ባህ ዘብል ቦታ ዕጻ በጺሑኒ፡ ኤረ ጽቡቕ ርስቲ መጺኡኒ። ነቲ ዝምዕደኒ እግዚኣብሄር ኣመስግኖ ኣሎኹ፡ ብለይቲ እኳ ኮላሊተይ ይምህራኒ እየን። ንእግዚኣብሄር ኩሉ ጊዜ ኣብ ቅድመይ ገይረዮ፡ ብየማነይ ስለ ዝኾነ፡ ኣይከናወጽን እየ።

ንነፍሰይ ኣብ ሲኦል ኣይትሓድጋን፡ ቅዱስካ'ውን ጥፍኣት ክርኢ ኣይትፈቅድን ኢኻ እሞ፡ ስለዚ ልበይ ይሕጉስ፡ ክብረይ ዕልል ይብል፡ ስጋይ'ውን ኣብ ጽኑዕ ክሓድር እዩ። ንመገዲ ህይወት ትሕብረኒ፡ ኣብ ቅድሚ ገጽካ ናይ ሓጐስ ጽጋብ፡ ኣብ የማናይካ'ውን ናይ ዘለኣለም ሓጐስ ኣሎ። ሃሌ ሉያ።

## መዝሙር 19

ሰማያት ክብሪ ኣምላኽ የዘንትዉ፡ ጠፈር ከኣ ግብሪ ኣእዳዉ የውሪ። ሓንቲ መዓልቲ ነታ ሓንቲ ትዛንየ፡ ሓንቲ ለይቲ ድማ ነታ ሓንትስ ፍልጠት ተሕልፈላ። ዘረባ የልቦን፡ ምዝርራብ የልቦን፡ ድምጾም'ውን ኣይስማዕን እዩ። መገዶም ናብ ኩላ ምድሪ፡ ቃላቶም ድማ ክሳዕ ወሰን ዓለም ይወጽእ ኣሎ፡ ንጸሓይ ከኣ ድንኳን ተኸለላ። ንሳ ከምቲ መርዓዊ ካብ ሕልፍኝኡ ዝወጽእ፡ ከምቲ ንምቅድዳም ዝህንጠ ጐያዪ እያ። ምውጻኣ ካብ ወሰን ሰማያት እዩ፡ ምዝዋራ ድማ ክሳዕ ወሰን እዩ፡ ካብ ረስና ዚኸወል ከኣ የልቦን። ሕጊ እግዚኣብሄር ፍጹም እዩ፡ ንነፍሲ ይመልሳ። ምስክር እግዚኣብሄር እሙን እዩ፡ ንገርሂ

የጥብቦ። ስርዓት እግዚኣብሄር ቅኑዕ እዩ፡ ንልቢ የሐጉሶ፡ ትእዛዛት እግዚኣብሄር ንጹህ እዩ፡ ንኣዒንቲ የብርሀን። ፍርሃት እግዚኣብሄር ንጹህ እዩ፡ ንዘለኣለም ይነብር፡ ፍርድታት እግዚኣብሄር ሓቂ እዩ፡ ብዘሎ'ውን ጽድቒ እዩ። ካብ ወርቂ፡ አረ ካብ ብዙሕ ጽሩይ ወርቂ እኳ ዝሕረ እዩ፡ ካብ መዓር፡ አረ ካብ መዓር ወለላ ዝጥዕም እዩ። ባርያኻ'ውን ብእኡ ተማሂሩ ብምህላዉ ዓቢ ካሕሳ ኣሎዎ። ንጌጋታቱ ዚፈልጥ መን እዩ፡ ካብቲ እተሰወረኒ ሓጢኣት ኣንጽሃኒ። ንባርያኻ ካብ ትዕቢት ሓልዎ፡ ኣብ ልዕለይ ከይስልጥን'ውን ዕገቶ፡ ሽዑ ምሉእ ክኸውን፡ ካብ ዓቢ ኣበሳ ከኣ ክነጽህ እየ። ኦ እግዚኣብሄር፡ ሓይለይን መድሓኒየይን፡ ቃላት ኣፈይን፡ ሓሳባት ልበይን፡ ኣብ ቅድሜኻ ቅቡል ይኹን። ሃሌ ሉያ።

## መዝሙር 25

ኦ እግዚኣብሄር፡ ነፍሰይ ናባኻ አልዕል ኣሎኹ። ኦ ኣምላኸይ፡ ኣባኻ ተወኪለ ኣሎኹ ኣይተሕፍረ ኒ። ጸላእተይ ብኣይ ደስ ኣይበሎም። ንዓኻ ዝጽበዩ ከቶ ኣይክሓፍሩን እዮም። እቶም ብዘይ

ምኽንያት ዝጠልሙ ግና ክሓፍሩ እዮም። ኦ እግዚኣብሄር ጐደናታትካ ኣፍልጠኒ መገድታትካ ምሃረኒ። ንስኻ ኣምላኽ ምድሓነይ ኢኻ እም ብሓቅኻ ምርሓንን ኣስተምህረንን። ኩሉ መዓልቲ እጽበየካ ኣሎኹ። ኦ እግዚኣብሄር፡ ምሕረትካን ሳህልኻን ካብ ዘለኣለም እየን እሞ፡ ዘክረን። ኦ እግዚኣብሄር ንሓጢኣት ንእስነተይን ኣበሳይን ኣይትዘክር፡ ከም ለውሃትካ፡ ስለ ሳህልኻ ኢልካ ዘክረኒ። እግዚኣብሄር ሰናይን ቅኑዕን እዩ፡ ስለዚ ንሓጥኣን መገዱ ክምህሮም እዩ። ንለዋሃት ፍርዱ ይምህሮም። ንትሑታት ድማ መገዱ ይሕብሮም። ነቶም ኪዳኑን ምስክራቱን ዝሕልዉስ፡ መገድታት እግዚኣብሄር ኩላተን ሳህልን ሓቅን እየን።

ኦ እግዚኣብሄር፡ በደለይ ዓቢይ እዩ እሞ፡ ስለ ስምካ ኢልካ ይቕረ በለለይ። ንእግዚኣብሄር ዝፈርሆ ሰብ መን እዩ፡ ንዕኡ እታ ዝሓርያ መገዲ ክምህሮ እዩ። ነፍሱ ብደሓን ክትነብር፡ ዘርኡ'ውን ንምድሪ ክወርሳ እዩ። ምስጢር እግዚኣብሄርሲ ነቶም ዝፈርህዎ እዩ፡ ንሱ'ውን ኪዳኑ ክፍልጦም እዩ። ነእጋረይ ካብ መርበብ ከውጽኣን እዩ እሞ፡ ኣዒንተይ ኩሉ ጊዜ ናብ

እግዚኣብሄር እየን። ኣነ በይነይን ሽጉር እየ እሞ፡ ናባይ ቁሊሕ በል፡ ደንግጸለይ'ውን። ጭንቀት ልበይ ዓዚዙ፡ ካብ ጸበባይ ኣውጽኣኒ። ንመከራ ይን ጭንቀይን ረኣዮ እሞ፡ ንኹሉ ሓጢኣተይ ሕደገለይ። ጸላእተይ በዚሖም እዮም እሞ፡ ረኣዮም፡ ግፍዐኛ ጽልኢ ይጸልኡኒ ኣለዉ። ንነፍሰይ ሓልዋ ኣድሕነኒ'ውን። ኣባኻ እውከል ኣሎኹ እሞ፡ ኣይተሕፍረኒ። ብኣኻ ተስፋ ገይረ ኣሎኹ እሞ፡ ንጽህናን ቅንዕናን ይሓልዋኒ። ኦ ኣምላኽ፡ ንእስራኤል ካብ ኩሉ ጸበባኡ ኣናግፎ። ሃሌ ሉያ።

## መዝሙር 27

እግዚኣብሄር ብርሃነይን ምድሓነይን እዩ፡ ካብ መን ደኣ እየ ዝፈርህ፡ እግዚኣብሄር ሓይሊ ህይወተይ እዩ፡ ካብ መንከ እየ ዝስንብድ፡ ገበርቲ እከይ ንስጋይ ክውሕጡ ሓደጋ ምስ ወደቑኒ፡ ወደረኛታተይን ጸላእተይን ባዕላቶም ተዛብዑ እሞ ወደቑ። ኪቃወመኒ ኢሉ እኳ ሰራዊት እንተ ዝዓርድ፡ ልበይ ኣይፈርህን እዩ። ኲናት'ውን እንተ ዝለዓለኒ እምነት ኣሎኒ። ብመዓልቲ ጸበባ ኣብ ዳሱ ክሓብኣኒ፡ ኣብ

ውሽጢ ድኻኑ ከኸውለኒ፡ ኣብ ከውሒ ልዕል ከብለኒ እዩ እሞ፡ ንእግዚኣብሄር ሓንቲ ነገር ለሚነዮ፡ ግርማ እግዚኣብሄር ንምርኣይ፡ መቕደሱ'ውን ንምምርማርሲ ምሉእ ዕድመይ ኣብ ቤት እግዚኣብሄር ክነብር ደልየ ኣሎኹ። ሎሚ ከኣ ርእሰይ ኣብ እቶም ዝኸቡኒ ጸላእተይ ልዕል ክብል እዩ፡ ኣብ ድኳኑ'ውን መስዋእቲ ብዕልልታ ከቕርብ፡ ንእግዚኣብሄር ክዝምረሉን ክውድሶን እየ። ኦ እግዚኣብሄር፡ ንድምጻይ ስምዓዮ ኣባኻ እምህለል ኣሎኹ። መሓረኒ እሞ መልሰለይ። ልበይ ስምዓኒ እሞ መሓረኒ ይብለካ ኣሎ። ኦ እግዚኣብሄር፡ ንገጽካ እደልዮ ኣሎኹ፡ ገጽካ ኣይትሕብኣለይ። ንባርያኻ ብቑጥዓ ኣይትደርብዮ። ንስኻ ረዳእየይ ኢኻ እሞ፡ ኦ ኣምላኸ ኣይትጠንጥነንን ኣይትሕደገንን። ኣቦይን ኣደይን ገደፉኒ፡ እግዚኣብሄር ግና ተቐቢሉኒ። ኦ እግዚኣብሄር፡ መገድኻ መሃረኒ፡ ብምኽንያት ጸላእተይ ኮታ በታ ቅንዕቲ መገዲ ምርሓኒ። ሓሰውቲ ምስክርን ዓመጻ ዝሓስቡን ሰባት ተላዒሎምኒ እዮም እሞ፡ ንኣደዳ ተጻረርተይ ኣሕሊፍካ ኣይትሃበኒ። ኣነ ለውሃት እግዚኣብሄር ኣብ ምድሪ ህያዋን ከም ዝርኢ እኣምን እየ። ብእግዚኣብሄር ተተስፎ፡ በርትዕ፡ ልብኻ ቀጥ

ይበል ኣጆኻ፡ እወ ብእግዚኣብሄር ተስፋ ግበር። ሃሌ ሉያ።

## መዝሙር 63

ኦ ኣምላኽ፡ ንስኻ ኢኻ ኣምላኸይ፡ ኣንጊሀ እደልየካ ኣሎኹ። ነፍሰይ ንዓኻ ትጸምእ ኣላ። ስጋይ፡ ማይ ኣብ ዘይብሉ ደረቕን ጽሙእን ምድሪ ኮይኑ ይናፍቐካ ኣሎ። ከምኡ'ውን ስልጣንካን ክብርኻን ምእንቲ ክርኢ ናብ መቕደስካ ኣማዕዱ ኣሎኹ። ለውሃትካ ካብ ህይወት ይበልጽ እዩ እሞ፡ ከናፍረይ ክውድሳኻ እየን። ብህይወተይ ክሳዕ ዘሎኹ ከመስግነካ፡ ብስምካ ነእዳወይ ከልዕለን እየ። ረዳእየይ ንስኻ ኢኻ፡ ኣብ ትሕቲ ጽላል ኣኽናፍካ እሕጉስ ኣሎኹ። ኣብ ምድቃሰይ ክዝክረካ፡ ብለይቲ እናንቓሕኩ ክሓስበካ ከሎኹ፡ ነፍሰይ ብስብሕን ኣንጉዕን ትጸግብ፡ ኣፈይ'ውን ብኸናፍር ዕልልታ ከመስግነካ እዩ። ነፍሰይ ደድሕሬኻ ትኽተል፡ የማነይቲ ኢድካ'ውን ትድግፈኒ ኣላ። እቶም ንህይወተይ ከጥፍእዋ ዝደልዩ ግና ናብ መዓሙቕ ምድሪ ክወርዱ እዮም። ንስልጣን ሰይፊ ክውሃቡ፡ ግደ ወኻሩ ኪኾኑ እዮም። ንጉስ

ብኣምላኽ ክሕጐስ እዩ። ኣፍ ሓሰውቲ ግና ክዕበስ እዩ እም፡ ነፍሲ ወከፍ ብእኡ ዝምሕል ዘበለ ኪኽብር እዩ። ሃሌ ሉያ።

## መዝሙር 67

ኣምላኽ ይምሓረና፡ ይባርኸና፡ ገጹ የብርሃልና። መገድኻ ኣብ ምድሪ ኣብ ኩሎም ኣህዛብ'ውን ምድሓንካ ክነፍልጥሲ ገጽካ ኣብርሃልና። ኦ ኣምላኽ፡ ኣሕዛብ የመስግኑኻ ኩሎም ኣሕዛብ የመስግኑኻ። ንሕዝብታት ብቕንዕና ክትፈርዶም ንሕዛብ'ውን ኣብ ምድሪ ክትመርሖም ኢኻ እም፡ ሕዝብታት ይተሓጐሱን ዕልል ይበሉን። ኦ ኣምላኽ፡ ኣሕዛብ የመስግኑኻ ኩሎም ኣሕዛብ የመስግኑኻ። ምድሪ ፍሬኣ ሂባ፡ እግዚኣብሄር ኣምላኽና ክባርኸና እዩ። ኣምላኽ ይባርኸና፡ ብዘሎ ወሰናት ምድሪ ኸኣ ይፍርሃዮ። ሃሌ ሉያ።

## መዝሙር 70

ኦ ኣምላኽ ንምድሓነይ ኦ እግዚኣብሄር ንሓገዘይ ቀልጥፍ። እቶም ንነፍሰይ ዝደልይዋ ይሕፈሩን ይሕነኹን።እቶም ክፉእ ዝትምነዩለይ ንድሕሪት

ይመለሱን ይነውሩን። ኣሰይ፡ ኣሰይ፡ ዝብሉኒ ነዊሮም ንድሕሪት ይመለሱ። እቶም ዝደልዩኻ ኩሎም ብኣኻ ባህ ይበሎምን ይተሓጐሱን፡ እቶም ምድሓንካ ዚፈትዉ ኸኣ ኩሉ ጊዜ ኣምላኽ ልዕል ይበል ይበሉ። ኣነ ግና መስኪንን ድኻን እየ እሞ፡ ኦ ኣምላኽ፡ ናባይ ፍጠን፡ ኦ እግዚኣብሄር ረዳእየይን መናገፍየይን ንስኻ ኢኻ፡ ኣይትደንጒ። ሃሌ ሉያ።

## <u>መዝሙር 113</u>

ኣቱም ባሮት እግዚኣብሄር ኣመስግኑ፡ ንስም እግዚኣብሄር ኣመስግኑ። ስም እግዚኣብሄር ካብ ሕጂ ንዘለኣለም ይባረኽ። ካብ ምብራቕ ጸሓይ ክሳዕ ምዕራብ ስም እግዚኣብሄር ይመስገን። እግዚኣብሄር ኣብ ልዕሊ ኩሎም ኣሕዛብ ልዑል እዩ። ክብሩ ከኣ ኣብ ልዕሊ ሰማያት እዩ። ነቲ ኣብ ላዕሊ ኣብ ዝፋኑ እተቐመጠ፡ ናብ ሰማይን ናብ ምድርን ኣንቈልቍሉ ዚጥምት ንእግዚኣብሄ ር ኣምላኽና ዝመስል መን እዩ፡ ምስ መሳፍንቲ፡ ምስቶም መሳፍንቲ ሕዝቡ ከቐምጦ ንመስኪን ካብ ሓመድ የተንስእ፡ ንድኻ'ውን ካብ ጐድፍ

የልዕሎ። ንመኻን ኣደ ቜልዑ ገይሩ ኣብ ቤቱ ብሓጉስ የንብራ። ሃሌ ሉያ።

## መዝሙር 143

ጐይታየ፡ ጸሎተይ ስማዕ፡ ንምህለላይ ጽን በሎ፡ ብሓቅኻን ብጽድቅኻን መልሰለይ። ህያው ዘበለ ኣብ ቅድሜኻስ ሓደ እኳ ጻድቕ የልቦን እሞ፡ ምስ ባርያኻ ኣብ ፍርዲ ኣይትእቶ። ጸላኢ ንነፍሰይ ይሰጓ፡ ንህይወተይ ናብ ምድሪ ይድርብያ፡ ከምቶም ቀደም ዝሞቱ ኣብ ጸልማት የንብረኒ ኣሎ። መንፈሰይ ኣብ ውሽጠይ ይደክም፡ ልበይ ኣብ ውሽጠይ ይሰንብድ ኣሎ። ናይ ቀደም መዓልትታት እዝክር፡ ኩሉ ተግባርካ ኣስተንትን፡ ግብሪ ኣእዳውካ እሓስብ ኣሎኹ። ኣእዳወይ ናባኻ እዝርግሕ፡ ነፍሰይ ከም ደረቕ ምድሪ ትጸምኣካ ኣላ። ኦ እግዚኣብሄር መንፈሰይ ደኺሙ እዩ እሞ፡ ቀልጢፍካ መልሰለይ፡ ነቶም ኣብ ጉድጓድ ዝወረዱ ከይመስልሲ፡ ገጽካ ኣይትኸውለለይ። ብኣኻ እውከል ኣሎኹ እሞ፡ ኣንጊህካ ምሕረትካ ኣስምዓኒ። ነፍሰይ ናባኻ ኣልዕል ኣሎኹ እሞ፡ እታ ዝኸዳ መገዲ ኣፍልጠኒ። ኦ እግዚኣብሄር፡ ኣባኻ ተወኪለ

ኣሎኹ፡ ካብ ጸላእተይ ኣናግፈኒ። ንስኻ ኣምላኸይ ኢኻ እሞ፡ ምግባር ፍቓድካ መሃረኒ፡ ሰናይ መንፈስካ ብቕኑዕ መገዲ ይምርሓኒ።

ኦ እግዚኣብሄር፡ ስለ ስምካ ኢልካ ብህይወት ኣንብረኒ። ብጽድቕኻ ንነፍሰይ ካብ ጸበባ ኣውጽኣያ። ኣነ ባርያኻ እየ እሞ፡ ብሳህልኻ ንጸላእተይ ኣጽንቶም፡ ነቶም ንነፍሰይ ዘጽብቡላ ኩሎም ከኣ ኣጥፍኣዮም። ሃሌ ሉያ።

## ወንጌል ዮሓንስ 1፡1-17

ብመጀመርታ ቃል ነበረ፡ እቲ ቃል ድማ ኣብ ኣምላኽ ነበረ፡ እቲ ቃል'ውን ኣምላኽ ነበረ። እዚ ብመጀመርታ ኣብ ኣምላኽ ነበረ። ብእኡ ኲሉ ኮነ፡ ብዘይ ብእኡ ካብቲ ዝኾነ ዘበለ ድማ ዝኾነ የልቦን። ኣብእኡ ህይወት ነበረት፡ እታ ህይወት ከኣ ብርሃን ሰብ ነበረት። ብርሃን'ውን ኣብ ጸልማት ኣብርሀ፡ ጸልማት ግና ኣይሓዞን።

ብኣምላኽ ዝተላእከ ሓደ ዮሃንስ ዝስሙ ሰብ ነበረ፡ ንሱ ምስክር ኮይኑ፡ ኩሎም ብእኡ ምእንቲ ኺኣምኑ፡ ብዛዕባ ብርሃን ደኣ ኺምስ

ከር መጸ እምበር፡ ንሱስ ብርሃን ኣይነበረን። እቲ ንዅሉ ሰብ ዘብርህ ብርሃን ሓቂ ናብ ዓለም መጸ። ኣብ ዓለም'ውን ነበረ፡ ዓለም ከኣ ብእኡ ተፈጥረት፡ ዓለም ግና ኣይፈለጠቶን። ናብቶም ናቱ መጸ፡ እቶም ናቱ ኸኣ ኣይተቐበልዎን። ነቶም ዝተቐበልዎ ዘበሉ ብስሙ ንዚኣምኑ ዅሎም ግና ውሉድ ኣምላኽ ኪዀኑ፡ ስልጣን ሃቦም። ንሳቶም ከኣ ካብ ኣምላኽ እምበር ካብ ደም፡ ወይ ካፍ ፍትወት ስጋ፡ ወይ ካብ ድላይ ሰብኣይ ዘይተወልዱ እዮም። እቲ ቃል ስጋ ኮነ፡ ጸጋን ሓቅን መሊእዎ ኸኣ ኣባና ሓደረ። ከምቲ ነቦኡ ሓደ ወዱ ዝዀነ ዚረኽቦ ኽብሪ ዚኣክል፡ ክብሩ ረኣና። ዮሃንስ ብዛዕባኡ መስከረ፡ እቲ ብድሕረይ ዚመጽእ ቅድመይ ስለ ዝነበረ ንሱ ካባይ ይዓቢ፡ ኢለ ብዛዕባኡ ነጊረኩም ዝነበርኩ ንሱ እዩ፡ እናበለ ጨደረ። ሕጊ ብሙሴ ተዋህበ፡ ጸጋን ሓቅን ግና ብኢየሱስ ክርስቶስ ኮነ። እምበኣርከ ንሕና ኵላትና ካብ ምልኣቱ ጸጋ ኣብ ልዕሊ ጸጋ ተቐበልና።

*ምስጋና ንእግዚኣብሄር ኣምላኽ ይኹን፡ ኣሜን።*

ኦ ክርስቶስ ኣምላኽና ምስ ሔር ኣቦኻን፡ መንፈስ ቅዱስን፡ ሎምን ኩሉ ሳዕን ንሰግደልካ ኣሎና፡ ኣሜን።

## ክፍልታት ጸሎት

ኦ ንኹሉ ሰብ እተብርህ ሓቀኛ ብርሃን ናብ ዓለም ዝመጻእካ። በቲ ኣብ ደቂ ሰብ ዘሎካ ፍቕሪ ናብ ዓለም መጻእካ። ኩሉ ፍጥረት'ውን ብምምጻእካ ተሓጎሰ። ነቦና ኣዳም ካብ ሓይሊ ታት ጽልመት ኣድሓንካዮ። ነዴና ሄዋን'ውን ካብ ስቅያት ሞት ናጻ ኣውጻእካያ። መንፈስ ውልድነት'ውን ሃብካና። ስለዚ ከምዚ እናበልና ነመስግነካን ነኽብረካን ኣሎና።

*ንኣብ ንወልድ ንመንፈስ ቅዱስ፡ ምስጋና ይኹን ኣሜን።*

ኦ ጐይታና ኢየሱስ ክርስቶስ ኣምላኽና ናይ ብሓቂ ብርሃን፡ ምእንቲ ብርሃናዊ ህዋሳትን ብርሃናዊ ሓሳባትን ኣባና ከንጸባርቕ፡ ጊዜ ወጋሕታ ብርሃንካ ናባና ፈኑ። ጸላም ስቅያት ኣይጋርደና ምእንቲ በኣእምሮ ምስ ዳዊት "ኣብ

ጊዜ ለይቲ ብኹሉ ቃላትካ ክዛረብሲ ኣዒንተይ ንቕሓ" እናበልና ከነመስግነካ። ከምቲ ዓቢ ምሕረትካ ድምጽና ስማዕ። ኦ ጐይታናን ኣምላኽናን ብርህራሄኻ ርድኣና።

*ሎምን ኩሉ ሳዕን ንዘለኣለም ኣለም፡ ኣሜን።*

ኦ ካብ ምብራቕ ጸሓይ ክሳብ ምዕራብ ዝኽበርኪ፡ ኩሉ ፍጥረት'ውን ንዓኺ ምስጋና ዘቕርበልኪ ኣደ ብርሃን፡ ካልኣይቲ ሰማይ ወላዲት ኣምላኽ፡ ንስኺ ኢኺ። እታ ብርሃና ዘይቅየር ጸሓይ፡ ዘይትጽምሉ ዕንባባ ንስኺ ኢኺ። እታ ብድንግልናኣ እትነብር ኣደ ንስኺ ኢኺ። ስለዚ ኣቦ መረጸኪ፡ መንፈስ ቅዱስ ኣጽለለኪ፡ ወዲ ከኣ ወሪዱ ካባኺ ተወሊዱ ሰብ ኮነ። ነቲ ንሱ ዝፈጠሮ ዓለም ምእንቲ ከድሕኖ፡ ካብ ፈተና'ውን ከናግፎ ለምንዮ ኢኹ። ብሓድሽ ምስጋና ነመስግኖን ንውድሶን፡

*ሎምን ኩሉ ሳዕን ንዘለኣለም ኣለም፡ ኣሜን።*

# ናይ መላእክት ስብሓታት

ምስ መላእኽቲ ከምዚ እናበልና ነመስግን። ክብሪ ንእግዚኣብሄር ኣብ ሰማያት፡ ሰላም ከኣ ኣብ ምድሪ ኣብ መንጎ እቶም ስምረት ኣምላኽ ዘለዎም ሰባት፡። ኦ ጐይታ ንጉሱ እትመልኽ፡ እግዚኣብሄር ኣቦን፡ እቲ ሓደ በይኑ ወዱ ዝኾንካ ኢየሱስ ክርስቶስን፡ መንፈስ ቅዱስን፡ ኣብ ልዕሊ ሰማያት እትገዝእ፡ ነመስግነካን ንውድሰካን፡ ነገልግለካን ንሰግደልካን፡ ንእመነልካን ብግሩም ነትካ'ውን ንዛረበልካን። ስለቲ ዕብየትካን ልዕልናኻን ነመስግነካ ኣሎና። ኦ ጐይታናን ኣምላኽናን ገንሸል ኣምላኽ፡ ነቦ ሓደ ወዱ፡ ሓጢኣት ዓለም እተጸውር መሓረና። ኦ ሓጢኣት ዓለም እተርሕቅ ጸሎትና ተቐበለልና። ኦ ኣብ የማን ኣቦኻ ተቐሚጥካ ዘሎኻ መሓረና። ንስኻ ንበይንኻ ቅዱስን ልዕሊ ኩሉን ኢኻ። ኩሉ መዓልቲ ነመስግነካን ንውድሰካን ኣሎና። ነቲ ቅዱስ ስምካ'ውን ንዘለኣለም ኣለም ንውድሶ፡ ኣሜን። ኦ ኣምላኽይ፡ ኣብ ምድሪ ሕግታትካ ብርሃነይ ስለ ዝኾነ፡ ካብ ለይቲ ኣትሒዛ መንፈሰይ ናባኻ ተንግህ። መድሓንየይ ስለ ዝኾንካ ንመገድኻ እኽተሎ ኣሎኹ። ኦ

ጐይታይ ኣንጊ ህካ ንድምጻይ ትሰምዖ፡ ኣንጊሀ ድማ ኣብ ቅድሜኻ እቐውም፡ ንስኻ'ውን ትርእየኒ። ክብሪ ንእግዚኣብሄር ኣቦን፡ ንጐይታና ኢየሱስ ክርስቶስን፡ ንመንፈስ ቅዱስን ይኹን፡ ኣሜን።

## ውዳሴ ስሉስ ቅዱስ

ቅዱስ እግዚኣብሄር፡ ቅዱስ ሓያል፡ ቅዱስ ህያው ዘይመውት፡ ካብ ቅድስቲ ድንግል ማርያም ዝተወልደ መሓረና። ቅዱስ እግዚኣብሄር፡ ቅዱስ ሓያል፡ ቅዱስ ህያው ዘይመውት፡ ኣብ የርዳኖስ ዝተጠምቀ፡ ኣብ ልዕሊ ዕጸ መስቀል ምእንታና ዝተሰቕለ መሓረና። ቅዱስ እግዚኣብሄር፡ ቅዱስ ሓያል፡ ቅዱስ ህያው ዘይመውት፡ ኣብ ሳልሰይቲ መዓልቲ ካብ ምውታት ዝተንስአ፡ ብምስጋና ናብ ሰማያት ዝዓረገ ኣብ የማን ኣቦኡ ዝተቐመጠ፡ ኣብ ህያዋንን ምውታንን ክፈርድ ከም ብሓድሽ ብኽብሪ ኪመጽእ እዩ። ኦ ጐይታ መሓረና።

*ንኣብ ንወልድ ንመንፈስ ቅዱስ፡ ምስጋና ይኹን፡ ሎምን ኩሉ ሳዕን ንዘለኣለም ኣለም፡ ኣሜን።*

*ኦ ስሉስ ቅዱስ መሓረና (3 ግዜ) በል።*

ኦ ጐይታ ሓጥያትና ሕደገልና። ኦ ጐይታ በደልና ኣይትጸብጽበልና። ኦ ጐይታ ኣበሳና ይቅረ በለልና። ኦ ጐይታ ንሕሙማት ሕዝብኻ ብጽሓዮም እሞ፡ ምእንቲ እቲ ቅዱስ ስምካ ኢልካ ፈውሶም። ኦ ጐይታ ነቶም ዝሞቱ ኣቦታትናን ኣሕዋትናን ከኣ ነፍሶም ኣዕርፍ። ኦ ካብ ሓጢኣት ንጹህ ዝኾንካ ጐይታ ርድኣና። ልማኖና ከኣ ተቐበለልና። ክብርን ምስጋናን ብፍጹም መዓርግ ቅድስናን ንዓኻ ይግባእ፡ ኣሜን።

*ኦ ጐይታ መሓረና፡ ኦ ጐይታ መሓረና፡ ኦ ጐይታ ባርኸና፡ ኣሜን።*

ከምዚ እናበልና ከነመስግነካ ብቑዓት ግበረና፡- ኣብ ሰማያት እትነብር ኣቦና ....

## ምስጋና ንቅድስት ድንግል ማርያም

ኦ ቅድስቲ ምልእተ ጸጋ፡ ኩሉ ጊዜ ድንግል ዝኾንኪ፡ ወላዲት ኣምላኽ፡ ኣደ ክርስቶስ፡ ሰላም ንብለኪ። ምእንቲ ሓጢኣትና ክሓድገልና፡ ናብ ፍቑር ወድኺ፡ ጸሎትና ኣዕርግልና።

ንሓቀኛ ብርሃን ኢየሱስ ክርስቶስ ኣምላኽና ዝወለድክልና ቅድስት ድንግል፡ ሰላም ንብለኪ። ንሓጢኣት ነፍስና ሓዲጉ ክምሕረና፡ ናብ ጐይታ ለምንልና። ኦ ናይ ሓቂ ንግስት ድንግል፡ ሰላም ንብለኪ። ኦ ንኣማኑኤል ኣምላኽና ዝወለድክልና ትምክሕቲ ዓሌትና፡ ሰላምታ ነቕርበልኪ።

ኦ ድንግል ብጐይታና ኢየሱስ ክርስቶስ ዝተኣመነት ኣማላዲት፡ ሓጢኣትና ምእንቲ ክሓድገልና ኣዘክርልና።

## መእተዊ ጸሎት ሃይማኖት

ኦ ኣደ ሓቀኛ ብርሃን ነኽብረኪ። ኦ ቅድስት ድንግል ወላዲት ኣምላኽ፡ መድሕን ዓለም ስለ ዝወለድክልናን፡ መጺኡ ኸኣ ንነፍስና ስለ ዘድሓነናን ነመስግነኪ። ኦ ጐይታናን ንጉስናን መድሓኒና ኢየሱስ ክርስቶስ፡ ክብሪ ንዓኻ

ይኹን። ንስኻ ንሃዋርያት ሞገሶም፡ ንሰማእታት ኣኽሊሎም፡ ንጻድቃን ዕልልታኦም፡ ንቤተ ክርስትያን ጽንዓት፡ ንሓጥኣን ሕድገት። ብሓደ ዝመለኮቱ ስሉስ ቅዱስ ነበስርን ንሰግደሉን ነኽብሮን። ኦ ጐይታ መሓረና፡ ኦ ጐይታ መሓረና፡ ኦ ጐይታ ባርኸና። ኣሜን።

## ጸሎት ሃይማኖት

ንኹሉ ብዝሓዘ ሰማይን ምድርን ዝርኣን ዘይርኣን ብዝፈጠረ ብሓደ ኣምላኽ እግዚኣብሄር ኣብ ነኣምን።

ብሓደ ጐይታ ብኢየሱስ ክርስቶስ ዓለም ከይተፈጥረ ምስኡ ህልው ብዝኾነ ወልደ ኣብ ዋሕድ'ውን ነኣምን።

ካብ ብርሃን ዝተረኽበ ብርሃን፡ ካብ ሓቀኛ ኣምላኽ ዝተረኽበ ሓቀኛ ኣምላኽ፡ ዝተወልደ እምበር ፍጡር ዘይኮነ፡ ብመለኮቱ ምስ ኣብ ማዕረ ዝኾነ፡ ኩሉ ብእኡ ዝተፈጥረ፡ ብዘይካኡ ግና ኣብዚ ምድሪ ዘሎ ይኹን ወይስ ኣብ ሰማይ ዘሎ ምንም ዝተፈጥረ የልቦን።

ምእንታና ምእንቲ ሰብ፡ ምእንቲ ድሕነትና ካብ ሰማያት ዝወረደ። ብመንፈስ ቅዱስ ካብ ቅድስቲ ድንግል ማርያም ስጋ ለቢሱ ሰብ ኮነ። ሰብ ኮይኑ ድማ ብዘመን ጴንጤናዊ ጲላጦስ ምእንታና ተሰቕለ፡ መከራ መስቀል ተቐበለ፡ ሞተ ተቐብረ። ኣብ ቅዱሳት መጻሕፍቲ ከም ዝተጻሕፈ፡ ኣብ ሳልሳይ መዓልቲ ካብ ምውታት ተፈልዩ ተንሰአ። ብኽብሪ ናብ ሰማያት ዓረገ፡ ኣብ የማን ኣቦኡ ተቐመጠ። ከም በሓድሽ ድማ ንሕያዋንን ንምውታትን ኪፈርድ ብኽብሪ ኪመጽእ እዩ። ንመንግስቱ መወዳእታ የብሉን።

ጐይታን መሕወዩን ብዝኾነ ካብ ኣብ ብዝሰረጸ፡ ብመንፈስ ቅዱስ ነኣምን። ምስ ኣብን፡ ወልድን፡ ንሰግደሉን ነመስግኖን፡ ንሱ ኣብ ነቢያት ሓዲሩ ዝተናገረ እዩ።

ልዕሊ ኲሉ ብዝኾነት ናይ ሃዋርያት ጉባኤ ብሓንቲ ቅድስቲ ቤተ ክርስትያን ነኣምን።

ሓጢኣት ንምስትስራይ ብሓንቲ ጥምቀት'ውን ነኣምን። ንትንሳኤ ምውታንን ንዘለኣለም ኣለም ዚመጽእ ሕይወትን ተስፋ ንገብር፡ ኣሜን።

*ኦ ጐይታ ጸሎትና ሰሚዕካ ሓጢኣትና ሕደገልና፡ (41 ገዜ) ኪርያላይሶን በል።*

## ቅዱስ ቅዱስ ቅዱስ

ቅዱስ፡ ቅዱስ፡ ቅዱስ፡ እግዚኣብሄር ጐይታ ሰራዊት፡ ሰማይን ምድርን ብክብርኻን ብልግ ስኻን ምሉኣት እየን። ኦ ንኹሉ እትመልኽ እግዚኣብሄር ኣቦ መሓረና፡ ኦ ጐይታ ሰራዊት፡ ኣምላኽ ሓያላን ምሳና ኩን። ምኽንያቱ ኣብ ግዜ ሽግርናን ጭንቅናን ብዘይካኻ ረዳኢ የብልናን። ኦ ኣምላኽ ኣባና ሕደር። ንበደልና፡ ይቕሬታን ምሕረትን ግበረልና። እቲ ብድልየትናን ብዘይ ድሌትናን ዝገበርናዮ፡ እቲ ብፍላጥን ብዘይ ፍላጥን ዝሰራሕናዮ፡ ስውርን ግሁድን ዝኾነ ሓጢኣትና ምእንቲ እቲ ኣብ ልዕሌና ዝስመ ቅዱስ ስምካ ኢልካ ኦ ጐይታ ይቕረ በለልና። ኦ ጐይታ ከም ምሕረትካ ደኣ እምበር፡ ከም ተግባርና ኣይኹን።

ከምዚ እናበልና ከነመስግነካ ብቑዓት ግበረና፡- ኣብ ሰማያት እትነብር ኣቦና ....

# ናይ ንስሓ ጸሎት

ኦ እግዚኣብሄር ኣምላኽ ሓያላን፡ ቅድሚ ኩሉ እዋን ዝነበርካ ንዘለኣለም'ውን ህልው ዝኾንካ፡ ጸሓይ ብመዓልቲ ኬብርህ፡ ለይቲ ከኣ ንዕረፍቲ ደቂ ሰባት ዝፈጠርካ። ኦ ንጉስ ዘለኣለም፡ ነዛ ለይቲ እዚኣ ብሰላም ኣሕዲርካ፡ ናብዛ መጀመርታ መዓልቲ ስለ ዘእቶኻና ነመስግነካ ኣሎና። ኦ ንጉስናን ንጉስ ዘለኣለምን፡ ብርሃን ገጽካ ከተንጸባርቐልና ኣምላኻዊ ብርሃን ፍልጠትካ'ውን ከብርሃልና ንልምነካ። ደቂ ብርሃን ደቂ መዓልትን ክንከውን ኣብቅዓና። ኦ ጐይታና፡ ነዛ መዓልቲ እዚኣ ብቅድስናን ንጽህናን፡ ብሰናይ ምዕዶን ክንሓልፋ፡ ነቲ ዝተረፈ ህይወትና'ውን ብዘይዕንቅፋት ክንፍጽሞ ሓግዘና። ምስ ርህሩህን መፍቀር ሰብን ዝኾነ ሓደ ወድኻ ኢየሱስ ክርስቶስን፡ ወሃቢ ጸጋ መንፈስ ቅዱስን፡ ክብርን ምስጋናን ውዳሴን ኣምልኾን፡ ሎምን ኩሉ ሳዕን ንዘለኣለም ንዓኻ ይኹን፡ ኣሜን።

## ካልኣይ ናይ ንስሓ ጸሎት

ኦ ንብርሃን እትልእኮ እሞ ዝፍኖ። ንጸሓይ ኣብ ልዕሊ ሓጥኣንን ጻድቃንን እተብርቕ ጐይታ ኩሉ፡ ንጸሓይ ኣብ ኩሉ ዓለም ከብርህ ዝገበርካ ልብናን፡ ኣእምሮናን፡ ምስትውዓልናን፡ ኣብርህ። ኣብዛ መዓልቲ እዚኣ ደስ ከነብለካ ዓድለና። ብጐይታና ኢየሱስ ክርስቶስ ካብ ኩሉ ክፉእ ነገር ዘበለ ሓልወና። ካብ ኩሉ ሓጢኣትን፡ ካብ ኩሉ ተጻራሪ ሓይልን ኣድሕነና። ምስ ርህሩህን መፍቀር ሰብን ዝኾነ ሓደ ወድኻ ኢየሱስ ክርስቶስን፡ ወሃብ ህይወት መንፈስ ቅዱስን፡ ክብርን ምስጋና ውዳሴን ኣምልኾን፡ ሎምን ኩሉ ሳዕን ንዘለኣለም ንዓኻ ይኹን ኣሜን።

## ድሕሪ ነፍሲ ወከፍ ሰዓት ዚጽለ ጸሎት

ኦ ጐይታ መሓረና ምሕረትካ'ውን ኣብዝሓልና። ኦ ኣብ ነፍሲ ወከፍ ሰዓትን ጊዜን ኣብ ሰማይን ምድርን ብኽብረት ዝስገደልካ ክርስቶስ እሙን ኣምላኽና፡ በዓል ነዊሕ ትዕግስትን ብዙሕ ምሕረትን፡ ብሰናያት ዝተመላእካን ርህሩህን፡ ነቶም ኣነ ዝቐዳማዮም ሓጢኣተኛታት'ውን እት ምሕር፡ ንሓጥእ ብንስሓ ተመሊሱ ብህይወት

ክነብር እምበር ሞቱ ዘይትደሊ፡ ምእንቲ እቲ ዝጽበዮም ዘሎ ተስፋ ሰማያት ክረኽቡ ንዅሎም ናብ ድሕነት እትዕድም፡ አ ጐይታ ኣብዛ ሰዓት እዚኣን፡ ኣብ ኵሉ ሰዓታትን፡ ልመናና ተቐበል። ህይወትና ኣቃንዓልና፡ ትእዛዛትካ ክንገብር ምርሓና፡ መንፈስና ቀድስ፡ ስጋናን ሓሳባትናን ኣንጽህ፡ ትምኒትና'ውን ስመር፡ ሕማምና ፈውስ፡ ሓጢኣትና ሕደገልና፡ ካብ ኵሉ ክፉእ ሓዘንን ስቅያት ልብን ርድኣና። ብህልውንኣም ክንዕቆብ ብቅዱሳን መላእኽትኻ ሓልወና፡ ናብ ውህደት እምነት ክነምርሕ ምእንቲ፡ ናብቲ ዘይምርመርን ዘይውሰንን ፍልጠትካ ክንበጽሕ ዓድለና። ንስኻ ንዘለኣለም ቡሩኽ ኢኻ ኣሜን።

# ጸሎት
# ሳልሰይቲ ሰዓት

ኣብዛ ሰዓት እዚኣ ጲላጦስ ኣብ ልዕሊ ጐይታና ኢየሱስ ክርስቶስ ፈረደ፡፡ ከምኡ'ውን ኣብዛ ሰዓት እዚኣ፡ መንፈስ ቅዱስ ኣብ ልዕሊ እቶም ንጹሓት ሓዋርያት ወረደ፡፡

ሳልሰይቲ ሰዓት - ናይ ንግሆ ሰዓት ትሽዓተ እዩ፡፡

# መእተዊ ነፍሲ ወከፍ ጸሎተ ሰዓታት

*ቅድም ናይ ዘውትር ጸሎት ኣብጽሕ፡ ገጽ 1-11*

## ይ�

ኣብዛ ብርኽቲ መዓልቲ እዚኣ፡ ንክርስቶስ ንጉሰይን ኣምላኸይን ጸሎት ሳልሰይቲ ሰዓት እናኣቕረብኩ፡ ሓጢኣተይ ከሓድገለይ እልምኖ።

## መዝሙር 20

እግዚኣብሄር ብመዓልቲ ጸበባኻ ይስማዕካ፡ ስም ኣምላኸ ያዕቆብ ልዕል የብልካ። ካብ መቕደሱ ረዲኤት ይስደደልካ፡ ካብ ጽዮን ከኣ ይደግፍካ። ንመስዋእቲ ብልዕኻ ዘበለ ይዘክሮ፡ ንመስዋእቲ ምሕራርካ'ውን ይቀበሎ። ነቲ ልብኻ ዝምነዮ ይሃብካ፡ ንምኽርኻ ዘበለ'ውን ይፈጽሞ። ብምድሓንካ ዕልል ንብል፡ ንሰንደቕ ዕላማ'ውን ብስም ኣምላኽና ነልዕሎ፡ ንኹሉ ልማኖኻ እግዚኣብሄር ይፈጽሞ፡ እግዚኣብሄር ንቕቡኡ ከም ዘድሕኖ ሕጂ ፈለጥኩ። ብናይ እታ የማነይቱ ሓይሊ ምድሓን ካብ ቅድስቲ ሰማዩ ኪመልሰሉ እዩ። ገሊኣቶም ብሰረገላታት

ገሊኦቶም'ውን ብኣፍራስ ይእመኑ፡ ንሕና ግና ብስም እግዚኣብሄር ኣምላኽና ኢና ንእመን። ንሳቶም ደኒኖም ይውደቑ፡ ንሕና ግና ደልዲልና ንቐውም። ኦ እግዚኣብሄር፡ ንንጉስ ኣድሕኖ። በታ እንጠርዓላ መዓልቲ ስምዓና። ሃሌ ሉያ።

## መዝሙር 23

እግዚኣብሄር ጓሰይየይ እዩ ዝጐድለኒ የብለይን። ኣብ ልሙዕ ሻኻ የውዕለኒ፡ ናብ ዝዓርፈሉ ማይ ይመርሓኒ። ንሱ ንነፍሰይ የህድኣ፡ ምእንቲ ስሙ ኢሉ ብመገዲ ጽድቂ ይመርሓኒ። በትርኻን ምርኩስካን የጸናንዓኒ። ንስኻ ምሳይ ኢኻ'ም፡ ብሩባሩባ ድነምት እኳ እንተኸድኩ፡ ክፉእ ኣይፈርህን እየ። ንስኻ ኣብ ቅድሚ ገጽ ጸላእተይ መኣዲ ትሰርዓለይ፡ ንርእሰይ ብዘይቲ ትለኽዮ፡ ጽዋእይ ይጅርብብ ኣሎ። ብሓቂ ሳህልን ምሕረትን ብኹሉ ዕድመይ ክስዕባኒ እየን፡ ኣብ ቤት እግዚኣብሄር ከኣ ንዘለኣለም ክነብር እየ። ሃሌ ሉያ።

# መዝሙር 24

እግዚአብሄር ንምድሪ ኣብ ባሕሪ ሰሪትዋ፡ ኣብ ወሓይዝ'ውን ኣጽኒዕዋ እዩ'ሞ ንሳን ምልኣታን፡ ዓለምን ዝነብርዋን ናቱ እዮም። ናብ ከረን እግዚአብሄር ዝድይብ መን እዩ፡ ኣብቲ ቅዱስ ቦታኡ ዝቐውምሲ መን እዩ፡ እቲ ንጹህ ዝኣእዳዉን ንጹህ ዝልቡን፡ ነፍሱ ናብ ከንቱ ዘየልዕል፡ ብጥበራ ዘይምሕል ሰብ እዩ። ንሱስ በረኸት ካብ እግዚአብሄር፡ ጽድቂ'ውን ካብ ናይ መድሓኒኡ ኣምላኽ ክቕበል እዩ። እቶም ዝደልይዎ ወለዶ እዚኣቶም እዮም፡ ንገጽካ ዝደልዩ ኦ ኣምላኽ ያዕቆብ። ኣቱም ደጌታት ርእስኻትኩም ኣልዕሉ፡ ኦ ናይ ዘለኣለም ደጌታት ልዕል በሉ፡ እቲ ንጉስ ክብሪ'ውን ክኣቱ እዩ። እዚ ንጉስ ክብሪኸ መን እዩ፡ እቲ ብርቱዕን ሓያልን እግዚአብሄር፡ ኣብ ውግእ ዝብርትዕ እግዚአብሄር እዩ። ኣቱም ደጌታት ርእስኻትኩም ኣልዕሉ፡ ኦ ናይ ዘለኣለም ደጌታት ልዕል በሉ፡ እቲ ንጉስ ክብሪ'ውን ክኣቱ እዩ። እዚ ንጉስ ክብሪ እዚ መን እዩ፡ ጐይታ ሰራዊት፡ እቲ ንጉስ ክብሪ ንሱ እዩ። ሃሌ ሉያ።

## መዝሙር 26

ኦ እግዚኣብሄር ብንጽህና ተመላሊሰ ከይተጠራ ጠርኩ ኸኣ ኣብ እግዚኣብሄር ተወኪለ እየ እሞ ፍረደለይ። ኦ እግዚኣብሄር መርምረንን ተዓዘበ ንን፡ ንልበይን ኮላሊተይን መርምሮ። ሳህልኻ ኣብ ቅድሚ ኣዒንተይ እዩ እሞ፡ ብሓቅኻ እመላለስ ኣሎኹ። ምስ ሓሰውቲ ሰባት ኣይተቐ መጥኩን፡ ምስ ኣምሰሉታት'ውን ኣይከድኩን። ንማሕበር እኩያት እጸልኣ፡ ምስ ረሲኣን'ውን ኣይቅመጥን እየ። ኦ እግዚኣብሄር፡ ነእዳወይ ብንጽህና እሓጽበን፡ ድምጺ ምስጋና ከሰምዕ፡ ንብዘሎ ተኣምራትካ'ውን ምእንቲ ከዘንትዎስ፡ ንመሰውኢኻ እዞሮ ኣሎኹ። ኦ እግዚኣብሄር፡ ንቤት መቕደስካ፡ ነቲ ክብርኻ ዝነብረሉ ቦታ አፍቅሮ እየ። ንነፍሰይ ምስቶም ኣብ ኣእዳዎም ዓመጻ ዘለዎም ሓጥኣን፡ ንህይወተይ ከኣ ምስቶም የማነይቲ ኢዶም መማለዲ ዝመልአት ሰብ ደም ኣይትጸንብራ። ኣነስ ብንጽህና እየ ዝመላለስ፡ ኣድሕነኒ ምሓረኒ'ውን። እግረይ ኣብ ጥጡሕ ቦታ ደው ኢላ ኣላ፡ ኣብ ማሕበራት ንእግዚኣብሄር ከመስግኖ እየ። ሃሌ ሉያ።

## መዝሙር 29

ኣቱም ውሉድ ብርቱዓት፡ ንእግዚኣብሄር ሃቡ፡ ንእግዚኣብሄር ክብርን ምስጋናን ሃብዎ። ንእግዚኣብሄር እቲ ንስሙ ዚግብኦ ክብሪ ሃብዎ፡ ንእግዚኣብሄር ብገጽ ቅድስና ስገዱሉ። ኣምላኽ ክብሪ የንጎድግድ ኣሎ፡ እግዚኣብሄር ኣብ ልዕሊ ብዙሕ ማያት እዩ። ድምጺ እግዚኣብሄር ብስልጣን፡ ድምጺ እግዚኣብሄር ብግርማ እዩ። ድምጺ እግዚኣብሄር ንጽሕድታት ይሰብሮ፡ እግዚኣብሄር ንጽሕዲ ሊባኖስ ይሰባብሮ። ነኽራን ሊባኖስን ስርዮንን ከም ብተይ ከም ጣዕዋ ጎባይ የዐንድሮም። ድምጺ እግዚኣብሄር ንሃልሃልታ ሓዊ የጥፍኦ። ድምጺ እግዚኣብሄር ንምድሪ በዳ የንቀጥቅጦ፡ እግዚኣብሄር ንምድሪ በዳ ቃዴስ የንቀጥቅጦ እዩ። ድምጺ እግዚኣብሄር ንኢራባት የውልደን ንዱር የርግፎ፡ ኣብ መቕደሱ'ውን ኩሉ ክብሪ ይብል ኣሎ። እግዚኣብሄር ኣብ ልዕሊ ማይ ኣይሂ ተቐመጠ፡ ኣረ እግዚኣብሄር ንዘለኣለም ነጊሱ ኪቕመጥ እዩ። እግዚኣብሄር ንህዝቡ ሓይሊ ይህቦ፡ እግዚኣብሄር ንሕዝቡ ብሰላም ይባርኾ። ሃሌ ሉያ።

## መዝሙር 30

ንላዕሊ ስሒብካኒ፡ ንጸላእተይ'ውን ብኣይ ኣየሐጐስካዮምን እሞ፡ ኦ እግዚኣብሄር ልዕል ኣብለካ ኣሎኹ። ኦ እግዚኣብሄር ኣምላኸይ፡ ኣነ ናባኻ ኣእዌኹ፡ ንስኻ'ውን ኣጥዓኻኒ። ኦ እግዚኣብሄር ንነፍሰይ ካብ ሲኦል ኣውጸእካያ ናብ ጉድጓድ ከይወርድሲ ንህይወተይ ኣድሓንካያ። ኸራኡ ንቕጽበት ዓይኒ እዩ፡ ጸጋኡ ግና ንምሉእ ዕድመ ይጸንሕ፡ ምሸት ብኽያት ይስማዕ፡ ንግሆ ግና ዕልልታ ይኸውን እዩ እሞ፡ ኣቱም ቅዱሳኑ፡ ንእግዚኣብሄር ዘምሩሉ፡ ንቅዱስ ዝኽሩ'ውን ኣመስግኑ። ኣነንከ ብራህዋይ ከቶ ኣይከንደልህጽን እየ በልኩ። ኦ እግዚኣብሄር፡ ብሞንስካ ንከረነይ ኣጽናዕካዮ፡ ገጽካ ከወልካዮ ኣነ'ውን ሰምበድኩ። ኦ እግዚኣብሄር፡ ናባኻ ኣእውየ ንእግዚኣብሄር ለሚነዮ ከምዚ ኢለ፡ ናብ ጉድጓድ እንተ ወረድኩስ ካብ ደመይ እንታይ ከትረብሕ ኢኻ፡ መሬት'ዶ ከውድሰካ፡ንሓቅኻስ ከዘንቱ ይኽእል ድዩ፡ ኦ እግዚኣብሄር ስማዕ እሞ መሓረኒ። ኦ እግዚኣብሄር ረዳእየይ ኩን። ነፍሰይ ምእንቲ ከትዝምረልካን ስቕ ከይትብል ንሲ ብኽያተይ ናብ ዕልልታ ለወጥካለይ ከለይ

ፈቲሕካስ ደስታ ኣዕጠቕካኒ። ኦ እግዚኣብሄር ኣምላኸይ ንዘለኣለም ክውድሰካ እየ። ሃሌ ሉያ።

## መዝሙር 34

ንእግዚኣብሄር ኩሉ ጊዜ እውድሶ፡ ውዳሴኡ ንሓዋሩ ኣብ ኣፈይ እዩ። ነፍሰይ ብእግዚኣብሄር ክትሕበን እያ። ትሑታት እዚ ሰሚዖም ክሕጎሱ እዮም። ንእግዚኣብሄር ምሳይ ኰንኩም ኣዕብይዎ፡ ንስሙ ሓቢርና ልዕል ነብሎ። ንእግዚኣብሄር ደሌኽዎ፡ ንሱ'ውን መለሰለይ፡ ካብ ኩሉ ፍርሃተይ ኣናገፈኒ። ናብኡ ዝጥምቱ የንጸባርቑ፡ ገጾም'ውን ከቶ ኣይሓፍርን። እዚ መስኪን እዚ ኣእወየ እሞ እግዚኣብሄር'ውን ሰምዖ፡ ካብ ኩሉ ጸበባኡ ኣድሓኖ። መልኣኽ እግዚኣብሄር ኣብ ዙርያ እቶም ዝፈርህዎ ይሰፍር የናግፎም ከኣ። እግዚኣብሄር ሰናይ ምዃኑ ጠዓሙን ረኣዩን፡ ናብኡ ዝውከል ሰብ ብጹእ እዩ። ነቶም ዝፈርህዎ ገለ ኣይጎድሎምን እዩ እሞ፡ ኣቱም ቅዱሳኑ ንእግዚኣብሄር ፍርህዎ። ኮራኩር ኣናብስ ይስእኑን ይጠምዩን፡ ንእግዚኣብሄር ዝደልይዎ ግና ሰናይ ዘበለ ከቶ ኣይጐድሎምን። ደቀየ፡ ፍርሃት እግዚኣብሄር

ጸሎት ሳልሰይቲ ሰዓት

ከምህረኩምሲ፡ ንዑ ስምዑኒ። ህይወት ዝፈቱ፡ ጽቡቕ መዓልትታት ክርኢ ዚደሊ ሰብ መን ኣሎ፡ መልሓስካ ካብ እከይ፡ ከናፍርካ'ውን ካብ ምዝራብ ጥልመት ሓሉ። ካብ እከይ ረሓቕ፡ ሰናይ ከኣ ግበር፡ ንሰላም ድለያ ሰዓባ'ውን። ኣዒንቲ እግዚኣብሄር ናብ ጻድቃኑ፡ ኣእዛኑ ከኣ ናብ ኣውያቶም እየን። ንመዘከርታኦም ካብ ምድሪ ምእንቲ ከጥፍኦስ፡ ገጽ እግዚኣብሄር ናብቶም ገበርቲ እከይ እዩ። ጻድቃን የእውዩ፡ እግዚኣብሄር ድማ ይሰምዖም፡ ካብ ኩሉ መከራኦም'ውን የናግፎም። እግዚኣብሄር ነቶም ለወሃት ልቢ ዘለዎም ቀረባኦም እዩ፡ ነቶም ቅጥቁጥ መንፈስ ዘለዎም ድማ የድሕኖም። ናይ ጻድቕ መከራ ብዙሕ እዩ፡ እግዚኣብሄር ግና ካብ ኩሉ የናግፎ። ንሱ ንኩለን ኣዕጽምቱ ይባልሀን፡ ሓንቲ እኳ ኣይትስበርን። ክፍኣት ንረሲእ ይቐትሎ፡ ንጻድቕ ዚጸልኡ ከኣ ክኹነኑ እዮም። እግዚኣብሄር ንነፍሲ ባርያኡ ይብጀዋ፡ ካብቶም ኣብኡ ዝዕቆቡ ከኣ ሓደ እኳ ኣይክኹነንን እዩ። ሃሌ ሉያ።

# መዝሙር 41

ንድኻ ዝሓልየሉ ብጹእ እዩ፡ እግዚኣብሄር ብመዓልቲ መከራ የናግፎ። እግዚኣብሄር ይሕልዎ ብህይወቱ'ውን የንብሮ። ንሱ ኣብ ምድሪ ብጹእ ይኸውን። ናብ ፍቓድ ጸላእቱ ኣይተሕልፎን ኢኻ። ኣብ መደቀሲ ድናሴኡ ከሎ፡ እግዚኣብሄር ይድግፎ። ንስኻ ብሕማሙ ንብዘላ ዓራቱ ተንጽፈሉ። ጐይታየ፡ ብዲለካ እየ እም፡ መሓረኒ ንነፍሰይ ኣሕውያ በልኩ። ጸላእተይ መዓስ ኮን ክመውት፡ መዓስከ ስሙ ክጠፍእ እዩ፡ ኢሎም ብኣይ ክፉእ ይዛረቡ ኣለዉ። ሓደ እንተ ብጽሓኒ ብልግሚ ይዛረብ፡ ኣብ ልቡ ክፍኣት ይእክብ፡ ምስ ወጸ ይዛረቦ። ኩሎም ጸላእተይ ብኣይ ነንሓድሕዶም የሕሾኽሹኹ፡ ግብሪ እከይ ጠቢቕዎ ኣሎ፡ በጥ ኢሉ እዩ እሞ፡ ከቶ ኣይክትንስእን እዩ፡ እናበሉ ብኣይ ክፉእ ይምህዙ ኣለው። እወ እቲ ዝኣምኖ፡ እንጌራይ ዝበልዐ ፈታውየይ እኳ ሸኾናኡ ኣልዓለለይ። ንስኻ ግና ጐይታየ መሓረኒ፡ ክፈድዮም ከኣ ኣተንስኣኒ። ጸላእየይ እንተ ዘይ ተዓወተለይ በዚ ንስኻ ከም ዝበሃግካኒ እፈልጥ ኣሎኹ። ንዓይስ ብንጽህናይ ትድግፈኒ፡ ኣብ

ቅድሚ ገጽካ ከኣ ንዘለኣለም ተንብረኒ ኣሎኻ። እግዚኣብሄር ኣምላኽ እስራኤል፡ ካብ ዘለኣለም ንዘለኣለም ይባረኽ። ሃሌ ሉያ።

## መዝሙር 43

ኦ ኣምላኽ በይነለይ፡ ምስቲ ምሕረት ዘይብሉ ህዝቢ ተማጎተለይ፡ ካብ ሓሳውን ዓማጽን ሰብ ኣድሕነኒ። ኣምላኽ ሓይለይ ንስኻ ኢኻ እሞ፡ ስለምንታይ ደርቢኻኒ፡ ስለምንታይከ ብሰሪ ጥቕዓት ጸላኢ እናሓዘንኩ እኸይድ ኣሎኹ፡ ብርሃንካን ሓቅኻን ለኣኽ ንሳተን ይምርሓኒ። ናብ ቅድስቲ ከረንካን ናብ ማሕደሪትካን የብጽሓኒ። ሽዑ ናብ መሰውኢ ኣምላኽ፡ ናብ ኣምላኽ ደስታይን ታሕጓሰይን ክኣቱ እየ፡ ኦ ኣምላኽ፡ ኣምላኸየ፡ ብበገና ክመስግነካ እየ። ነፍሰይ ስለምንታይ ትጕህዪ፡ ስለምንታይሲ ኣብ ውሽጠይ ትህውኺኒ ኣሎኺ፡ ንምድሓን ገጸይን ኣምላኸይን ገና ክመስግኖ እየ እሞ፡ ተስፋኺ ኣብ ኣምላኽ ግበሪ። ሃሌ ሉያ።

## መዝሙር 45

ካብ ልበይ ጽቡቕ ነገር ይግንፍል፡ ድርሳናተይ ንንጉስ እዩ እብል፡ ልሳነይ ከም ብርዒ ቅልጡፍ ጸሓፊ እዩ። ካብ ደቂ ሰብ ንስኻ ትጽብቕ፡ ግርማ ኣብ ከናፍርካ ፈሰሰ፡ ስለዚ ኣምላኽ ንዘለኣለም ባረኸካ። ኣታ ጅግና፡ ሰይፍኻ ኣብ ሕቝኻ ዕጠቕ፡ ክብርኻን ግርማኻን ልበስ። ምእንቲ ሓቅን ገርህነትን ጽድቅን ብግርማኻ ውጻእ፡ የማነይቲ ኢድካ'ውን ዘገርም ነገር ክትምህረካ እያ። ፍላጻታትካ በላሕቲ እየን፡ ኣብ ልቢ ጸላእቲ ንጉስ ይኣትዋ። ህዝብታት ኣብ ትሕቴኻ ይወድቁ። ኦ ኣምላኽ ዝፋንካ ንዘለኣለመ ኣለም እዩ፡ ዘንጊ መንግስትኻ'ውን ዘንጊ ቅንዕና እያ። ጽድቂ ትፈቱ፡ ዓመጽ ትጸልእ። ስለዚ እግዚኣብሄር ኣምላኽካ ሓለፉ ብጾትካ ብዘይቲ ሓጐስ ቀብኣካ። ኣልባስካ ኩሉ ከርበን ዓልወን ይጨኑ፡ ኣብ ኣደራሽ ስኒ ሓርማዝ'ውን በገናታት ባህ የብለካ ኣሎ። ኣዋልድ ነገስታት ንኽብርኻ እየን፡ እታ ንግስቲ ብወርቂ ኦፊር ተሰሊማ ኣብ የማንካ ትቐውም ኣላ። ጓለየ ስምዒ፡ ረኣዪ'ውን እዝንኺ ከኣ ጽን ይበል፡ ህዝብኽን ቤት ኣቦኽን ረስዒ። ንጉስ ንመልክዕኪ ይብህጎ ንሱ ጐይታኺ እዩ

እሞ ስገድሉ። ኣዋልድ ጢሮስን ናይ ህዝቢ ሃብታማትን ገጸ በረኸት ሒዞም ሞገስካ ክደልዩ እዮም። ጓል ንጉስ ኣብ ውሽጢ ኩለንትናኣ ክብርቲ እያ፡ ክዳውንታ ወርቀዘቦ እዩ። ዝንጉርጉር ክዳን ተኸዲና ናብ ንጉስ ክእትውዋ፡ ብድሕሪኣ ኣዳኖታታ ደናግል ናባኻ ክወስድወን እዮም። ብሓጐስን ዕልልታን ተዓጂበን ክመጻ፡ ናብ ኣዳራሽ ንጉስ ክኣትዋ እየን። ውሉድኪ ኣብ ክንዲ ኣቦታትኪ ክኾኑ፡ ኣብ ብዘላ ምድሪ'ውን መሳፍንቲ ክትገብርዮም ኢኺ። ካብ ወለዶ ንወለዶ ንስምኪ ክዝክሩ እዮም፡ ስለዚ ህዝብታት ንዘለኣለም ክመስግኑኻ እዮም። ሃሌ ሉያ።

## መዝሙር 46

ኣምላኽ ንዓና መዕቆብን ሓይልን፡ ብጸበባ ፍጡን ረዳእን እዩ። ስለዚ ምድሪ እንተ ተገልበጠት፡ ኣኽራን ኣብ መዓሙቑ ባሕሪ እንተ ተናወጹ፡ ማያት እንተ ሃመመን፡ እንተ ዓፈረን፡ ኣኽራን ብነድሮም እንተ ኣንቀጥቀጡ፡ ንሕናስ ኣይንፈርህን ኢና። ወሓይዙ ንከተማ ኣምላኽ፡ ነታ ቕድስቲ ቦታ ማሕደር እቲ ልዑል

ዘሐጉስ ሩባ ኣሎ። ኣምላኽ ኣብ ማእከላ ከሎ ኣይክትናወጽን እያ፡ ክወግሕ ከሎ ኣምላኽ ክረድኣ እዩ። ኣህዛብ ጫውጫው በሉ፡ መንግስትታት ተናወጹ ድምጹ ኣስምዐ፡ ምድሪ መኽኸት። ጐይታ ሰራዊት ምሳና እዩ፡ ኣምላኽ ያዕቆብ ጸግዕና እዩ። ንዑ ንግብርታት እግዚኣብሄር ነቲ ኣብ ምድሪ ዝገበሮ ጥፍኣት ጠምቱ፡ ንውግእ ክሳዕ ወሰን ምድሪ መወዳእታ ይገብረሉ። ንቀስቲ ይሰብሮ፡ ንኲናት ይሰባብሮ፡ ንሰረገላታት ብሓዊ የንድዶ። ህድእ በሉ እሞ ኣነ ኣምላኽ ምዃነይ ኣስተብህሉ፡ ኣብ ማእከል ኣሕዛብ ልዕል ክብል፡ ኣብ ምድሪ ልዕል ክብል እየ። ጐይታ ሰራዊት ምሳና እዩ፡ ኣምላኽ ያዕቆብ ጸግዕና እዩ። ሃሌ ሉያ።

## መዝሙር 47

ኣቱም ኣህዛብ ኩሉኹም ኣእዳውኩም ኣጣቕዑ ንኣምላኽ ብድምጺ ሓጐስ ዕልል በሉ። ልዑል እግዚኣብሄር ዘፍርህ እዩ እሞ፡ ኣብ ብዘላ ምድሪ ዓቢ ንጉስ እዩ። ንሱ ንህዝብታት ኣብ ትሕቴና፡ ነህዛብ ከኣ ኣብ ትሕቲ ኣእጋርና የግዝኣም። ንክብሪ ያዕቆብ ርስትና ከኾነልና ይሓርየልና።

ኣምላኽ ብዕልልታ እግዚኣብሄር ብደሃይ መለኸት ዓረገ። ዘምሩ፡ ምስጋና ንኣምላኽ ዘምሩ። ዘምሩ ምስጋና ንንጉስና ዘምሩ። ኣምላኽ ንጉስ ኩላ ምድሪ እዩ እሞ፡ መዝሙር ምስጋና ዘምሩሉ። ኣምላኽ ኣብ ኣህዛብ ነጊሱ፡ ኣምላኽ ኣብታ ቅድስቲ ዝፋኑ ይቕመጥ። መሳፍንቲ ኣህዛብሲ ህዝቢ ኣምላኽ ኣብርሃም ክኾኑ ይእከቡ ኣለዉ። ዋልታታት ምድሪ ናይ ኣምላኽ እዩ እሞ፡ ንሱ ኣዝዩ ልዕል በለ። ሃሌ ሉያ።

## ወንጌል ዮሓንስ 14:26 – 15:3

እቲ ኣቦይ ብስመይ ዚልእኾ መጸናንዒ መንፈስ ቅዱስ፡ ምስ መጸ ንሱ ኩሉ ኪምህረኩም፡ ዝነገርኩኹም ዘበለ'ውን ከዘክረኩም እዩ። ሰላም እሓድገልኩም፡ ሰላመይ'ውን እህበኩም ኣሎኹ። እቲ ኣነ ዝህበኩም ዘለኹስ፡ ከምቲ ዓለም እትህቦ ኣይኮነን። ልብኹም ኣይሸበርን ኣይሰንብድን። ኣነ ከኸይድ ናባኻትኩም'ውን ክምለስ እየ፡ ከም ዝበልኩኹም ሰሚዕኩም ኣሎኹም። ካባይ ኣቦይ ይዓቢ እዩ እሞ፡ እተፍቅሩኒ እንተ ትኾኑስ፡ ናብ ኣቦይ ብምኻደይ ምተሓጎስኩም ኔርኩም። ሕጂ ድማ፡ ምስ ኮነ ምእንቲ ክትኣምኑስ፡ ከይኮነ ነጊረኩም ኣሎኹ። ደጊም ምሳኻትኩም ብዙሕ

ኣይዛረብን እየ። ግናኸ ኣነ ነቦ ከም ዘፍቅሮን፡ ከምታ ኣቦ ዝኣዘዘኒ'ውን ከም ዝገብርን ዓለም ምእንቲ ክትፈልጥሲ፡ ከምዚ ይኹውን ኣሎ። ተንስኡ ካብዚ ንኺድ። ገዛኢ እዛ ዓለም እዚኣ ይመጽእ ኣሎ እሞ፡ ኣባይ ሓንቲ እኳ የብሉን። ኣነ ናይ ሓቂ ጉንዲ ወይኒ እየ፡ ተኻሊኡ ከኣ ኣቦይ እዩ። ነቲ ኣባይ ዘሎ፡ ፍረ ዘይፈሪ ዘበለ ኩሉ ጨንፈር ይጽንጽሎ፡ ነቲ ፍረ ዚፈሪ ዘበለ ጨንፈር ግና፡ ኣዝዩ ምእንቲ ክፈሪ የጽርዮ። ንስኻትኩም ከኣ፡ ሳላ እቲ ዝነገርኩኹም ቃል፡ ድሮ ንጹሃን ኢኹም። ኣባይ ጽንዑ ኣነ'ውን ኣባኹም።

*ምስጋና ንእግዚኣብሄር ኣምላኽ ይኹን፡ ኣሜን።*

ኦ ክርስቶስ ኣምላኽና፡ ምስ ሔር ኣቦኻን መንፈስ ቅዱስን፡ ሕጂን ንኹሉ ግዜን ንሰግደልካ ኣሎና፡ ኣሜን።

# ክፍልታት ጸሎት

ኦ ጐይታይን ኣምላኸይን ኢየሱስ ክርስቶስ፡ ነቲ ኣብ ልዕሊ ቅዱሳን ደቀ መዛሙርትኻን ንጹሃን ሃዋርያትካን፡ ብሳልሰይቲ ሰዓት ቅዱስ መንፈስካ ዝለኣኽካ፡ ኦ ሓቀኛ ኣምላኽና ሕጂ ከኣ ኣብ ውሽጥና ኣሕድሶ ድኣምበር ካባና መሊስካ ኣይትውሰዶ። ኦ ኣምላኽ ጽሩይ ልቢ ፍጠረለይ፡ ቅኑዕ መንፈስ'ውን ኣብ ውሽጠይ ሓድስ፡ ካብ ቅድሚ ገጽካ'ውን ኣይትደርብየኒ፡ ቅዱስ መንፈስካ ከኣ ኣይተሕድገኒ።

*ንኣብ ንወልድ ንመንፈስ ቅዱስ ምስጋና ይኹን፡ ኣሜን።*

ኦ ጐይታ ኢየሱስ ክርስቶስ ነቲ ቅዱስ መንፈስካ ኣብ ልዕሊ ቅዱሳን ደቀ መዛሙርትኻን ክቡራን ሃዋርያትካን፡ ኣብ ሳልሰይቲ ሰዓት ዝለኣኽካዮ፡ ኦ ሓቀኛ ኣምላኽና ካባና ኣይትመንዝዓዮ፡ ኦ ጐይታና ኢየሱስ ክርስቶስ ቃል ኣምላኽን ንኣቦ ሓደ ወዱን፡ ንወሃቢ ህይወት፡ መንፈስ ቅንዕናን፡ መንፈስ ውሉድነትን፡ መንፈስ ንጽህናን፡ መንፈስ ቅድስናን፡ መንፈስ ሓቅን ፍርድን ስልጣንን፡ ኣብ

ውሽጥና ንከተሕድሶ ንልምነካ ኣሎና። ኦ ንኹሉ ነገር እትኽእል፡ መብራህቲ ነፍስና ንስኻ ኢኻ። ኣንታ ብርሃንካ ንኹሉ ሰብ እትህብ፡ ናብ ዓለም ዝመጻእካ መሓረና።

*ሎምን ኩሉ ሳዕን ንዘለኣለም ኣለምን፡ ኣሜን።*

ኦ ወላዲት ኣምላኽ እታ ሓቀኛ ዘለኣለማዊት ህይወት ዝጾረት ሓረገ ወይኒ ንስኺ ኢኺ። ኣንቲ ምልእተ ጸጋ፡ ምስ ሃዋርያት ምእንቲ ድሕነት ነፍስና ናብ ወድኺ ኣማልድልና። ኣምላኽናን ጐይታናን ቡሩኽ እዩ። እቲ ካብ መዓልቲ ናብ መዓልቲ መገድና ዘቃንዕ ጐይታና ቡሩኽ እዩ። ምኽንያቱ ንሱ ኣምላኽናን መድሓኒናን እዩ።

*ሎምን ኩሉ ሳዕን ንዘለኣለም ኣለምን፡ ኣሜን።*

ኦ ጐይታ ሰማይ መጸናንዒ፡ ኣብ ኩሉ ቦታ ዝርከብ መንፈስ ሓቂ፡ ንኹሉ ዝመልእ ማዕከን ሰናያት፡ ወሃቢ ህይወት፡ ነዓ ኣባና መጺእካ ሕደር። ኦ ሔር፡ ካብ ኩሉ ደነስ ኣንጺህካ ንነፍስና ኣድሕና።

*ንኣብ ንወልድ ንመንፈስ ቅዱስ ምስጋና ይኹን፡ ኣሜን።*

ኦ መድሓኒና ከምቲ ምስ ሃዋርያትካ ከሎኻ ሰላምካ ዝሃብካዮም፡ ሕጂ'ውን ነዓ ምስና ኩን ሰላምካ ሃበና፡ ኣድሕነናን ርድኣናን።

*ሎምን ኩሉ ሳዕን ንዘለኣለም ኣለምን፡ ኣሜን።*

ኣብቲ ቅዱስ ቤት መቕደስካ ምስ እንቐውም፡ ልክዕ ኣብ ሰማያዊት ኢየሩሳሌም ከም ዝቘምና ይቈጸረልና። ኦ ወላዲት ኣምላኽ ንስኺ ኣፍደገ ሰማይ ኢኺ እሞ፡ ብኣማላድነትኪ ኣፍደገ ምሕረት ክፈትልና።

*ኦ ጐይታ ጸሎትና ሰሚዕካ ሓጢኣትና ሕደገልና፡ (41 ግዜ) ኪርያላይሶን በል።*

<u>**ቅዱስ ቅዱስ ቅዱስ**</u>

ቅዱስ፡ ቅዱስ፡ ቅዱስ፡ እግዚኣብሄር ጐይታ ሰራዊት፡ ሰማይን ምድርን ብክብርኻን ብልግስኻን ምሉኣት እየን። ኦ ንኹሉ እትመልኽ

እግዚኣብሄር ኣቦ መሓረና፡ ኦ ጐይታ ሰራዊት፡ ኣምላኽ ሓያላን ምሳና ኹን። ምኽንያቱ ኣብ ግዜ ሽግርናን ጭንቅናን ብዘይካኻ ረዳኢ የብልናን። ኦ ኣምላኽ ኣባና ሕደር፡ ንበደልና፡ ይቕሬታን ምሕረትን ግበረልና። እቲ ብድልየትናን ብዘይ ድሌትናን ዝገበርናዮ፡ እቲ ብፍላጥን ብዘይ ፍላጥን ዝሰራሕናዮ፡ ስውርን ግሁድን ዝኾነ ሓጢኣትና ምእንቲ እቲ ኣብ ልዕሌና ዝስመ ቅዱስ ስምካ ኢልካ ኦ ጐይታ ይቕረ በለልና። ኦ ጐይታ ከም ምሕረትካ ደኣ እምበር፡ ከም ተግባርና ኣይኹን።

ከምዚ እናበልና ክንጽሊ ብቑዓት ግበረና፡- ኣብ ሰማያት እትነብር ኣቦና ....

## ናይ ንስሓ ጸሎት

ኦ ኣምላኽ ርህሩህን ጐይታ ኹሉ ምጽንናዕን ኢኻ እሞ፡ እቲ ኹሉ ግዜ ብመጸናንዒ መንፈስ ቅዱስ ዘጸናን ዓና፡ ኣብ ልዕሊ እቶም ቅዱሳን ደቂ መዛሙርትኻን ሓዋርያትካን፡ ውህበት ጸጋ መንፈስ ቅዱስካ ከም ናይ ልሳን ሓዊ ኣብዚሕካ ዘፍሰስካሎም፡ በዛ ቅድስቲ ሰዓት እዚኣ፡

ብትብዓት ንኽንጽሊ ዘቐምካና ነመስግነካ ኣሎና። ኦ መፍቀር ሰብ ናባኻ ንጽልን ንምህለልን ኣሎና፡ ጸሎትና ተቐቢልካ ሓጢኣትና ሕደገልና፡ ጸጋ ውህበት መንፈስ ቅዱስካ'ውን ለኣኽልና፡ ካብ ኩሉ ርኽሰት ስጋን ነፍስን ኣንጽሃና፡ ናብ መንፈሳዊ መገዲ ህይወት ምርሓና፡ ብመንፈስ ደኣ ክንጽዕር እምበር ብስጋዊ ስምዒት ከይንምላእ፡ ብኩሉ መዋእል ህይወትና፡ ብንጽህናን ቅድስናን ከነገልግለካሲ ብቑዓት ግበረና። ክብርን ምስጋና ውዳሴን ኣምልኾን ንዓኻ፡ ነቲ ሰናይ ኣቦኻን፡ መንፈስ ቅዱስን ሕጂን ንዘለኣለምን ይግባእ። ኣሜን።

## ድሕሪ ነፍሲ ወከፍ ሰዓት ዝጽለ ጸሎት።

ኦ ጐይታ መሓረና ምሕረትካ'ውን ኣብዝሓልና። ኦ ኣብ ነፍሲ ወከፍ ሰዓትን ጊዜን ኣብ ሰማይን ምድርን ብኽብረት ዝስገደልካ ክርስቶስ እሙን ኣምላኽና፡ በዓል ነዊሕ ትዕግስትን ብዙሕ ምሕረትን፡ ብሰናያት ዝተመላእካን ርህሩህን፡ ነቶም ኣነ ዝቐዳማዮም ሓጢኣተኛታት'ውን እትምሕር፡ ንሓጥእ ብንስሓ ተመሊሱ ብህይወት ክነብር እምበር ሞቱ ዘይትደሊ፡

ምእንቲ እቲ ዝጽበዮም ዘሎ ተስፋ ሰማያት ክረኽቡ ንዅሎም ናብ ድሕነት እትዕድም፡ ኦ ጐይታ ኣብዛ ሰዓት እዚኣን፡ ኣብ ኩሉ ሰዓታትን፡ ልመናና ተቐበል። ህይወትና ኣቃንዓልና፡ ትእዛዛትካ ክንገብር ምርሓና፡ መንፈስና ቀድስ፡ ስጋናን ሓሳባትናን ኣንጽህ፡ ትምኒትና'ውን ስመር፡ ሕማምና ፈውስ፡ ሓጢኣትና ሕደገልና፡ ካብ ኩሉ ክፉእ ሓዘንን ስቅያት ልብን ርድኣና። ብህልውንኣም ክንዑቆብ፡ ብቅዱሳን መላእኽትኻ ሓልወና፡ ናብ ውህደት እምነት ክነምርሕ ምእንቲ፡ ናብቲ ዘይምርመርን ዘይውሰንን ፍልጠትካ ክንበጽሕ ዓድለና። ንስኻ ንዘለኣለም ቡሩኽ ኢኻ ኣሜን።

# ጸሎት

# ሻዱሽይቲ ሰዓት

እዛ ሰዓት እዚኣ ጐይታናን መድሓኒናን ኢየሱስ ክርስቶስ ኢዱን እግሩን ተሸንኪሩ ኣብ መስቀል ዝተሰቕለላ ሰዓት እያ።

ሻዱሽይቲ ሰዓት - ፍረቂ መዓልቲ እዩ።

# መእተዊ ነፍሲ ወከፍ ጸሎት ሰዓታት

*ቅድም ናይ ዘውትር ጸሎት ኣብጽሕ፡ ገጽ 1-11*

## ይቕጽል

ኣብዛ ብርኽቲ መዓልቲ እዚኣ፡ ንክርስቶስ ንጉሰይን ኣምላኸይን ጸሎት ሻዱሸይቲ ሰዓት እናኣቕረብኩ፡ ሓጢኣተይ ከሓድገለይ እልምኖ።

## መዝሙር 54

ኦ ኣምላኽ ብስምካ ኣድሕነኒ፡ ብስልጣንካ'ውን በይነለይ። ኦ ኣምላኽ ጸሎተይ ስማዕ፡ ንቓላት ኣፈይ ጽን በሎ። ከመይሲ ጓኖት ተንሲኦምኒ፡ ዓመጽቲ'ውን ንነፍሰይ ይደልይዋ ኣለዉ። ንኣምላኽ ኣብ ቅድሚ ገጾም ኣይገበርዎን፡ እንሆ ኣምላኽ ረዳእየይ እዩ፡ ጐይታይሲ ኣብ ማእከል እቶም ንነፍሰይ ዝድግፍዋ እዩ። ንእከይ ናብ ጸላእተይ ክመልሶ እዩ፡ ብሓቅኻ ኣጥፍኣዮም። ፈትየ መስዋእቲ ከቕርበልካ ጐይታየ፡ ስምካ ሰናይ እዩ እሞ ከመስግኖ እየ። ንሰኻ ካብ ኩሉ ጸበባ ኣውጺእካኒ ኢኻ እሞ፡ ዓይነይ ንጸላእተይ ባህ ኢልዋ ረኣየቶም። ሃሌ ሉያ።

# መዝሙር 57

ኦ ኣምላኽ ምሓረኒ፡ ነፍሰይ ኣባኻ ትዕቌብ ኣላ እሞ ምሓረኒ፡ እቲ መዓት ክሳዕ ዝሓልፍ ኣብ ጽላል ኣኽናፍካ ተጸጊዐ ኣሎኹ፡ ናብ ልዑል ኣምላኽ ናብ ዝፍጽመለይ ኣምላኽ ኣእዊ ኣሎኹ። ንሱ እቲ ወሓጥየይ ክጸርፈኒ ከሎ ካብ ሰማይ ልኢኹ ከድሕነኒ እዩ፡ ጸጋኡን ሓቁን ክልእኽ እዩ። ነፍሰይ ኣብ ማእከል ኣናብስ እያ፡ ኣብ ማእከል እቶም ሓዊ ዝተፍኡ። ኣብ ማእከል እቶም ኣስናኖም ኲናትን ፍላጻን፡ መልሓሶም ከኣ ስሑል ሰይፊ ዝኾነ ሰባት እድቅስ ኣሎኹ። ኦ ኣምላኽ ኣብ ልዕሊ ሰማያት ልዕል በል፡ ክብርኻ ኣብ ልዕሊ ኩሉ ምድሪ ይኹን። ንስጉምተይ መጻወድያ ኣጻወዱለይ፡ ነፍሰይ ጎበጠት፡ ኣብ ቅድመይ ጉድጓድ ኮዓቱ፡ ኣብኡ'ውን ወደቑ። ልበይ ኣንቂዱ ኦ ኣምላኽ ልበይ ኣንቂዱ፡ ክዝምርን ከመስግንን እየ። ክብረይ ንቕሒ በገናን መሰንቆን ንቕሑ ከይደቀስኩ ከውግሖ እየ። ጐይታየ ኣብ ማእከል ኣህዛብ ከመስግነካ፡ ኣብ ማእከል ህዝብታት ክዝምረልካ እየ። ሳህልኻ ክሳዕ ሰማያት ዓቢ እዩ፡ ሓቅኻ'ውን ክሳዕ ደመናት እዩ እሞ፡ ኦ

ኣምላኽ ኣብ ልዕሊ ሰማያት ልዕል በል፡ ክብርኻ ኣብ ልዕሊ ኩሉ ምድሪ ይኹን። ሃሌ ሉያ።

## መዝሙር 61

ኦ ኣምላኽ ኣውያተይ ስማዕ፡ ናብ ጸሎተይ ኣቕልብ። ንስኻ መዕቆብየይ፡ ካብ ገጽ ጸላኢ ጽኑዕ ዕርዲ ኢኻ እም፡ ልበይ እንተ ተሓለለ፡ ካብ ወሰን ምድሪ ናባኻ ከእዊ እየ። ናብቲ ካባይ ልዕል ዝበለ ከውሒ ምርሓኒ። ኦ ኣምላኽ ንስኻ መብጽዓይ ሰሚዕካ ስምካ ንዝፈርሁ ርስቲ ትህቦም ኣሎኻ እም፡ ኣብ ድኳንካ ንሓዋሩ ክነብር እየ፡ ኣብ ጽላል ኣኽናፍካ እዕቆብ ኣሎኹ። ዕድመ ንጉስ ተንውሕ፡ ዓመታቱ ካብ ወለዶ ንወለዶ ይንበር። ኣብ ቅድሚ ኣምላኽ ንሓዋሩ ይነብር፡ ምሕረትን እምነትን ክሕልዋኦ ኣዳሎኻ። ንስምካ ንሓዋሩ ክዝምረሉ፡ ከምዚ ገይረ ነንመዓልቲ መብጽዓይ ክህብ እየ። ሃሌ ሉያ።

## መዝሙር 63

አ ኣምላኸ ንስኻ ኢኻ ኣምላኸይ፡ ኣንጊሀ እደልየካ ኣሎኹ። ነፍሰይ ንዓኻ ትጸምእ ኣላ፡ ስጋይ ማይ ኣብ ዘይብሉ ደረቕን ጽሙእን ምድሪ ኮይኑ ይናፍቐካ ኣሎ። ከምኡ'ውን ስልጣንካን ክብርኻን ምእንቲ ክርኢ፡ ናብ መቕደስካ ኣማዕዱ ኣሎኹ። ለውሃትካ ካብ ህይወት ይበልጽ እዩ እሞ፡ ከናፍረይ ክውድሳኻ እየን። ብህይወተይ ክሳዕ ዘሎኹ ክውድሰካ፡ ብስምካ ነእዳወይ ከልዕለን እየ። ረዳእየይ ንስኻ ኢኻ፡ ኣብ ትሕቲ ጽላል ክብርኻ እሕጉስ ኣሎኹ። ኣብ ምድቃሰይ ክዝክረካ፡ ብለይቲ እናንቃሕኩ ክሓስበካ ከሎኹ፡ ነፍሰይ ብስብሕን ኣንጉዕን ትጸግብ፡ ኣፈይ'ውን ብከናፍር ዕልልታ ከመስግነካ እዩ። ነፍሰይ ደድሕሬኻ ትኽተል፡ የማነይቲ ኢድካ'ውን ትድግፈኒ ኣላ። እቶም ንህይወተይ ከጥፍእዋ ዝደልዩ ግና ናብ መዓሙቕ ምድሪ ክወርዱ እዮም። ንስልጣን ሰይፊ ክውሃቡ፡ ግደ ወኻሩ ክኾኑ እዮም። ንጉስ ብኣምላኽ ክሕጉስ እዩ። ኣፍ ሓሰውቲ ግና ክዕበስ እዩ እሞ፡ ነፍሲ ወከፍ ብእኡ ዝምሕል ዘበለ ክሕበን እዩ። ሃሌ ሉያ።

## መዝሙር 67

ኣምላኽ ይምሓረና ይባርኸና፡ ገጹ የብርሃልና። መገድኻ ኣብ ምድሪ ኣብ ኵሎም ኣሕዛብ'ውን ምድሓንካ ክነፍልጥሲ፡ ገጽካ ኣብርሃልና። ኦ ኣምላኽ ኣሕዛብ የመስግኑኻ፡ ኵሎም ኣሕዛብ የመስግኑኻ። ንሕዝብታት ብቕንዕና ክትፈርዶም ንሕዛብ'ውን ኣብ ምድሪ ክትመርሖም ኢኻ እሞ፡ ሕዝብታት ይተሓጎሱን ዕልል ይበሉን። ኦ ኣምላኽ ኣሕዛብ የመስግኑኻ፡ ኵሎም ኣሕዛብ የመስግኑኻ። ምድሪ ፍሬኣ ሂባ፡ እግዚኣብሄር ኣምላኽና ክባርኸና እዩ። ኣምላኽ ይባርኸና፡ ብዘሎ ወሰናት ምድሪ ከኣ ይፍርሃዮ። ሃሌ ሉያ።

## መዝሙር 70

ኦ ኣምላኽ ንምድሓነይ ኦ እግዚኣብሄር ንሓገዘይ ቀልጥፍ። እቶም ንነፍሰይ ዝደልይዋ ይሕፈሩን ይሕነኹን፡ እቶም ክፉእ ዝትምነዩለይ ንድሕሪት ይመለሱን ይነውሩን። ኣሰይ፡ ኣሰይ፡ ዝብሉኒ ነዊሮም ንድሕሪት ይመለሱ። እቶም ዝደልዩኻ ኵሎም ብኣኻ ባህ ይበሎምን ይተሓጐሱን፡ እቶም ምድሓንካ ዝፈትዉ ከኣ ኵሉ ጊዜ፡

ኣምላኽ ልዕል ይበል ይበሉ። ኣነ ግና መስኪንን ድኻን እየ እሞ፡ ኦ ኣምላኽ ናባይ ፍጠን፡ ኦ እግዚኣብሄር ረዳእየይን መናገፍየይን ንስኻ ኢኻ ኣይትደንጉ። ሃሌ ሉያ።

## መዝሙር 84

ኦ ጐይታ ሰራዊት፡ መቕደስካ ክንደይ ባህ ዘብል እዩ። ነፍሰይ ንኣጸድ እግዚኣብሄር ትናፍቕን ሃረር ትብሎን ኣላ፡ ነፍሰይን ስጋይን ንህያው ኣምላኽ ዕልል ይብላሉ። ዑፍ እኳ ቤት ረኸበት፡ ለኾኾቶ'ውን ጨቓዊታ እተንብረላ ቤት ረኸበት፡ መሰውኢታትካ፡ ኦ ጐይታ ሰራዊት፡ ንጉሰይን ኣምላኸይን። ኣብ ቤትካ ዚነብሩ ብጹኣን እዮም፡ ኩሉ ጊዜ ይውድሱኻ። ሓይሎም ብኣኻ ዝኾነ፡ ብልቦም ንመገድኻ ዝሓስቡ ሰባት ብጹኣን እዮም። ብለሰ ብኽያት ክሓልፉ ከለዉ፡ ዓይኒ ማያት ይገብርዎ፡ ዝናብ ኣዝመራ'ውን ብበረኸት ይኸድኖ። ካብ ሓይሊ ናብ ሓይሊ ይኸዱ፡ ኣብ ጽዮን ኣብ ቅድሚ ኣምላኽ ይቆሙ። ኦ እግዚኣብሄር ኣምላኽ ሰራዊት፡ ጸሎተይ ስማዕ። ኦ ኣምላኽ ያዕቆብ ጽን በል። ኣታ ዋልታና ዝኾንካ ኣምላኽ ርአ፡

ገጽ ቅቡእካ'ውን ጠምት። ካብ ሽሕሲ ሓንቲ መዓልቲ ኣብ ዓጸድካ ትሓይሽ እያ እሞ፡ ኣብ ድኳን ረሲኣን ካብ ምንባርሲ ኣብ ቤት ኣምላኸይ ሓላው ደገ ምኳን ይሕሸኒ። እግዚኣ ብሄር ኣምላኽሲ ጸሓይን ዋልታን እዩ እሞ፡ እግዚኣብሄር ጸጋን ክብርን ይህብ፡ ነቶም ብቕንዕና ዝመላለሱ ሰናይ ዘበለ ኣይከልኦምን እዩ። ኦ ጐይታ ሰራዊት፡ ኣባኻ ዝውከል ሰብ ብጹእ እዩ። ሃሌ ሉያ።

## መዝሙር 85

ኦ እግዚኣብሄር ንምድርኻ ሞገስ ገበርካላ፡ ንቤት ያዕቆብ ካብ ምርኮ መለስካዮም። ኣበሳ ህዝብኻ ሓደግካ፡ ንብዘሎ ሓጢኣቶም ከደንካ። ንኹሉ መዓትካ ኣርሓቕካዮ፡ ካብ ንደት ቍጥዓኻ ተመለስካ። ኦ ኣምላኽ ምድሓንና፡ ምለሰልና፡ ንኹራኻ'ውን ካባና ኣርሕቆ። ንዘለኣለም'ዶ ክትኩርየልና፡ ኩራኻስ ንውሉድ ወለዶ'ዶ ክተንውሕ ኢኻ፡ ህዝብኻ ብኣኻ ክሕጎሰሲ፡ መሊስካዶ ህይወት ኣይክትህበናን ኢኻ፡ ኦ እግዚኣብሄር ጸጋኻ ኣርእየና ምድሓንካ'ውን ሃበና። ናብ ዕሽነት ደኣ ኣይመለሱ እምበር፡

ንህዝቡን ቅዱሳኑን ሰላም ክዛረቦም እዩ እሞ፡ ነቲ እግዚኣብሄር ኣምላኽ ዝብሎ ክሰምዕ እየ። ብሓቂ ኣብ ሃገርና ክብሪ ክሓድርሲ፡ ምድሓኑ ነቶም ዝፈርህዎ ቐረባኡም እዩ። ለውሃትን ሓቅን ተራኸባ፡ ጽድቅን ሰላምን ተሳዓዓማ። ሓቂ ካብ ምድሪ ክትበቍል፡ ጽድቂ'ውን ካብ ሰማይ ክትጥምት እያ።እግዚኣብሄር ድማ ሰናይ ክህበና እዩ፡ ሃገርና'ውን ፍርያታ ክትህብ እያ። ጽድቂ ቐቅድሚኡ ክትከይድ፡ ኣሰር ኣሰሩ ከኣ ክትስዕብ እያ። ሃሌ ሉያ።

## መዝሙር 86

ኦ እግዚኣብሄር፡ መስኪንን ድኻን እየ እሞ፡ እዝንኻ ጽሎ፡ መልሰለይ'ውን። ሔር እየ እሞ ንነፍሰይ ሓልዋ፡ ኣታ ኣምላኽይ፡ ነቲ ኣባኻ ዝውከል ባርያኻ ኣድሕኖ። ምሉእ መዓልቲ ናባኻ አእዊ ኣሎኹ እሞ ጐይታየ መሓረኒ። ኦ እግዚኣብሄር፡ ነፍሰይ ናባኻ አልዕል ኣሎኹ እሞ ንነፍሲ ባርያኻ ኣሐጉሳ። ኦ እግዚኣብሄር ሕያዋይን ንይቕሬታ ድልውን ኢኻ፡ ናባኻ ንዘእውዩ ኩላቶም ከኣ ብዓል ዓቢ ምሕረት ኢኻ እሞ ጐይታየ፡ ጸሎተይ ስማዕ፡ ንድምጺ

ምህለላይ ጽን በሎ። ንስኻ ከትመልሰለይ ኢኻ እም ብመዓልቲ ጸበባይ ክጽውዓካ እየ። ኦ እግዚኣብሄር፡ ካብ ኣማልኽቲ ዝመስለካ የልቦን፡ ከም ግብርታትካ'ውን ከቶ የልቦን። ኦ እግዚኣብ ሄር ዝፈጠርካዮም ኩሎም ኣህዛብ መጺኦም ኣብ ቅድሜኻ ክሰግዱ ንስምካ'ውን ከኽብሩ እዮም። ንስኻ ዓብይን ተኣምራት እትገብርን ኢኻ እም ኣምላኽሲ ንስኻ ጥራይ ኢኻ። ኦ እግዚኣብሄር ብሓቅኻ ምእንቲ ክመላለስ፡ መገድኻ መሃረኒ፡ ስምካ ክፈርህሲ፡ ንልበይ ኣዳልዎ። ኦ እግዚኣብ ሄር ኣምላኸይ፡ ሳህልኻ ንዓይ ዓቢ እዩ፡ ንነፍሰ ይ'ውን ካብ መዓሙቝ ሲኦል ኣውጺእካያ ኢኻ እም ብምሉእ ልበይ ክመስግነካ፡ ስምካ'ውን ንዘለኣለም ከኽብር እየ። ኦ ኣምላኽ፡ ትዕቢተኛ ታት ተንሲኦምኒ፡ ኣኼባ ገፋዕቲ ከኣ ንነፍሰይ ይደልይዋ ኣለዉ፡ ንዓኻ'ውን ኣብ ቅድሚኦም ኣይገበሩኻን። ጐይታየ፡ ንስኻ ግና መሓርን ጸጋውን ዓቃልን፡ ብሳህልን ሓቅን ዓቢ ኣምላኽ ኢኻ። ናባይ ግልጽ በል እም መሓረኒ፡ ንባርያኻ ሓይልኻ ሃቦ፡ ንወዲ እታ ባርያኻ ኣድሕኖ። ኦ እግዚኣብሄር፡ ረዲእካንን ኣጸናኒዕካንን ኢኻ እም ጸላእተይ ርእዮም ክሓፍሩስ፡ ምልክት ደሓን ግበረለይ። ሃሌ ሉያ።

ጸሎት ሻዱሸይቲ ሰዓት

## መዝሙር 87

መሰረታ ኣብቶም ቅዱሳት ኣኽራን እያ፡ እግዚኣብሄር ካብ ኩሉ ማሕደራት ያዕቆብሲ ንደጌታት ጽዮን የፍቅር እዩ። ኣቲ ከተማ ኣምላኽ፡ ብዛዕባኺ ክቡር ነገር ተዘርበ። ካብተን ዝፈልጣኒ፡ ረዓብን ባቢሎንን እሰሚ ኣሎኹ፡ እንሆ ፍልስጥኤምን ጢሮስን ምስ ኢትዮጵያ፡ እዚኣቶም ኣብኣ ተወሊዶም እዮም። ብዛዕባ ጽዮን ድማ፡ እዝን እትን ኣብኣ ተወሊዶም ክበሃል እዩ፡ እቲ ልዑል'ውን ባዕሉ ከጽንዓ እዩ። እግዚኣብሄር ንኣህዛብ ክጽሕፎም ከሎ፡ እዚ ኣብኣ ተወሊዱ ኢሉ ክቆጽር እዩ። እናደረፉን እናሳዕስዑን፡ ኩለን ዓይኒ ማያተይ ኣባኻ እየን ክብሉ እዮም። ሃሌ ሉያ።

## መዝሙር 91

ኣብ ጸግዒ እቲ ልዑል ዝሓድር፡ ኣብ ጽላል እቲ ኩሉ ዝኽእል ይነብር። ንእግዚኣብሄር ጸግዐይን ዕርደይን ዝውከሎ ኣምላኽይን እዩ እብሎ ኣሎኹ። ካብ መጻወድያ ሃዳናይ ካብ ዘጥፍእ ፌራ ከናግፈካ እዩ'ሞ ብግልግሌኡ ክንልብበካ፡

ኣብ ትሕቲ ኣኽናፉ ከኣ መጸግዒ ክትረክብ ኢኻ፡ ሓቁ ዋልታን ጸግዕን እዩ። ካብ ስምባደ ለይቲ፡ ካብቲ ብመዓልቲ ዝውርወር ኲናት፡ ካብቲ ብጸልማት ዝኸይድ ፌራ፡ ብቐትሪ ዘባድም ሕማም ኣይክትፈርህን ኢኻ። ኣብ ጥቓኻ ሽሕ፡ ኣብ የማንካ'ውን እልፊ ክወድቁ እዮም፡ ኣባኻ ግና ኣይክበጽሕን እዩ። በዒንትኻ ጥራይ ክትጥምቶ፡ ረሲኣን ዝረኽብዎ መስጣ'ውን ክትርኢ ኢኻ። ጐይታይ ንስኻ መዕቈብየይ ኢኻ፡ ኢልካ ኢኻ እሞ፡ ንልዑልሲ መጸግዒኻ ስለ ዝገበርካዮ፡ እከይ ዘበለ ኣይክረኽበካን፡ ስቓይ'ውን ኣብ ድኳንካ ኣይኪቐርብን እዩ። ኣብ ኲሉ መገድኻ ክሕልዉኻ፡ ንመላእኽቱ ክእዝዘልካ እዩ እሞ፡ እግርኻ ብእምኒ ከይትዕንቀፍሲ፡ ኣብ ልዕሊ ኣእዳዎም ክጸሩኻ እዮም። ኣብ ልዕሊ ኣንበሳን ተመንን ክትከይድ፡ ሽደን ኣንበሳን ገበልን ክትረግጽ ኢኻ። ኣጥቢቑ ስለ ዘፍቀረኒ ከናግፎ ንስመይ ስለ ዝፈለጠ ከልዕሎ እየ። ኪጽውዓኒ ኣነ'ውን ክመልሰሉ፡ ብጸበባ ምስኡ ክኸውን፡ ከናግፎን ከኽብሮን እየ። ነዊሕ ዕድመ ከጽግቦ፡ ምድሓነይ'ውን ከርእዮ እየ። ሃሌ ሉያ።

## መዝሙር 93

እግዚኣብሄር ነጊሱ ግርማ ለቢሱ፡ እግዚኣብሄር ለቢሱ ሓይሊ ተዓጢቑ ኣሎ። ዓለም ከይትናወጽ ሲ ኣጽኒዕዋ ኣሎ። ዝፋንካ ካብ ጥንቲ ጽኑዕ እዩ፡ ንስኻ ካብ ዘለኣለም ኢኻ። ጐይታየ፡ ወሓይዝ ኣልዓሉ፡ ወሓይዝ ድምጾም ኣልዓሉ፡ ወሓይዝ ህማሞም ኣልዓሉ። ካብ ድምጺ ብዙሕ ማያት፡ ካብ ስልጡን ማዕበላት ባሕሪ፡ እግዚኣብሄር ኣብ ላዕሊ ይስልጥን። ምስክራትካ ኣዝዩ እሙን እዩ፡ ጐይታየ ንቤትካስ ንዘለኣለም ቅድስና ይግባእ። ሃሌ ሉያ።

## ወንጌል ማቴዎስ 5:1-16

ብዙሕ ህዝቢ ምስ ረኣየ፡ ናብ እምባ ደየበ። ምስ ተቐመጠ ኸኣ፡ ደቀ መዛሙርቱ ናብኡ ቐረቡ። ኣፉ ከፊተ፡ ከምዚ እናበለ ድማ መሃሮም፡ ብመንፈስ ድኻታት፡ መንግስተ ሰማያት ናቶም እያ እሞ ብጹኣን እዮም። ዝጉህዩ፡ ምጽንናዕ ኪረኽቡ እዮም እሞ ብጹኣን እዮም። ትሑታን፡ ንምድሪ ኪወርስዋ እዮም እሞ ብጹኣን እዮም። ንጽድቂ ዝጠምዩን ዝጸምኡን፡ ኪጸግቡ እዮም

እሞ ብጹዓን እዮም። መሓርቲ፡ ምሕረት ኪረኽቡ እዮም እሞ ብጹዓን እዮም። ጽሩያት ልቢ፡ ንኣምላኽ ኪርእይዎ እዮም እሞ ብጹዓን እዮም። ገበርቲ ሰላም፡ ውሉድ ኣምላኽ ኪበሃሉ እዮም እሞ ብጹዓን እዮም። ምእንቲ ጽድቂ ዝሰደዱ፡ መንግስተ ሰማያት ናቶም እያ እሞ ብጹዓን እዮም። እንተ ጸረፉኹምን እንተ ሰጎጉኹምን ምእንታይ ድማ ክፉእ ዘበለ ብሓሶት እንተ ተዛረቡልኩምን ብጹዓን ኢኹም። ኣብ ሰማያት ዓስብኹም ብዙሕ ስለ ዝኾነ፡ ተሓጎሱ ባህ'ውን ይበልኩም። ከምኡ ኸኣ ነቶም ቅድሜኹም ዝነበሩ ነቢያት ሰጒጎምዎም እዮም። ንስኻትኩም ጨው ምድሪ ኢኹም፡ ጨው መቐረቱ እንተ ከደኸ ብምንታይ ይምቅር፡ ብሰብ ኪርገጽ ንግዳም ምድርባዩ እንተ ዘይኮይኑ እምበር ዝጠቅም የብሉን። ንስኻትኩም ብርሃን ዓለም ኢኹም። ኣብ እምባ ዘላ ከተማ ክትከወል ኣይከኣላን እዩ። መብራህቲ፡ ኣብ ቤት ንዘሎ ኩሉ ከብርህ፡ ኣብ ቀዋሚ ቀንዴል ይሰቕልዎ እምበር፡ ኣብ ትሕቲ ከፈር ኣየንብርዎን እዮም። ከምኡ ከኣ ነቲ ጽቡቕ ግብርኹም ርእዮም፡ ኣብ ሰማያት ንዘሎ ኣቦኹም ምእንቲ ከመስግንዎ፡ ብርሃንኩም ኣብ ቅድሚ ሰብ ይብራህ።

*ምስጋና ንእግዚኣብሄር ኣምላኽ ይኹን ኣሜን።*

ኦ ክርስቶስ ኣምላኽና ምስ ሔር ኣቦኻን መንፈስ ቅዱስን፡ ሕጅን ኩሉ ሳዕን ንሰግደልካ ኣሎና፡ ኣሜን።

## ክፍልታት ጸሎት

ኦ ኣብ ሻዱሸይቲ መዓልትን፡ ኣብ ሻዱሸይቲ ሰዓትን፡ ምእንቲ ኣቦና ኣዳም ኣብ ገነት ዝገበሮ ሓጢኣት፡ ኣብ መስቀል ዝተሸንከርካ፡ ኦ ክርስቶስ ኣምላኽና መእሰር ሓጢኣትና ብተኽ እሞ፡ ኣድሕነና። ኣነ ናብ ኣምላኽ ኣእወኹ እሞ ጐይታይ ከኣ ሰምዓኒ። ኣምላኽይ ጸሎተይ ስማዕ ልመናይ ከኣ ኣይትንጸግ። ናባይ ግልጽ በል እሞ፡ ምሸትን ንግሆን ቀትርን ሰምዓኒ። ይዛረብ እሞ ድምጸይ ትሰምዖ፡ ንነፍሰይ ከኣ ብሰላም ተድሕና።

*ንኣብ ንወልድ ንመንፈስ ቅዱስ፡ ምስጋና ይኹን ኣሜን።*

ኦ ጐይታና ኢየሱስ ክርስቶስ ኣምላኽና፡ ኣብ ሻዱሸይቲ ሰዓት ኣብ መስቀል ዝተሸከንከርካ፡ ንሓጢኣት ከኣ ብዕጸ መስቀል ዝቐተልካ፡ ንምውት ከኣ ብሞትካ ህይወት ዝሃብካዮ፡ ንሱ ከኣ እቲ ብኣእዳውካ ዝፈጠርካዮ እቲ ብሰንኪ ሓጢኣቱ ዝሞተ፡ ሰብ እዩ። ንኩሉ ስቅያትና በቲ ወሃብ ህይወትን መጥዓይን ስቅያትካን፡ በተን ዝተሸንከርካየን መሳምርን ቅተሎ። ነእምሮና ካብ ናብ ጥፋኣት ዘብጽሕ ግብረ ስጋን፡ ዓለማዊ ህርፋንን፡ ናብ ሰመያዊ ጥበብካ ክንዝክር ከምቲ ርህራሄኻ ርድኣና።

*ሎምን ኩሉ ሳዕን ንዘለኣለም ኣለምን፡ ኣሜን።*

ብምኽንያት ብዝሒ ሓጢኣትናስ ዋላ ሓንቲ ንድሕነት ዝኸውን ምኽንያት መርትዖ የብልናን። ኦ ድንግል ወላዲት ኣምላኽ ንሕናስ፡ ብኣኺ ኣቢልና ናብቲ ካባኺ ዝተወልደ ንልምን ኣሎና። ምኽንያቱ ኣማላድነትኪ ኣብ ቅድሚ መድሓኒና ብዙሑን ቅቡልን እዩ። ኦ ንጽህቲ ኣዴና ናብቲ ካባኺ ዝተወልደ፡ ስለ እቶም ሓጥኣን ምምላድ ኣይትሕደጊ፡ ምኽንያቱ ነዓና ከድሕን ተሳቒዩ እዩ እሞ፡ እቲ ከድሕነና

ዝኸእል መሓሪ ንሱ እዩ። ኦ ኣምላኽ መድሓኒና ብኣኻ ኣጸቢቕና ኣሚንና ስለ ዘሎና ርህራሄኻ ቐልጢፉ ትደግፈና። ምእንቲ ኩቡር ስምካ ኢልካ'ውን ደግፈና፡ ኦ ጐይታ ምእንቲ ቅዱስ ስምካ ኢላካ'ውን ርድኣና፡ ሓጢኣትና ሕደገልናን።

*ሎምን ኩሉ ሳዕን ንዘለኣለም ኣለምን፡ ኣሜን።*

ኦ ጐይታ ኢየስስ ክርስቶስ ኣምላኽና፡ እተን ንጹሃት ኣእዳውካ ኣብ ዕጸ መስቀል ምስ ዘርጋሕካየን፡ ኣብ ማእከል ኩሉ ምድሪ ድሕነት ገበርካ። ስለዚ ከኣ ኩሉ ህዝቢ ብዓቢ ድምጺ፡ ኦ ጐይታ ምስጋና ንዓኻ ይኹን ይብል።

*ንኣብ ንወልድ ንመንፈስ ቅዱስ፡ ምስጋና ይኹን ኣሜን።*

ኦ ክርስቶስ ኣምላኽና ሕድገት ሓጢኣትና እናሓተትና፡ ናብቲ ዘይበርስ ስጋኻ ንሰግድ ኣሎና። ኦ መድሓኒ ዓለም ነቶም ዝፈጠርካዮም ካብ ባርነት ጸላኢ ምእንቲ ናጻ ከተውጽኦም፡ ብድልየትካ ኣብ መስቀል ንክትስቀል ፈቐድካ። ኦ

መድሓኒ ክተድሕነና ምስ መጻእካ፡ ንኩሉ ብሓጎስ ስለ ዝፈጸምካዮ፡ ብዓውታ ኦ ጐይታ፡ ክብሪ ነዓኻ ይኹን ኢልና ነመስግነካ ኣሎና።

*ሎምን ኩሉ ሳዕን ንዘለኣለም ኣለምን፡ ኣሜን።*

ኦ ድንግል ወላዲት ኣምላኽ ንስኺ ምልእቲ ጸጋ ኢኺ፡ ብስቕለት ወድኺ ገሃነመ እሳት ተሳዒሩ፡ ሞት ከኣ ኣቛሪጹ እዩ እሞ፡ ነመስግነኪ ኣሎና። ምውታት ነበርና ተንሳእና። ጸጋ እቲ ቀዳማይ ገነት ረኺብና ናብ ዘለኣለማዊ ህይወት በቓዕና። ምእንትዚ ነቲ ዘይመውት ሓያል ክርስቶስ ኣምላኽና ብምስጋና፡ ነኽብሮ ኣሎና።

*ኦ ጐይታ ጸሎትና ሰሚዕካ ሓጢኣትና ሕደገልና፡ (41 ግዜ) ኪርያላይሶን በል።*

## <u>ቅዱስ ቅዱስ ቅዱስ</u>

ቅዱስ፡ ቅዱስ፡ ቅዱስ፡ እግዚኣብሄር ጐይታ ሰራዊት፡ ሰማይን ምድርን ብክብርኻን ብልግስኻን ምሉኣት እየን። ኦ ንኹሉ እትመልኽ እግዚኣብሄር ኣቦ መሓረና፡ ኦ ጐይታ ሰራዊት፡

ኣምላኽ ሓያላት ምሳና ኹን። ምኽንያቱ ኣብ ግዜ ሽግርናን ጭንቅናን ብዘይካኻ ረዳኢ የብልናን። ኦ ኣምላኽ ኣባና ሕደር። ንበደልና፡ ይቕሬታን ምሕረትን ግበረልና። እቲ ብድልየትናን ብዘይ ድሌትናን ዝገበርናዮ፡ እቲ ብፍላጥን ብዘይ ፍላጥን ዝሰራሕናዮ፡ ስውርን ግሁድን ዝኾነ ሓጢኣትና ምእንቲ እቲ ኣብ ልዕሌና ዝስመ ቅዱስ ስምካ ኢልካ ኦ ጐይታ ይቕረ በለልና። ኦ ጐይታ ከም ምሕረትካ ደኣ እምበር፡ ከም ተግባርና ኣይኹን።

ከምዚ እናበልና ክንጽሊ ብቑዓት ግበረና፡- ኣብ ሰማያት እትነብር ኣቦና ....

## <u>ናይ ንስሓ ጸሎት</u>

ኦ ጐይታና ንኹሉ እትመልኽ ኣቦ ጐይታናን መድሓኒናን ኢየሱስ ክርስቶስ፡ ግዜ ስቅያት ሓደ ወድኻ፡ ግዜ ምጽንናዕን ጸሎትን፡ ስለ ዝገበርካዮ ነመስግነካን ነኽብረካን ኣሎና። ልማዳና ተቐበል ከምቲ ኣብዛ ቅድስት ሰዓት እዚኣ ብመስቀል እቲ ሓደ ወድኻ ጐይታናን መድሓን ነፍስናን ኢየሱስ ክርስቶስ፡ ንኹሉ ሓይሊ ጸላኢ ዝቐረጽካዮን

ዘፍረስካዮን፡ ከምኡ ድማ እቲ ኣብ ልዕሌና ዝተጻሕፈ ዓስቢ ሓጢኣትና ደምሰስልና። ኦ ኣምላኽ ደስ ዘብል ጊዜን፡ ክፍኣት ዘይብሉ ህዱእ መገዲ ህይወትን ሃበና። ነቲ ቅዱስ ስምካ ክንሰግደሉን፡ ከነፍቅሮን፡ ኣብ ቅድሚ እቲ ሓቀኛ ዘፍርህ መንበር ሓደ ወድኻ ጐይታና ኢየሱስ ክርስቶስ ንቐውም። ኣብ ፍርዲ ከይወደቕና ምስ ኩሎም ቅዱሳንካ ነመስግነካ ኣሎና። ንዓኻ መጀመርታ ንዘይብሉ ኣቦን፡ ማዕሬኻ ንዝኾነ ወድኻን፡ ህይወት ንዝህብ መንፈስ ቅዱስን፡ ነመስግን ኣሎና። ሎምን ኩሉ ሳዕን ንዘለኣለም ኣለምን፡ ኣሜን።

## <u>ድሕሪ ነፍሲ ወከፍ ሰዓት ዝጽለ ጸሎት</u>

ኦ ጐይታ መሓረና፡ ምሕረትካ'ውን ኣብዝሓልና። ኦ ኣብ ነፍሲ ወከፍ ሰዓትን ጊዜን ኣብ ሰማይን ምድርን ብኽብረት ዝስገደልካ ክርስቶስ እሙን ኣምላኽና፡ በዓል ነዊሕ ትዕግስትን ብዙሕ ምሕ ረትን፡ ብሰናያት ዝተመላእካን ርህሩህን፡ ነቶም ኣነ ዝቐዳማዮም ሓጢኣተኛታት'ውን እትምሕር ንሓጥኡ ብንስሓ ተመሊሱ ብህይወት ክነብር እምበር ሞቱ ዘይትደሊ፡ ምእንቲ እቲ ዝጽበዮም

ጸሎት ሻዱሻይቲ ሰዓት

ዘሎ ተስፋ ሰማያት ከረኽቡ ንዀሎም ናብ ድሕነት እትዕድም፡ ኦ ጐይታ ኣብዛ ሰዓት እዚኣን፡ ኣብ ኵሉ ሰዓታትን፡ ልመናና ተቐበል። ህይወትና ኣቃንዓልና፡ ትእዛዛትካ ክንገብር ምርሓና፡ መንፈስና ቀድስ፡ ስጋናን ሓሳባትናን ኣንጽህ፡ ትምኒትና'ውን ስመር፡ ሕማምና ፈውስ፡ ሓጢኣትና ሕደገልና፡ ካብ ኵሉ ክፉእ ሓዘንን ስቅያት ልብን ርድኣና። ብህልውንኦም ክንዑቆብ፡ ብቅዱሳን መላእኽትኻ ሓልወና፡ ናብ ውህደት እምነት ከነምርሕ ምእንቲ፡ ናብቲ ዘይምርመርን ዘይውሰንን ፍልጠትካ ክንበጽሕ ዓድለና። ንስኻ ንዘለኣለም ቡሩኽ ኢኻ ኣሜን።

# ጸሎት

# ታስዓይቲ ሰዓት

ጐይታና መድሓኒናን ኢየሱስ ክርስቶስ ኣብዛ ሰዓት ከምዚ ኢሉ ብዓቢይ ድምጺ ጨርሐ፡ ኦ ኣቦይ! መንፈስይ ኣብ ኢድካ ኣማሕጽን ኣሎኹ። እዚ ምስ በለ ከኣ ነፍሱ ወጸት። ከምኡ’ውን እቲ ኣብ የማኑ ዝተሰቕለ ሽፍታ፡ ኣብ መንግስቱ ንኺዝክሮ ዝሓተተላን፡ ትምኒት ልቡ ዝተዋህበ ትሉን እያ።

ታስዓይቲ ሰዓት - ሰዓት ሰለስተ ድሕሪ ቀትሪ እዩ።

# መእተዊ ነፍሲ ወከፍ ጸሎተ ሰዓታት

*ቅድም ናይ ዘውትር ጸሎት ኣብጽሕ፡ ገጽ 1-11*

## ይቕጽል

ኣብዛ ብርኽቲ መዓልቲ እዚኣ፡ ንክርስቶስ ንጉስይን ኣምላኽይን ጸሎት ታስዓይቲ ሰዓት እናኣቕረብኩ፡ ሓጢኣተይ ክሓድገለይ እልምኖ።

## መዝሙር 96

ንእግዚኣብሄር ሓድሽ መዝሙር ዘምሩሉ፡ኩልኺ ምድሪ ንእግዚኣብሄር ዘምሪ። ንእግዚኣብሄር ዘምሩ፡ ንስሙ ባርኹ፡ ካብ መዓልቲ ንመዓልቲ ምድሓኑ ኣበስሩ። ክብሩ ኣብ ማእከል ኣህዛብ፡ ተኣምራቱ ከኣ ኣብ ማእከል ኩሎም ህዝብታት ኣዘንትዉ። እግዚኣብሄር ዓቢ እዩ፡ ምስጋናኡ ከኣ ኣዝዩ ብዙሕ እዩ እሞ፡ ካብ ኩሎም ኣማልኽቲ ዘፍርህ እዩ። ኩሎም ኣማልኽቲ ኣህዛብ ከንቱ እዮም፡ እግዚኣብሄር ግና ሰማያት ገበረ። ግርማን ክብረትን ኣብ ቅድሚኡ ሓይልን ጽባቐን ኣብ መቕደሱ እዩ። ኣቱም ዓሌታት ኣህዛብ ንእግዚኣብሄር ሃቡ፡ ክብርን ምስጋናን ንእግዚኣብሄር ሃብዎ። ንስም እግዚኣብሄር ክብሪ

ሃቡ፡ መስዋእቲ ሒዝኩም ናብ ኣጸዱ እተዉ። ንእግዚኣብሄር ብቕዱስ ስግደት ስገዱ፡ ኩልኺ ምድሪ፡ ኣብ ቅድሚኡ ኣንቀጥቅጢ። ኣብ ማእከል ኣህዛብ እግዚኣብሔር ነጊሱ፡ ዓለም'ውን ከይትናቓነቕ ጸኒዓ ኣላ፡ ንኣህዛብ ብቕንዕና ክፈርዶም እዩ ኢልኩም ንገሩ። ሰማያት ይተሓጎሱ ምድሪ'ውን ባህ ይበላ፡ ባሕርን ምልኣቱን ይናወጽ። ንዓለም ብጽድቂ፡ ንኣህዛብ ብሓቂ ክፈርድ እዩ እሞ፡ መሮርን ኣብኡ ዘሎ ኩሉን ባህ ይበሎም፡ ሽዑ ኩላቶም ኣእዋም ዱር ኣብ ቅድሚ እግዚኣብሄር ዕልል ክብሉ እዮም። ሃሌ ሉያ።

## መዝሙር 97

እግዚኣብሄር ነጊሱ ምድሪ ትተሓጎስ፡ እቶም ብዙሓት ደሴታት ባህ ይበሎም። ደበናን ጸልማትን ይኸብዎ፡ ጽድቅን ፍርድን መሰረት ዝፋኑ እዩ። ሓዊ ቀቅድሚኡ ይኸይድ፡ ንጸላእቱ ኣብ ዙርያኡ የንድዶም። መባርቑ ንዓለም ኣብርሀ፡ ምድሪ ርእያቶ ኣንቀጥቀጠት። ኣኽራን ኣብ ቅድሚ እግዚኣብሄር፡ ኣብ ቅድሚ እቲ ጐይታ ኩሉ ምድሪ ከም ሰምዒ መኸኹ።

ሰማያት ንጽድቁ ኣውረዩ፡ ኩሎም ኣህዛብ ድማ ንክብሩ ረኣዩ። ንምስልታት ዝሰግዱን ብጣኦታት ዝምክሑን ኩሎም ይሕፈሩ። ኩሉኹም ኣማልኽቲ ኣብ ቅድሚኡ ፍግም በሉ። ኦ እግዚኣብሄር ንስኻ ኣብ ልዕሊ ኩሉ ምድሪ ልዑል ኢኻ፡ ኣብ ልዕሊ ኩሎም ኣማልኽቲ ኣዚኻ ልዑል ኢኻ እሞ፡ ኦ እግዚኣብሄር ጽዮን ሰሚዓ ተሓጒሰት፡ ኣዋልድ ይሁዳ'ውን ብዛዕባ ፍርድኻ ዕልል በላ። ኣቱም ንእግዚኣብሄር እተፍቅርዎ እከይ ጽልኡ፡ ነፍሲ ቕዱሳኑ ይሕሉ፡ ካብ ኢድ ረሲኣን የናግፎም። ብርሃን ንጻድቃን፡ ደስታ ከኣ ንልቢ ቅኑዓት መልአ። ኣቱም ጻድቃን ብእግዚኣብሄር ተሓጐሱ፡ ንቅዱስ ስሙ'ውን ኣመስግንዎ። ሃሌ ሉያ።

## መዝሙር 98

እግዚኣብሄር ተኣምራት ገይሩ፡ የማነይቱን ቅዱስ ቅልጽሙን ስዒሮም እዮም እሞ፡ ሓድሽ መዝሙር ዘምሩሉ። እግዚኣብሄር ምድሓኑ ኣፍለጠ፡ ጽድቁ ኣብ ቅድሚ ኣህዛብ ገለጸ። ሳህሉን እምነቱን ንቤት እስራኤል ዘከረ፡ ኩሉ ወሰናት ምድሪ ንምድሓን ኣምላኽና ረኣየ። ኣቲ

ምድሪ ኩልኺ ንእግዚኣብሄር ዕልል በሊ። ብሓጐስ ጨድሩን ኣመስግኑን፡ ንእግዚኣብሄር ብመሰንቆ እወ ብመሰንቆን ብደሃይ በገናን ኣመስግንዎ። ኣብ ቅድሚ ንጉስ፡ ኣብ ቅድሚ እግዚኣብሄር ብእምብልታን ቃና መለኸትን ዕልል በሉ። ባሕርን ምልኣቱን፡ ዓለምን ኣብኣ ዘለዉን የድህዩ። ንምድሪ ክፈርድ ይመጽእ፡ ንሱ ንዓለም ብጽድቂ፡ ንኣህዛብ'ውን ብቅንዕና ክፈርዶም እዩ እሞ፡ ወሓይዝ ኣእዳዎኩም ኣጣቅዑ፡ ኣኽራን ሓቢሮም ኣብ ቅድሚ እግዚኣብሄር ብሓጐስ ይዘምሩ። ሃሌ ሉያ።

## መዝሙር 99

እግዚኣብሄር ነጊሱ ኣህዛብ ይርዓዱ፡ ኣብ ልዕሊ ኪሩቤል ተቐሚጡ ምድሪ ተንቀጥቅጥ። እግዚኣብሄር ኣብ ጽዮን ዓቢ እዩ፡ ኣብ ኩሎም ኣህዛብ ልዑል እዩ። ቅዱስ እዩ እሞ፡ ነቲ ዓብይን ዘፍርህን ስምካ የመስግንዎ። ሓይሊ ንጉስ ድማ ፍርዲ ይፈቱ፡ ንስኻ ቅንዕና ኣጽናዕካ ፍርድን ጽድቅን ኣብ ቤት ያዕቆብ ገበርካ። ንእግዚኣብሄር ኣምላኽና ልዕል ኣብልዎ፡ ቅዱስ እዩ እሞ ኣብ ዝፋን እግሩ ስገዱ። ሙሴን ኣሮንን ኣብ ማእከል ካህናቱ፡ ሳሙኤል ከኣ ኣብ ማእከል እቶም ስሙ

ዚጽውዑ ናብ እግዚኣብ ሄር ተማህለሉ፡ ንሱ'ውን መለሰሎም። ብዓምደ ደበና ተዛረቦም፡ ንምስክራቱን ነቲ ዝሃቦም ሕግን ሓለዉ። እግዚኣብሄር ኣምላኽና ንስኻ መለስካሎም፡ ይቕረ እትብል ኣምላኽ ኮንካዮም፡ ግናኸ ስለ ከፉእ ግብሮም ሕነ ፈደኻዮም። ንእግዚኣብሄር ኣምላኽና ልዕል ኣብልዎ፡ እግዚኣብሄር ኣምላኽና ቅዱስ እዩ እሞ፡ ኣብ ቅዱስ ከረኑ'ውን ስገዱ። ሃሌ ሉያ።

## መዝሙር 100

ኩልኺ ምድሪ ንእግዚኣብሄር ዕልል በሊ። ንእግዚኣብሄር ብሓጐስ ተገዝእዎ፡ ኣብ ቅድሚኡ ብዕልልታ ምጹ።እግዚኣብሄርሲ ኣምላኽ ምዃኑ ፍለጡ፡ ንሱ ፈጠረና ባዕላትና ኣይኮንናን፡ ንሕናስ ህዝቡን ኣባጊዕ መጓሴኡን ኢና። ኣብ ደጌታቱ ብምስጋና፡ ኣብ ኣጸዱ'ውን ብውዳሴ እተዉ፡ ኣመስግንዎ ንስሙ ከኣ ባርኹ። እግዚኣብሄር ሰናይ እዩ እሞ፡ ጸጋኡ ንዘለኣለም፡ እምነቱ ከኣ ንውሉድ ወለዶ ይነብር። ሃሌ ሉያ።

## መዝሙር 101

ብዛዕባ ጺጋን ፍርድን ክዝምር፡ ኦ እግዚኣብሄር ምስጋና ክዝምረልካ እየ። ኣነ ብምስትውዓል ኣብታ ፍጽምቲ መገዲ ክጽዕር እየ፡ መዓስ ክትመጸኒ ኢኻ፡ ኣብ ውሽጢ ቤተይ ብፍጹም ልበይ እመላለስ ኣሎኹ። ኣብ ቅድሚ ዓይነይ ገለ ነውሪ ኣየንብርን፡ ንግብሪ እቶም ካብ ኣምላኽ ዝዓለዉ እጸልእ ኣሎኹ ኣይኪጠብቀንን እዩ። ቆናን ልቢ ካባይ ኣርሕቕ፡ ንክፉእ ክፈልጦ ኣይደልን። ነቲ ንብጻዩ ብኩፉእ ዝሓሚ ኣጥፍእ፡ ነቲ ዕቡይ ዓይንን ኩሩዕ ልብን ዘለዎ ኣይዕገሶን እየ። ምሳይ ኪነብሩስ፡ ኣዒንተይ ኣብቶም ናይ ምድሪ እሙናት እየን፡ እቲ ብፍጽምቲ መገዲ ዝመላለስ ከገልግለኒ እዩ። ተንኮል ዝገብር ኣብ ውሽጢ ቤተይ ኣይነብርን። ሓሶት ዝዛረብ ኣብ ቅድሚ ኣዒንተይ ኣይጸንዕን እዩ። ንዓመጸኛታት ካብ ከተማ እግዚኣብሄር ከጽንትሲ፡ ንኩሎም ረሲኣን ምድሪ ንግሆ ንግሆ ከጥፍኦም እየ። ሃሌ ሉያ።

## መዝሙር 110

ጐይታ ንጐይታይ፡ ንጸላእትኻ መርገጽ እግርኻ ክሳዕ ዝገብሮም፡ ኣብ የማነይ ተቐመጥ በሎ። እግዚኣብሄር ካብ ጽዮን በትሪ ስልጣንካ ክልእኽ እዩ፡ ኣብ ማእከል ጸላእትኻ ግዛእ። በታ ሰራዊትካ እተኽትተላ መዓልቲ እቲ ጥንታዊ ምሳኻ እዩ። ብብርሃነ ቅዱሳን ቅድሚ ኮኾብ ጽባሕ ካብ ከርሲ ወለድኩኻ። እግዚኣብሄር ንስኻ ከም ስርዓት መልከጼዴቅ ንዘለኣለም ካህን ኢኻ ኢሉ መሓለ። ኣይጠዓስን ከኣ። እግዚኣብሄር ኣብ የማንካ ኮይኑ ብመዓልቲ ቑጥዓኡ ንነገስታት ክጭፍልቖም፡ ኣብ ማእከል ኣህዛብ ክፈርድ፡ ብሬሳታት ክመልአ፡ ንነገስታት ኩላ ምድሪ ክስዕሮም እዩ። ኣብ መገዲ ካብ ወሓዚ ክሰቲ፡ ስለዚ ርእሱ ልዕል ክብል እዩ። ሃሌ ሉያ።

## መዝሙር 111

ንእግዚኣብሄር ብምኽሪ ቅኑዓት ማሕበርን ብምሉእ ልበይን ኣመስግኖ ኣሎኹ። ግብሪ እግዚኣብሄር ዓቢ እዩ፡ እቶም ብእኡ ዝሕጐሱ ኩሎም ይምርምርዎ እዮም። ግብሩ ክብርን

ግርማን እዩ፡ ጽድቁ ከኣ ንዘለኣለም ይነብር። ንተኣምራቱ መዘከርታ ገበሮ፡ እግዚኣብሄር መሓርን ርህሩህን እዩ። ንዝፈርህዎ መግቢ ይህቦም፡ ኪዳኑ ንዘለኣለም ይዝክር። ርስቲ ኣህዛብ ብምሃቡ ሓይሊ ግብሩ ንህዝቡ ኣርኣዮ። ግብሪ ኣእዳዉ ሓቅን ፍርድን እዩ፡ ትእዛዙ ኩሉ ጽኑዕ እዩ። ንዘለኣለም ኣለም ጽኑዕ፡ ብሓቅን ብቅንዕናን እተገብረ እዩ። ንህዝቡ በጃ ሰደደሎም፡ ኪዳኑ ንዘለኣለም ኣዘዘ። ስሙ ቅዱስን ዘፍርህን እዩ። ፍርሃት እግዚኣብሄር መጀመርያ ጥበብ እዩ፡ ዚገብርዎ ኩሎም ሰናይ ልቦና ኣለዎም። ምስጋናኡ ንዘለኣለም ይነብር። ሃሌ ሉያ።

## መዝሙር 112

እቲ ንእግዚኣብሄር ዝፈርሆ፡ ብትእዛዛቱ ኣዝዩ ባህ ዝብሎ ሰብ ብጹእ እዩ። ዘርኡ ኣብ ምድሪ ክስልጥን፡ ወለዶ ቅኑዓት ክባረኽ እዩ። ሃብትን ጽጋብን ኣብ ቤቱ እዩ፡ ጽድቁ'ውን ንዘለኣለም ይነብር። ንቕኑዓት፡ ነቲ መሓርን ርህሩህን ጻድቕን፡ ኣብ ጸልማት ብርሃን ይወጽኣሎም። ዝርህርህን ዘለቅሕን ሰብ ብጹእ እዩ። ንሱ ንነገሩ

ብፍርዲ ይፍጽሞ። ንዘለኣለም ኣይክናወጽን እዩ እሞ፡ መዘከርታ ጻድቕ ንዘለኣለም ይነብር። ኩፉእ ወረ ኣይፈርህን፡ ልቡ ብእግዚኣብሄር ተወኪሉ ይጸንዕ። ልቡ ጽኑዕ እዩ፡ ትምኒቱ ኣብ ተጻረርቱ ክሳዕ ዝርኢ ኣይፈርህን። ዘረወ፡ ንድኻታት ሃበ፡ ጽድቁ ንዘለኣለም ይነብር፡ ቀርኑ ብክብሪ ልዕል ክብል እዩ። ረሲእ ነዚ ርእዩ ክሓርቕ፡ ኣስናኑ ክሕርቅምን ክማስንን እዩ፡ ትምኒት ረሲኣን ክጠፍእ እዩ። ሃሌ ሉያ።

## መዝሙር 113

ኣቱም ባሮት እግዚኣብሄር ኣመስግኑዎ፡ ንስም እግዚኣብሄር ኣመስግኑ። ስም እግዚኣብሄርካብ ሕጂ ንዘለኣለም ይባረኽ። ካብ ምብራቕ ጸሓይ ክሳዕ ምዕራብ ስም እግዚኣብሄር ይመስገን። እግዚኣብሄር ኣብ ልዕሊ ኩሎም ኣህዛብ ልዑል እዩ፡ ክብሩ ከኣ ኣብ ልዕሊ ሰማያት እዩ። ነቲ ኣብ ላዕሊ ኣብ ዝፋኑ እተቐመጠ፡ ናብ ሰማይን ናብ ምድርን ኣንቈልቍሉ ዝጥምት ንእግዚኣብሄ ር ኣምላኽና ዝመስል መን እዩ፡ ምስ መሳፍንቲ፡ ምስቶም መሳፍንቲ ህዝቡ ከቐምጦስ፡ ንመስኪን ካብ ሓመድ የተንስእ፡ ንድኻ'ውን ካብ ጎድፍ

የልዕሎ። ንመኻን ኣደ ቆልዑ ገይሩ፡ ኣብ ቤቱ ብሓጐስ የንብራ። ሃሌ ሉያ።

## መዝሙር 116:1-9

ድምጸይን ምህለላይን ሰሚዑ እዩ እሞ፡ ንእግዚኣብሄር ኣፍቅሮ እየ። እዝኑ ናባይ ኣድኒኑ እዩ እሞ፡ ኲለን መዓልትታተይ ናብኡ ክምህለል እየ። መእሰር ሞት ከበበኒ፡ ጸበባ ሲኦል ሓዘኒ፡ ጭንቀትን መከራን ረኸብኩ። ሽዑ ኣነ ኦ ጐይታይ ንነፍሰይ ኣድሕና፡ ኢለ ስም እግዚኣብ ሄር ጸዋዕኩ። እግዚኣብሄር ርህሩህን ጻድቕን እዩ፡ ኣምላኽና ከኣ መሓሪ እዩ። እግዚኣብሄር ንገርህታት ይሕልዎም፡ ኣነ ተሸገርኩ ንሱ'ውን ኣድሓነኒ፡ ነፍሰየ እግዚኣብሄር ሰናይ ገይሩልኪ እዩ እሞ፡ ናብ ዕረፍትኺ ተመለሲ። ንነፍሰይ ካብ ሞት፡ ነዒንተይ ካብ ንብዓት፡ ነእጋረይ ካብ ምውዳቕ ኣድሒንካየን ኢኻ እሞ፡ ኣብ ቅድሚ እግዚኣብሄር ኣብ ሃገር ህያዋን ክመላለስ እየ። ሃሌ ሉያ።

ጸሎት ታስዓይቲ ሰዓት

## መዝሙር 116:10-19

ኣመንኩ ስለዚ ተዛረብኩ፡ ኣዝየ ተጨኒቐ ነበርኩ። ኣነ ብስምባደይ፡ ኩሉ ሰብ ሓሳዊ እዩ በልኩ። ኣብ ክንዲ እቲ ሰናይ ዝገበረለይ ኩሉስ፡ ንእግዚኣብሄር እንታይ ውዕለት ክመልሰሉ እየ፡ ጽዋእ ምድሓን ክወስድ፡ ስም እግዚኣብሄር ድማ ክጽውዕ እየ። ንእግዚኣብሄር ኣብ ቅድሚ ኩሉ ህዝቡ መብጽዓይ ክፍጽም እየ። ኣብ ቅድሚ እግዚኣብሄር ሞት ቅዱሳኑ ኩቡር እዩ። ኦ እግዚኣብሄር፡ ኣነ ባርያኻ እየ፡ ባርያኻ ወዲ እታ ባርያኻ እየ፡ መእሰርየይ ፈታሕካ። መስዋእቲ ምስጋና ክሰውኣልካ፡ ስም እግዚኣብሄር ክኣ ክጽውዕ እየ። ንእግዚኣብሄር ኣብ ቅድሚ ኩሉ ህዝቡ፡ ኣብ ኣጸድ ቤት እግዚኣብሄር ኣብ ማእከልኪ፡ ኦ ኢየሩሳሌም መብጽዓይ ክፍጽም እየ። ሃሌ ሉያ።

## ወንጌል ሉቃስ 9:10-17

ሃዋርያት ምስ ተመልሱ፡ ዝገበርዎ ዘበለ ነገርዎ። ንበይኖም ድማ፡ ናብ ጽምዋ ቦታ ኣብ ጥቓ ቤተ ሳይዳ እትብሃል ከተማ ምስኡ ወሰዶም። እቶም

ህዝቢ ከኣ እዚ ምስ ፈለጡ ሰዓብዎ። ንሱ ድማ ተቐበሎም፡ ብዛዕባ መንግስቲ ኣምላኽ ከኣ ነገሮም፡ ምሕዋይ ንዜድልዮም'ውን ኣሕወዮም። ምድሪ ከመሲ ጀመረ። እቶም ዓሰርተው ክልተ ኸኣ ናብኡ ቀሪቦም፡ ኣብዚ ኣብ በረኻ ኢና ዘሎና እሞ፡ እዞም ህዝቢ ኣብ ዙርያና ናብ ዘሎ ዓድታትን ደምበታትን ከይዶም ኪዓርፉን ዝበላዕ'ውን ኪረኽቡን ኣሰናብቶም፡ በልዎ። ንስኻትኩም ዝበላዕ ሃብዎም፡ በሎም። ንሳቶም ግና፡ ንሕና ኬድና፡ ነዚ ኩሉ ህዝቢ ዝበላዕ ክንዕድግ እንተ ዘይኮይኑ፡ ምሳና ዘሎስ ካብ ሓሙሽተ እንጌራን ክልተ ዓሳን ኣይበዝሕን እዩ፡ በሉ። ኣስታት ሓሙሽተ ሽሕ ሰብኣይ ይኾኑ ነበሩ እሞ፡ ንደቀ መዛሙርቱ ንኹሎም በብሓምሳ እናሰራዕኩም ኣቐምጥዎም፡ በሎም። ከምኡ ገበሩ ንኩሎም'ውን ኣቐመጥዎም። ነተን ሓሙሽተ እንጌራን ክልተ ዓሳን ኣልዒሉ ናብ ሰማይ ጠመተ፡ ባረኾን ቈረሱን፡ ነቶም ህዝቢ ከቕርቡሎም ንደቀ መዛሙርቱ ሃቦም። ኩሎም በሊዖም ጸገቡ፡ እቲ ካብኦም ዝተረፈ ቍርስራስ ድማ ዓሰርተው ክልተ መሶብ መሊኦም ኣልዓሉ።

*ምስጋና ንእግዚኣብሄር ኣምላኽ ይኹን፡ ኣሜን።*

ኦ ክርስቶስ ኣምላኽና ምስ ሔር ኣቦኻን መንፈስ ቅዱስን፡ ሎምን ኩሉ ሳዕን ንሰግደልካ ኣሎና። ኣሜን።

## ክፍልታት ጸሎት

ኦ ኣብ ታስዓይቲ ሰዓት፡ ምእንታና ምእንቲ ሓጥኣን ንሞት ብስጋኻ ዝጥዓምካያ። ኦ ክርስቶስ ኣምላኽና ህዋሳት ስጋና ኣዕሪፍካ ርድኣና። ኦ ጐይታ ጸሎተይ ኣብ ቅድሜኻ ቅብልቲ ትኹን፡ ከም ቃልካ ተራድኣኒ። ልማኖይ ኣብ ቅድሜኻ ትብጻሕ፡ ከም ቃልካ ህያው ግበረኒ።

*ንኣብ ንወልድ ንመንፈስ ቅዱስ፡ ምስጋና ይኹን፡ ኣሜን።*

ኦ ኣብ ጊዜ ታስዓይቲ ሰዓት ኣብ መስቀል ምስ ተሰቐልካ፡ መንፈስካ ኣብ ኢድ ኣቦኻ ዘማዕቆብካ ነቲ ምሳኻ ዝተሰቕለ ሰራቒ'ውን፡ ናብ ገነት ክኣቱ ዝመራሕካ። ኦ ሔር ሸለል ኣይትበለኒ። ንዓይ ንጥፉእ ኣይትንጸገኒ። ንነፍሰይ ቀድሳ። ንሓሳበይ

ከኣ ኣብርሀ። ኣብቲ ህይወት ወሃቢ ጸጋ ምስጢርካ፡ ተኻፋሊ ግበረኒ። ካብቲ ሰናያትካ ምስ ጠዓምኩ፡ ነቲ ዘደንቕ ግርማኻ ካብ ኩሉ ኣብሊጸ እናተመንኹ፡ ብዘይ ድኻመት ምስጋና ከቕርበልካ እየ: ኦ ክርስቶስ ኣምላኽና ኣድሕነና።

*ሎምን ኩሉ ሳዕን ንዘለኣለም ኣለምን፡ ኣሜን።*

ኦ ካብ ድንግል ምእንታና ዝተወለድካ። ኦ ሔር ንስቕለት ዝተጸወርካ። ንሞት ብሞትካ ዝቐተልካ። ንትንሳኤ'ውን ብቕብርኻ ዝገለጽካ። ኦ ጐይታ ነቶም ብኢድካ ዝፈጠርካዮም ኣይትቃወሞም። ኦ ሔር ፍቕርኻ ንደቂ ሰባት ግለጽ። ካብታ ወላዲትካ ምእንታና ልማኖ ተቐበል። ኦ መድሕን ብትሕትና ንዝመላለስ ህዝቢ ርዳእ። ክሳዕ መወዳእታ ኣይትሕደገና። ናብ ፍርዲ'ውን ኣሕሊፍካ ኣይትሃበና። ነቲ ዝኣቶኻልና ቃልኪዳን'ውን ኣይተፍርሶ። ምሕረትካ'ውን ምእንቲ ኣብርሃም ፍቑርካን፡ ይሳቕ ኣገልጋሊኻን፡ እስራኤል ቅዱስካን፡ ኢልካ ኣይተሕድገና።

*ሎምን ኩሉ ሳዕን ንዘለኣለም ኣለምን፡ ኣሜን።*

እቲ ሰራቒ፡ ንጐይታ ህይወት ኣብ መስቀል ተሰቒሉ ምስ ረኣዮ፡ ከምዚ በለ፡ እዚ ምስና ተሰቒሉ ዘሎ ስጋ ዝለበሰ ኣምላኽ እንተ ዘይከውንሲ፡ ጸሓይ ብርሃና ኣይምሓብአትን ምድሪ'ውን ኣይመንቀጥቀጠትን ነይራ። ኦ ጐይታ ንኩሉ እትኽእል፡ ንኩሉ ከኣ እትጸውር ብመንግስትኻ ምስ እትመጽእ ተዘከረኒ።

*ንኣብ ንወልድ ንመንፈስ ቅዱስ፡ ምስጋና ይኹን ኣሜን።*

ኦ ሔር፡ ንእምነት እቲ ሰራቒ ዝተቐበልካ፡ ንዓና ነዞም ብሰንኪ ሓጢኣትና ፍርዲ ሞት ዝግብኣና ውን ተቐበለና። ምስኡ ሓቢርና፡ ብኣምላኽነትካ እናተኣመንና ንሓጢኣትና ንዝክር ኣሎና። ምስኡ ሓቢርና'ውን፡ ኦ ጐይታ ብመንግስታኻ ምስ እትመጽእ፡ ተዘከረና ኢልና ንጽውዓካ ኣሎና።

*ሎምን ኩሉ ሳዕን ንዘለኣለም ኣለምን፡ ኣሜን።*

ነቲ ገንሸልን ጓሳን መድሕን ዓለም፡ ወላዲቱ ቅድስቲ ማርያም ኣብ መስቀል ተሰቒሉ ምስ

ረኣየት፡ እናበኸየት ከምዚ በለት፡ ኦ ወደይን ኣምላኽይን፡ ምእንቲ ኩሉ ዓለም ኢልካ ትዕገሶ ዘሎኻ ስቅለትካ ብምርኣይ ከርሰይ ብጓሂ ይነድድ ኣሎ። ነገር ግን ዓለም ድሕነት ስለ ዝተዋህቦ ክሕጎስ እዩ።

*ኦ ጐይታ ጸሎትና ሰሚዕካ ሓጢኣትና ሕደገልና፡ (41 ግዜ) ኪርያላይሶን በል።*

## <u>ቅዱስ ቅዱስ ቅዱስ</u>

ቅዱስ፡ ቅዱስ፡ ቅዱስ፡ እግዚኣብሄር ጐይታ ሰራዊት፡ ሰማይን ምድርን ብክብርኻን ብልግስኻን ምሉኣት እየን። ኦ ንኹሉ እትመልኽ እግዚኣብሄር ኣቦ መሓረና፡ ኦ ጐይታ ሰራዊት፡ ኣምላኽ ሓያላት ምሳና ኹን። ምኽንያቱ ኣብ ግዜ ሸግርናን ጭንቅናን ብዘይካኻ ረዳኢ የብልናን። ኦ ኣምላኽ ኣባና ሕደር። ንበደልና ይቕሬታን ምሕረትን ግበረልና። እቲ ብድልየትናን ብዘይ ድሌትናን ዝገበርናዮ፡ እቲ ብፍላጥን ብዘይ ፍላጥን ዝሰራሕናዮ፡ ስውርን ግሁድን ዝኾነ ሓጢኣትና ምእንቲ እቲ ኣብ ልዕሌና ዝስመ ቅዱስ ስምካ ኢልካ ኦ ጐይታ ይቕረ በለልና። ኦ

ጐይታ ከም ምሕረትካ ደአ እምበር ከም ተግባርና ኣይኹን።

ከምዚ እናበልና ክንጽሊ ብቑዓት ግበረና:- ኣብ ሰማያት እትነብር ኣቦና ....

## ናይ ንስሓ ጸሎት

ኦ እግዚኣብሄር ኣቦ ጐይታናን መድሓኒናን ኢየሱስ ክርስቶስ፡ ስለ እቲ ብምግላጽ ሓደ ወድኻ፡ ካብ ባርነት ጸላኢ ዘድሓንካናን ዝረዳእካናን፡ በቲ ብሩኽን ግሩምን ዝኾነ ስምካ ንልምነካ ኣሎና። ንኣእምሮና ካብ ዓለማዊ ትምኒትን፡ ድፍኢት ስጋዊ ስምዒትን፡ ኣናጊፍካ ናብ ሰማያዊ ጥበብካ ምዝካር ኣሳግረና። ኦ ሔር ሰብኣዊ ፍቕርኻ ኣብዝሓልና፡ ኩሉ ጸሎትናን ጸሎት እዛ ታስዓይቲ ሰዓትን፡ ኣብ ቅድሜኻ ቅቡል ይኹን። ካብዚ ስጋ እዚ ምስ ወጻእና፡ ምስቶም ንስቅያት ሓደ ወድኻ ጐይታና ኢየሱስ ክርስቶስ ብቑዓት ዝኾኑን ዝሰግድሉን ሰባት፡ ብምሕረትካ ንሕድገት ሓጢኣት ተዓዊትና፡ ምስቶም ካብ ዘለኣለም ብሓቂ ደስ ዘብሉኻ ቅዱሳንካ ክንቁጸርን፡ በታ ንስኻ ዝጸዋዕካና

ጻውዒት ብቐዕ ብዝኾነ ምምልላስ ክንማላለስ ዓድለና። ኦ ኣምላኽ፡ ከምቲ ሓያልን ወሃብ ህይወትን ሓደ ወድኻ ኣብ መስቀል ተሰቒሉ፡ ንኹሉ ሓይሊ ጸላኢ ምስ ኩሎም ከፉኣት ሰራዊቱ ዝረገጾም፡ ሕጂ'ውን ካብ ሰራሕ ወጸኢ ግበረልና። ኦ ጐይታና ኢየሱስ ክርስቶስ ከምቲ ኣብ ዕጸ መስቀል ተሰቒልካ ከሎኻ፡ ነቲ ኣብ የማንካ ዝተሰቕለ ሰራቒ ዝተቀበልካዮ ተቐበለና። ከምቲ ነቶም ኣብ ጽልመት ገሃነመ እሳት ዝነበሩ ዘብራህካሎም፡ ኣብርሃልና። ንኩላትና ከኣ ናብቲ ጸጋ ገነት ምለሰና።

ኦ ጐይታ፡ ንስኻ ብሩኽ ኣምላኽ ኢኻ፡ ምስ ለዋህ ኣቦኻን መንፈስ ቅዱስን ክብርን ምስጋናን፡ ውዳሴን፡ ግርማን፡ ስልጣንን፡ ስግደትን፡ ንዘለ ኣለም ይግበኣካ፡ ኣሜን።

## ድሕሪ ነፍሲ ወከፍ ሰዓት ዝጽለ ጸሎት

ኦ ጐይታ መሓረና፡ ምሕረትካ'ውን ኣብዝሓልና። ኦ ኣብ ነፍሲ ወከፍ ሰዓትን ጊዜን ኣብ ሰማይን ምድርን ብኽብረት ዝስገደልካ ክርስቶስ እሙን ኣምላኽና፡ በዓል ነዊሕ ትዕግስትን ብዙሕ

ምሕረትን፡ ብሰናያት ዝተመላእካን ርህሩህን፡ ነቶም ኣነ ዝቐዳማዮም ሓጢኣተኛታት'ውን እት ምሕር፡ ንሓጥእ ብንስሓ ተመሊሱ ብህይወት ክነብር እምበር ሞቱ ዘይትደሊ፡ ምእንቲ እቲ ዝጽበዮም ዘሎ ተስፋ ሰማያት ክረኽቡ ንኹሎም ናብ ድሕነት እትዕድም፡ ኦ ጐይታ ኣብዛ ሰዓት እዚኣን፡ ኣብ ኩሉ ሰዓታትን፡ ልመናና ተቐበል። ህይወትና ኣቃንዓልና፡ ትእዛዛትካ ክንገብር ምርሓና፡ መንፈስና ቀድስ፡ ስጋናን ሓሳባትናን ኣንጽህ፡ ትምኒትና'ውን ስመር፡ ሕማምና ፈውስ፡ ሓጢኣትና ሕደገልና፡ ካብ ኩሉ ኩፉእ ሓዘንን ስቅያት ልብን ርድኣና። ብህልውንኣም ክንዕቀብ ብቅዱሳን መላእኽትኻ ሓልወና፡ ናብ ውህደት እምነት ክነምርሕ ምእንቲ፡ ናብቲ ዘይምርመርን ዘይውሰንን ፍልጠትካ ክንበጽሕ ዓድለና። ንስኻ ንዘለኣለም ቡሩኽ ኢኻ ኣሜን።

# ጸሎት

# ዓሰርተ ሓደ ሰዓት

## (ናይ ምሸት ጸሎት)

ኣብዛ ሰዓት እዚኣ ናይ ጐይታና ኢየሱስ ክርስቶስ ስጋ ካብ ዕጸ መስቀል ወሪዱን ዝተገንዘሉን ዝተቐብረሉን እዩ።

ዓሰርተ ሓደ ሰዓት - ናይ ምሸት ሰዓት ሓሙሽተ እዩ።

## መእተዊ ነፍሲ ወከፍ ጸሎት ሰዓታት

*ቅድም ናይ ዘውትር ጸሎት ኣብጽሕ፡ ገጽ 1-11*

## ይቕጽል

ኣብዛ ብርኽቲ መዓልቲ እዚኣ፡ ንክርስቶስ ንጉሰይን ኣምላኸይን ጸሎት ዓሰርተ ሓደ ሰዓት እናኣቕረብኩ፡ ሓጢኣተይ ክሓድገለይ እልምኖ።

## መዝሙር 117

ኩሉኹም ኣህዛብ ንእግዚኣብሄር ኣመስግንዎ፡ ኩሉኹም ህዝብታት፡ ወድስዎ። ጸጋኡ ኣባና ዓቢ እዩ እሞ ሓቂ እግዚኣብሄር ድማ ንዘለኣለም ይነብር እዩ። ሃሌ ሉያ።

## መዝሙር 118

እግዚኣብሄር ሰናይ እዩ፡ ምሕረቱ ንዘለኣለም ይነብር እዩ እሞ፡ ኣመስግንዎ። እስራኤል ምሕረቱ ንዘለኣለም ይነብር እዩ ይበል። ቤት ኣሮን ምሕረቱ ንዘለኣለም ይነብር እዩ ይበሉ። እቶም ንእግዚኣብሄር ዚፈርህዎ ምሕረቱ ንዘለኣለም ይነብር እዩ ይበሉ። ኣብ ጸበባይ ንእግዚኣብሄር ጸዋዕኩ እግዚኣብሄር መለሰለይ

ኣርሃወለይ ድማ። እግዚኣብሄር ምሳይ እዩ ኣይፈርህን፡ ሰብከ እንታይ ከይገብረኒ፡ እግዚኣብሄር ምሳይ እዩ፡ ረዳእየይ እዩ። ኣብ ጸላእተይ ትምኒተይ ክርኢ እየ። ካብ ኣብ ሰብ ምውካልሲ ኣብ እግዚኣብሄር ምዕቋብ ይሓይሽ። ካብ ኣብ መሳፍንቲ ምውካልሲ ኣብ እግዚኣብሄር ምዕቋብ ይሓይሽ። ኩሎም ኣህዛብ ከበቡኒ፡ ብስም እግዚኣብሄር ክቖርጾም እየ። ከበቡኒ እወ ከበቡኒ፡ ከም ሓዊ ቖጥቋጥ ጠፍኡ። ብስም እግዚኣብሄር ክሰዕሮም እየ። ንምውዳቕ ኣዝየ ሰንከልከል በልኩ፡ እግዚኣብሄር ግና ረድኣኒ። ሓይለይን መዝሙረይን እግዚኣብሄር እዩ፡ ንሱ'ውን ምድሓነይ ኮነ። ኣብ ድኳናት ጻድቃን ድምጺ ዕልልታን ምድሓንን ኣሎ፡ የማነይቲ ኢድ እግዚኣብሄር ሓይሊ ትገብር። የማነይቲ እግዚኣብሄር ልዕል ተብል፡ የማነይቲ እግዚኣብሄር ሓይሊ ትገብር ኣላ። ብህይወት ክነብር እምበር ኣይክመውትን እየ። ግብሪ እግዚኣብሄር ከኣ ከዘንቱ እየ። እግዚኣብሄር ኣዝዩ ቀጽዓኒ፡ ንሞት ግና ኣይወፈየንን። ብኣኣን ኣትየ ንእግዚኣብሄር ከመስግኖስ፡ ደጌታት ጽድቂ ክፈቱለይ። ደገ እግዚኣብሄር እዚኣ እያ፡ ጻድቃን ብኣኣ ክኣትዉ እዮም። ሰሚዕካኒ ምድሓነይ'

ውን ኳንካ ኢኻ እሞ ከመስግነካ እየ። ነደቕቲ ዝነዓቕዎ እምኒ፡ ንሱ ርእሲ መኣዝን ኮነ። እዚ ካብ እግዚኣብሄር ኮነ፡ ነዒንትና'ውን ግሩም እዩ። እታ እግዚኣብሄር ዝገበራ መዓልቲ እዚኣ እያ፡ ብኣኣ ንተሓጐስን ባህ ይበለናን። ኦ እግዚኣብሄር፡ ኣድሕን ኮታ፡ ኣታ እግዚኣብሄር፡ ኣሰልጥን ኮታ። እቲ ብስም እግዚኣብሄር ዝመጽእ ቡሩኽ እዩ፡ ካብ ቤት እግዚኣብሄር ንባርኸኩም ኣሎና። እግዚኣብሄርሲ ኣምላኽ እዩ፡ ንሱ'ውን ኣብሪሃልና፡ ነቲ መስዋእቲ በዓል ዓመት ክሳዕ ኣቕርንቲ መሰውኢ ብገመድ እሰሩ። ንስኻ ኣምላኽይ ኢኻ ኣመስግነካ፡ ኦ ኣምላኽይ ልዕል ኣብለካ ኣሎኹ። እግዚኣብሄር ሰናይ እዩ፡ ምሕረቱ ንዘለኣለም ይነብር እዩ እሞ፡ ኣመስግንዎ። ሃሌ ሉያ።

## መዝሙር 120

ብጸበባይ ናብ እግዚኣብሄር ኣእወኹ፡ ንሱ'ውን መለሰለይ። ኦ እግዚኣብሄር፡ ንነፍሰይ ካብ ሓሳዊት ከንፈር፡ ካብ ኣታላሊት መልሓስ ኣናግፋ። ኣቲ ኣታላሊት መልሓስ፡ እንታይ ክህቡኺ፡ እንታይሲ ክውስኹኺ እዮም፡ ናይ

ጅግና በላሕቲ ፍላጻ፡ ምስ ዻህሪ ሰራው። ወይለይ፡ ኣብ ሜሴክ እሰፍር፡ ኣብ ማእከል ድኳናት ቄዳር እነብር ኣሎኹ። ነፍሰይ ምስቶም ሰላም ዝጸልኡ፡ ብዙሕ ጊዜ ነበረት። ኣነስ ሰላማዊ እየ፡ ብዛዕባ ሰላም እንተ ተዛረብኩ፡ ንሳቶም ግና ንውግእ ይስለፉ ኣለዉ። ሃሌ ሉያ።

## መዝሙር 121

ኣዒንተይ ናብ ኣኽራን ኣልዕል ኣሎኹ። ረዲኤተይ ካበይ እዩ ዝመጽእ፡ ረዲኤተይሲ ካብቲ ሰማይን ምድርን ዝገበረ እግዚኣብሄር እዩ ዝመጽእ። ንሱ ንእግርኻ ኣየሰናኽልን ሓላዊኻ ኣይታኽስን። እንሆ እቲ ንእስራኤል ዝሕሉ ኣይታኽስን ኣይድቅስን እዩ። እግዚኣብሄር ሓላዊኻ እዩ፡ እግዚኣብሄር ኣብ የማነይቲ ኢድካ ጽላልካ እዩ። ጸሓይ ብመዓልቲ፡ ወርሒ'ውን ብለይቲ ኣይከወቕዓካን እዩ። እግዚኣብሄር ካብ እከይ ዘበለ ክሕልወካ፡ ንነፍስኻ ክሕልዋ እዩ። እግዚኣብሄር ካብ ሕጂ ንዘለኣለም ምውጻእካን ምእታውካን ክሕሉ እዩ። ሃሌ ሉያ።

## መዝሙር 122

ናብ ቤት እግዚኣብሄር ንኺድ ምስ በሉኒ ተሓጎስኩ። ኦ ኢየሩሳሌም፡ ኣእጋርና ኣብ ደጌታትኪ ቖይመን ኣለዋ። ኣቲ ኢየሩሳሌም፡ ከም ንሓድሕዳ እተጋጠመት ከተማ ተሃኒጽኪ። እቶም ዓሌታት፡ ዓሌታት እግዚኣብሄር፡ ከምቲ እግዚኣብሄር ዝኣዘዞም፡ ንእግዚኣብሄር ከውድሱ ናብኣ ይድይቡ። ኣብኣ ዝፋናት ፍርዲ፡ ዝፋናት ዳዊት ተነቢሩ ኣሎ። ንኢየሩሳሌም ሰላም ለምኑላ፡ እቶም ዘፍቅሩኺ ክለምዑ እዮም። ኣብ ውሽጢ መካበብያኺ ሰላም፡ ኣብ ውሽጢ ኣዳራሻትኪ ከኣ ልምዓት ይኹን።ስለ ኣሕዋተይን ብጾተይን፡ ሰላም ይኹነልኪ እብል። ስለ ቤት እግዚኣብሄር ኣምላኽና ኢለ፡ ሰናይኪ እደሊ ኣሎኹ። ሃሌ ሉያ።

## መዝሙር 123

ኦ ኣብ ሰማያት እትነብር ጐይታ፡ ኣዒንትና ናባኻ ነልዕል ኣሎና። እንሆ ከምቲ ኣዒንቲ ባሮት ናብ ኢድ ጐይታኦም፡ ከምቲ ኣዒንቲ ገረድ ናብ ኢድ እምቤታ ዝጥምታ፡ ከምኡ'ውን ኣዒንትና፡ ንሱ

ከሳዕ ዝርህርሃልና ናብ እግዚኣብሄር ኣምላኽ ኽና ይጥምታ ኣለዋ። ኣዚና ተናዒቕና ኢና እሞ ጐይታየ መሓረና። ነፍስና ብላግጺ ሕንቁቓትን ብንዕቀት ዕቡያትን ኣዝያ ተጨነቐት። ሃሌ ሉያ።

## መዝሙር 124

እግዚኣብሄር ምሳና እንተ ዘይነብርሲ ምላሽ ይሃብ እስራኤል፡ እግዚኣብሄር ምሳና እንተ ዘይነብር፡ ሰብ ኪትንስኡና ከለዉ፡ ሓርቖቶም ኣብ ልዕሌና ክነድድ ከሎ፡ ሽዑ ብህይወት ከሎና ምወሓጡና፡ ሽዑ ማያት መጥሓለና፡ ወሓይዝ ብልዕሊ ነፍስና ምወሓዘ፡ ሽዑ ብርቱዕ ማያት ብልዕሌና ምወሓዘ ነይሩ። እቲ ንግደ ኣስናኖም ክንከውን ዘይወፈየና እግዚኣብሄር ይባረኽ። ነፍስና ከም ዑፍ ካብ መፈንጠራ ሃዳናይ ኣምለጠት፡ መፈንጠራ ተበትከ፡ ንሕና'ውን ኣምለጥና። ረዲኤትና ብስም እቲ ሰማይን ምድርን ዝገበረ እግዚኣብሄር እዩ። ሃሌ ሉያ።

## መዝሙር 125

እቶም ብእግዚኣብሄር ዝውከሉ ከምታ ዘይትናወጽ፡ ንዘለኣለም እትነብር ከረን ጽዮን እዮም። ኣብ ዙርያ ኢየሩሳሌም ኣኽራን ኣሎ፡ እግዚኣብሄር ከኣ ካብ ሕጂ ክሳዕ ዘለኣለም ኣብ ዙርያ ህዝቡ እዩ። ስለዚ ጻድቃን ኣእዳዎም ናብ ዓመጻ ከይዝርግሑስ፡ በትሪ ረሲእነት ኣብ ርስቲ ጻድቃን ኣይነብርን እዩ። ጐይታየ፡ ንሰናያትን ንቕኑዓት ልብን ሰናይ ግበረሎም። ነቶም ናብ ጥውይዋይ መገዶም ዘልግሱ ግና እግዚኣብሄር ምስቶም ገበርቲ እከይ ክሰዶም እዩ። ሰላም ኣብ ልዕሊ እስራኤል ይኹን። ሃሌ ሉያ።

## መዝሙር 126

እግዚኣብሄር ንምሩኻት ጽዮን ምስ መለሶም፡ ከም ሓለምቲ ነበርና። ሽው ኣፍና ብሰሓቕ፡ መልሓስና'ውን ብዕልልታ መልአ። ሽው ኣህዛብ፡ ነዚኣቶም እግዚኣብሄር ዓቢ ግብሪ ገይሩሎም፡ ተባሃሃሉ። እግዚኣብሄር ዓቢ ግብሪ ገበረልና፡ ንሕና'ውን ተሓጎስና። ኦ እግዚኣብሄር፡ ከም ንወሓይዝ ደቡብ ጌርካ ንምሩኻትና ምለሶም። ብንብዓት ዝዘርኡ ብዕልልታ ይዓጽዱ። ዘርኢ

ተሰኪሙ ብብኽያት ይወፍር እንዳእቱ ተሰኪሙ ብዕልልታ ይምለስ። ሃሌ ሉያ።

## መዝሙር 127

እግዚኣብሄር ንቤት እንተ ዘይሃነጸ፡ ሃነጽቲ ንከንቱ ይጽዕሩ። እግዚኣብሄር ንከተማ እንተ ዘይሓለዋ፡ ሓላዊ ንከንቱ ይነቅሕ። ኣንጊህኩም ምትንሳእኩም ኣምሲኹም ምድቃስኩም፡ እንጌራ ጻዕሪ ምብላዕኩም ከንቱ እዩ፡ እዝስ ንፍቑራቱ ደቂሶም ከለዉ ይህቦም እዩ። እንሆ ውሉድ ውህበት እግዚኣብሄር እዮም። ፍረ ከርሲ ከኣ ዓስቢ እዩ። ከምቲ ኣብ ኢድ ጅግና ዘሎ ፍላጻ፡ ውሉድ ንእስነት ከምኡ እዮም። ጉልድባኡ ብእኦም ዝመልአ ሰብኣይ ብጹእ እዩ፡ ኣብ ደገ ምስ ጸላእቱ እንተ ተዛረበ፡ ኣይሐፍርን እዩ። ሃሌ ሉያ።

## መዝሙር 128

ንእግዚኣብሄር ዝፈርህ፡ ብመገዱ ዝመላለስ ዘበለ ሰብ ብጹእ እዩ። ዕዮ ኣእዳውካ ክትበልዕ ኢኻ እሞ ብጹእ ኢኻ፡ ደሓንውን ክትረክብ ኢኻ። ሰበይትኻ ኣብ ውሽጢ ቤትካ ከም ፈራይት ወይኒ ክትከውን። ውሉድካ ኣብ ዙርያ መኣድኻ

ከም ተኸሊ ኣውሊዕ ከኾኑ እዮም። እንሆ፡ ንእግዚኣብሄር ዝፈርህ ሰብ ከምዚ ኢሉ ከባረኽ እዩ። እግዚኣብሄር ካብ ጽዮን ክባርኸካ፡ ኲለን መዓልታት ህይወትካ ድማ ሰናይ ኢየሩሳሌም ክትርኢ ኢኻ። ደቂ ደቅኻ'ውን ክትርኢ ኢኻ። ሰላም ኣብ ልዕሊ እስራኤል ይኹን። ሃሌ ሉያ።

## መዝሙር 129

ካብ ንእስነተይ ጀሚሮም ብዙሕ ጊዜ ኣጻበቡለይ፡ ይብል እስራኤል፡ ካብ ንእስነተይ ጀሚሮም ብዙሕ ጊዜ ኣጻበቡለይ፡ ግናኸ ኣይሰዓሩንን። ሓረስቶት ኣብ ዝባነይ ሓረሱ፡ ትልምታቶም ኣንውሑ። እግዚኣብሄር ጻድቕ እዩ፡ ኣግማድ ረሲኣን በተኸ። ንጽዮን ዝጸልኡ ኲላቶም ይሕፈሩ፡ ንድሕሪት'ውን ይመለሱ። ከምቲ ሳዕሪ ናሕሲ፡ ዓጻዲ ኢዱ መሊኡ ዘይዓትረሉ፡ መልዓል እንዳእቲ'ውን መሊኡ ዘይሓቕፈሉ፡ ከይዓበየ ዝሃጉግ ይኹኑ። ብስም እግዚኣብሄር ንባርኸኩም ኣሎና፡ ኣይብሉን። ሃሌ ሉያ።

## ወንጌል ሉቃስ 4:38-41

ኢየሱስ ካብ ቤት ጸሎት ኣይሁድ ተንሲኡ፡ ናብ ቤት ስምዖን ኣተወ። ሓማት ስምዖን ብብርቱዕ ረስኒ ሓሚማ ነበርት፡ ብዛዕባኣ'ውን ለመንዎ። ኣብ ልዕሊኣ ደው ኢሉ ነቲ ረስና ገንሖ፡ እቲ ረስና'ውን ብኡብኡ ሓደጋ። ተንሲኣ ኸኣ ኣገልገለቶም። ጸሓይ ክትዓርብ ከላ ኸኣ፡ በበይኑ ዝኾነ ሕማም ዘለዎም ኩሎም ሕሙማት ናብኡ ኣምጽኡ፡ ንሱ ድማ ኣብ ነፍሲ ወከፎም ኢዱ ኣንቢሩ ኣሕወዮም። ኣጋንንቲ ኸኣ፡ ንስኻ ክርስቶስ ወዲ ኣምላኽ ኢኻ ኢሎም እናጨደሩ ካብ ብዙሓት ይወጹ ነበሩ። ንሱ ክርስቶስ ምዃኑ ስለ ዝፈለጡ ድማ ይገንሖምን ኪዛረቡ ኣይፈቐደሎምን ነበረ።

*ምስጋና ንእግዚኣብሄር ኣምላኽ ይኹን፡ ኣሜን።*

ኦ ክርስቶስ ኣምላኽና ምስ ሔር ኣቦኻን መንፈስ ቅዱስን፡ ሎምን ኩሉ ሳዕን ንሰግደልካ ኣሎና፡ ኣሜን።

# ክፍልታት ጸሎት

እቲ ጻድቕ ብሓይሊ ምግዳል ዝድሕን ካብ ኮነስ፡ ኣነ ሓጥእ ደኣ ኣበይ እየ ክቐውም። ብምኽንያት ድኽመት ሰብነተይ፡ ንሙቐትን ክብደት መዓልትን ክጸወሮ ኣይከኣልኩን። ግንከ፡ ንስኻ ኦ መሓሪ ኣምላኽ ምስቶም ናይ ሰዓት ዓሰርተው ሓደ ሰባት ቊጸረኒ። ምኽንያቱ እነሆ ብዓመጻ ተጠነስኩ፡ ብሓጢኣት ከኣ ኣደይ ወለደትኒ። ናብ ላዕሊ ናብ ሰማይ ክርኢ ኣይደፍርን። ግን ኣብቲ ንደቂ ሰባት ዝገበርካዮ ምሕረትካን ፍቕርኻን እውከል ኣሎኹ። ብዓቢ ድምጺ ከኣ ከምዚ እብል፡ ኦ ኣምላኽ፡ ኣነ ሓጥእ እየ እሞ ይቕረ በለለይ መሓረኒ።

*ንኣብ ንወልድ ንመንፈስ ቅዱስ ምስጋና ይኹን፡ ኣሜን።*

ኦ መድሕነይ፡ ንኣባታዊ ልብኻ ኣርሒኻ፡ ንምቕባለይ ተቓላጠፍ። ምኽንያቱ መዋእለይ ኣብ ምስትምቓር ትምኒተይ ኣጥፊኣዮ፡ መዓልቲ ውን ካባይ ሓሊፉ ኸደት። ሕጂ ግን፡ ኣብቲ ዘይጎድል ሃብቲ ርህራሄኻ እውከል ኣሎኹ፡ ነቲ

ቱሑትን ንምሕረትካ ዝደኸየን ልቢ ኣይትግደፎ። ኦ ጐይታ ናባኻ ብትሕትና ከምዚ እናበልኩ ኣእዊ ኣሎኹ፡ ኦ ኣቦይ ኣብ ሰማይን ኣብ ቅድሜኻን ሓጢኤኩ፡ ወድኻ ክበሃል'ውን ኣይብቑዕን እየ እሞ፡ ከም ሓደ ካብ ባሮትካ ቁጸረኒ።

*ሎምን ኩሉ ሳዕን ንዘለኣለም ኣለምን፡ ኣሜን።*

ንኩሉ ክፍኣት ኮነ ኢለ ብጥንቃቐ ፈጸምክዎ። ንኩሉ ሓጢኣት እውን ብሃንቀውታን ብስጋዊ ድፍኢትን ገበርኩዎ። በዚ ድማ ኩሉ ስቅያትን ፍርድን ዝግብኣኒ እየ። ኦ ቅድስቲ ድንግል ማሪያም፡ ናይቲ ሓቀኛ መርዓ፡ ብዘይ መንቅብ መርዓት። ናባኺ እውከስን ናባኺ እውከልን ኣሎኹ። ዝናስሓሉ ምኽንያት ኣዳልውለይ። ምእንቲ ከይሓፍርሲ፡ ንኽትሕግዝኒ ንዓኺ እጽውዕ ኣሎኹ። ነፍሰይ ንስጋይ ክትገድፍ እንከላ፡ ንደገፈይ ናባይ ምጺ። ንምኽሪ ጸላእቲ'ውን ሰዓርዮ። ንነፍሰይ ሲኦል ምእንቲ ከይውሕጦ፡ ንማዕጾ ገሃነም ዕጸውዮ።

*ኦ ጐይታ ጸሎትና ሰሚዕካ ሓጢኣትና ሕደገልና፡ (41 ግዜ) ኪርያላይሶን በል።*

## <u>ቅዱስ ቅዱስ ቅዱስ</u>

ቅዱስ፡ ቅዱስ፡ ቅዱስ፡ እግዚኣብሄር ጐይታ ሰራዊት፡ ሰማይን ምድርን ብኽብርኻን ብልግስኻን ሙሉኣት እየን።ኦ ንኹሉ እትመልኽ እግዚኣብሄር ኣቦ መሓረና፡ ኦ ጐይታ ሰራዊት፡ ኣምላኽ ሓያላት ምሳና ኹን። ምኽንያቱ ኣብ ግዜ ሽግርናን ጭንቅናን ብዘይካኻ ረዳኢ የብልናን። ኦ ኣምላኽ ኣባና ሕደር፡ ንበደልና ይቕሬታን ምሕረትን ግበረልና። እቲ ብድልየትናን ብዘይ ድሌትናን ዝገበርናዮ፡ እቲ ብፍላጥን ብዘይ ፍላጥን ዝሰራሕናዮ፡ ስውርን ግሁድን ዝኾነ ሓጢኣትና ምእንቲ እቲ ኣብ ልዕሌና ዝስመ ቅዱስ ስምካ ኢልካ ኦ ጐይታ ይቕረ በለልና። ኦ ጐይታ ከም ምሕረትካ ደኣ እምበር፡ ከም ተግባርና ኣይኹን።

ከምዚ እናበልና ክንጽሊ ብቑዓት ግበረና፡- ኣብ ሰማያት እትነብር ኣቦና ....

# ናይ ንስሓ ጸሎት

ኦ ርህሩህ ንጉስና፡ ነዛ መዓልቲ እዚኣ ብሰላም ኣሕሊፍካ፡ ብምስጋና ናብ ኣጋምሸት ከንኣቱ ስለ ዘኽኣልካና ክሳዕ ዕራርቦ ብርሃን ንኽንርኢ ብቑዓት ስለ ዝገበርካናን ነመስግነካ ኣሎና። ኦ ኣምላኽና፡ እዚ ናይ ሕጂ ምስጋና'ውን ተቐበል። ካብ ምኽሪ ተጻረርቲ ዓቕበና፡ ነቲ ነዓና ኢሉ ዝተዳለወ መፈንጥራ ከንቱ ግበሮ። ኣብ ኩሉ ነገር ነቲ ቅዱስ ስምካን ነቲ ዘይድህሰስን መጀመርያ'ውን ዘይብሉን ኣቦኻን ማዕሬኻ ዝኾነ ወሃብ ህይወት መንፈስ ቅዱስን ከነመስግንሲ፡ ብኣኻ ቅብልቲ ዝኾነት ሰላማዊት ለይቲን፡ ብዘይ ስቅያትን ምጭናቕን፡ ብዘይ ናይ ሃተውተው ሕልምን ምድካምን፡ ከነሕልፉ ዓድለና። ንኹሉ ነገር፡ ብሰላምን ጥዕናን ምእንቲ ከንሓልፎ፡ ኩሉ ግዜን ኣብ ኩሉ ቦታን፡ ንጸሎትን ምስጋናን ኣንቅሓና። ሕጅን ንዘለኣለም ኣለምን፡ ኣሜን።

## ድሕሪ ነፍሲ ወከፍ ሰዓት ዝጽለ ጸሎት

ኦ ጐይታ መሓረና ምሕረትካ'ውን ኣብዝሓልና። ኦ ኣብ ነፍሲ ወከፍ ሰዓትን ጊዜን ኣብ ሰማይን ምድርን ብኽብረት ዝስገደልካ ክርስቶስ እሙን ኣምላኽና፡ በዓል ነዊሕ ትዕግስትን ብዙሕ ምሕረትን፡ ብሰናያት ዝተመላእካን ርህሩህን፡ ነቶም ኣነ ዝቐዳማዮም ሓጢኣተኛታት'ውን እትምሕር፡ ንሓጥእ ብንስሓ ተመሊሱ ብህይወት ክነብር እምበር ሞቱ ዘይትደሊ፡ ምእንቲ እቲ ዝጽበዮም ዘሎ ተስፋ ሰማያት ክረኽቡ ንኹሎም ናብ ድሕነት እትዕድም፡ ኦ ጐይታ ኣብዛ ሰዓት እዚኣን ኣብ ኩሉ ሰዓታትን፡ ልመናና ተቐበል። ህይወትና ኣቃንዓልና፡ ትእዛዛትካ ክንገብር ምርሓና፡ መንፈስና ቀድስ፡ ስጋናን ሓሳባትናን ኣንጽህ፡ ትምኒትና'ውን ስመር፡ ሕማምና ፈውስ፡ ሓጢኣትና ሕደገልና፡ ካብ ኩሉ ኩፉእ ሓዘንን ስቅያት ልብን ርድኣና። ብህልውንኣም ክንዕቆብ፡ ብቅዱሳን መላእኽትኻ ሓልወና፡ ናብ ውህደት እምነት ከነምርሕ ምእንቲ ናብቲ ዘይምርመርን ዘይውሰንን ፍልጠትካ ክንበጽሕ ዓድለና። ንስኻ ንዘለኣለም ቡሩኽ ኢኻ ኣሜን።

# ጸሎት

# ዓሰርተ ክልተ ሰዓት

## (ናይ ጊዜ ድቃስ ጸሎት)

እዛ ሰዓት እዚኣ ምንባር ስጋ ጐይታና ኢየሱስ ክርስቶስ ኣብ መቓብርን፡ መፈጸምታ ሰዓት መዓልትን እያ። ከምኡ'ውን ድቃስ ኣምሳል ሞት ስለ ዝኾነት፡ ከም መወዳእታ ጊዜ ዕድሜ ሰብ ትቑጸር።

ዓሰርተ ክልተ ሰዓት - ናይ ምሸት ሰዓት ሽዱሽተ እዩ።

# መእተዊ ነፍሲ ወከፍ ጸሎተ ሰዓታት

*ቅድም ናይ ዘውትር ጸሎት ኣብጽሕ፡ ገጽ 1-11*

## ይቕጽል

ኣብዛ ብርኽቲ መዓልቲ እዚኣ፡ ንክርስቶስ ንጉሰይን ኣምላኸይን ጸሎት ዓሰርተ ክልተ ሰዓት እናኣቕረብኩ፡ ሓጢኣተይ ክሓድገለይ እልምኖ።

## መዝሙር 130

ኦ እግዚኣብሄር፡ ካብ መዓሙቕ ናባኻ ኣእወኹ። ጐይታየ፡ ንድምጻይ ስማዕ፡ ኣእዛንካ ናብ ድምጺ ምህለላይ የቕልባ። ኦ እግዚኣብሄር፡ ኣበሳ እንተ ተቖጻጸርካስ፡ ጐይታየ መን ደው ክብል እዩ፡ ግናኸ ምእንቲ ክፈርሁኻ፡ ይቕሬታ ምሳኻ ኣሎ። ንእግዚኣብሄር እጽበ፡ ነፍሰይ ትጽበ ኣላ፡ ብቓሉ'ውን ተስፋ እገብር ኣሎኹ። ሓለፉ እቶም ወጋሕታ ዝጽበዩ ሓለውቲ፡ እወ፡ ሓለፉ እቶም ወጋሕታ ዝጽበዩ ሓለውቲ፡ ነፍሰይ ንእግዚኣብ ሄር ትጽበዮ ኣላ። ምሕረት ኣብ እግዚኣብሄር፡ ብዙሕ ምድሓን ከኣ ኣብኡ እዩ እሞ፡ ኦ እስራኤል፡ ንእግዚኣብሄር ተጸበዮ። ንሱ'ውን

ንእስራኤል ካብ ኩሉ ኣበሳኡ ክድሕኖ እዩ። ሃሌ ሉያ።

## መዝሙር 131

ኦ እግዚኣብሄር፡ ልበይ ኣይተዓበየን፡ ኣዒንተይ ከኣ ልዕል ኣይበላን፡ ኣብ ዓብይን ዘየስተውዕሎን ነገር ኣይመላለስን። ንነፍሰይ ኣህዳእክዋ፡ ስቕ ኣበልክዋ፡ ከም ጡብ ዝሓደገ ሕጻን ኣብ ሕቝፊ ኣዲኡ፡ ነፍሰይ ከምቲ ጡብ ዝሓደገ ሕጻን ኣባይ ከምኡ እያ። ኣታ እስራኤል ካብ ሕጂ ንዘለኣለም ብእግዚኣብሄር ተስፋ ግበር። ሃሌ ሉያ።

## መዝሙር 132

ኦ እግዚኣብሄር፡ ንዳዊት ኩሉ መከራኡ ዘክረሉ። ንሱ ንእግዚኣብሄር ከም ዝመሓለ፡ መሕደሪ ቦታ እግዚኣብሄር፡ ነቲ ናይ ያዕቆብ ስልጡን ክሳዕ ዝረክብሲ፡ ብሓቂ ናብ ድኳን ቤተይ ኣይኣቱን፡ ኣብ መንጸፍ ዓራተይ ኣይድይብን፡ ነዒንተይ ድቃስ፡ ንኮበሮ ዓይነይ'ውን ሰለምታ ኣይህብን ኢሉ ነቲ ናይ ያዕቆብ ስልጡን ከም እተመባጽዔ ዘክረሉ። እንሆ፡ ብዛዕባኣ ኣብ ኤፍራታ ሰማዕና፡

ኣብ መሮር ያዓር ረኺብናያ። ናብ ማሕደሩ ንእቶ፡ ኣብ መርገጽ እግሩ ንስገድ። ኦ እግዚኣብሄር፡ ንስኻን ታቦት ሓይልኻን ተንስእ፡ ናብ ቦታ ዕረፍትኻ ንዓ። ካህናትካ ጽድቂ ይልበሱ፡ ቅዱሳንካ ድማ ዕልል ይበሉ። ምእንቲ ዳዊት ባርያኻ ኢልካ ገጽ ቅቡእካ ኣይትምለስ። እግዚኣብሄር ንዳዊት፡ ካብ ፍሪ ከርስኻ ኣብ ዝፋንካ ከቕምጥ እየ፡ ውሉድካ ኪዳነይን ነቲ ዝምህሮም ምስክረይን እንተ ሓለዉ፡ ውሉዶም ድማ ኣብ ዝፋንካ ንሓዋሩ ክቕመጡ እዮም፡ ኢሉ ብሓቂ መሓለሉ፡ ካብኡ ኣይክርሕቕን እዩ። እግዚኣብሄር ንጽዮን ሓርይዋ እዩ እሞ፡ መሕደሪኡ ክትከውን በሃጋ፡ እዚኣ ንሓዋሩ መዕረፊተይ እያ፡ ብሂገያ እየ እሞ፡ ኣብዚኣ ክነብር እየ። ንሺሻያ ኣጸቢቐ ክባርኾ፡ ንድኻታታ እንጌራ ከጽግቦም እየ፡ ንኻህናታ ምድሓን ከልብሶም እየ፡ ቅዱሳና ከኣ ብሓጎስ ዕልል ኪብሉ እዮም። ኣብኣ ቖርኒ ዳዊት ከብቁል እየ፡ ንቕቡኣይ መብራህቲ ኣዳሎኹ። ንጸላእቱ ነውሪ ከልብሶም እየ፡ ኣብ ልዕሊኡ ድማ ዘውዲ ከንጸባርቕ እዩ። ሃሌ ሉያ።

## መዝሙር 133

እንሆ፡ ኣሕዋት ብሓደ ሓቢሮም ክነብሩስ፡ ክንደይ ሰናይን ክንደይ ጽቡቕን እዩ። ከምቲ ኩቡር ዘይቲ ካብ ርእሲ፡ ካብ ጭሕሚ ኣሮን፡ ናብቲ ዘፈር ልብሱ ዝወርድ እዩ። እግዚኣብሄር ኣብኣ በረኸትን ህይወትን ንዘለኣለም ኣዚዙ እዩ እሞ፡ ከምቲ ናብ ኣኽራን ጽዮን ዝወርድ ጠሊ ሄርሞን እዩ። ሃሌ ሉያ።

## መዝሙር 134

እንሆ፡ ኣቱም ብለይቲ ኣብ ቤት እግዚኣብሄር እትቖሙ ኩሉኹም ባሮት እግዚኣብሄር፡ ንእግዚ ኣብሄር ኣመስግንዎ። ኣእዳውኩም ናብ መቕደሱ ኣልዕሉ፡ ንእግዚኣብሄር ከኣ ኣመስግንዎ።ሰማይን ምድርን ዝገበረ እግዚኣብሄር ካብ ጽዮን ይባርኽ ካ። ሃሌ ሉያ።

## መዝሙር 137

ኣብ ጥቓ ሩባታት ባቢሎን ተቐመጥና፡ ንጽዮን ምስ ዘከርና በኼና። መሰንቆታትና ኣብቲ ኣብኣ

ዘሎ ዕቦላት ሰቐልና። እቶም ዝማረኹና ናይ ዳዊት መዝሙር ካባና ደለዩ፡ እቶም ዘሳቀዩና'ውን፡ ሓደ መዝሙር ጽዮን ዘምሩልና፡ እናበሉ ክንሕጎስ ለምኑና። ከመይ ጌርና እም መዝሙር እግዚኣብሄር ኣብ ምድሪ ጓና ክንዝምር፡ ኢየሩሳሌመየ፡ እንተ ረሲዐክስ፡ የማነይቲ ኢደይ ትረስዓኒ። እንተ ዘይዘኪረኪ፡ ንኢየሩሳሌም ከአ ሓለፋ ኩሉ ሓጎሰይ እንተ ዘይገይረያስ፡ መልሓሰይ ኣብ ትንሓገይ ትጣበቕ። ኦ እግዚኣብሄር፡ ነቶም ኣፍርሱ፡ ክሳዕ መሰረታ ኣፍርስዋ፡ ዝበሉ ደቂ ኤዶም ብመዓልቲ ኢየሩሳሌም ዘክሮም። ኣቲ ክትዓንዊ ዘሎኪ ጓል ባቢሎን፡ ሕነ እቲ ዝገበርክና ዝፈድየኪ ምስጉን እዩ። ንህጻናትኪ ሒዙ ኣብ ከውሒ ዘራጽሞም ምስጉን እዩ። ሃሌ ሉያ።

## መዝሙር 138

ኦ እግዚኣብሄር ብምሉእ ልበይ ኣመስግነካ፡ ኣብ ቅድሚ መላእኽቲ ምስጋናኻ እዝምር። ንቓልካ ሓለፋ ኩሉ ስምካ ኣዕቢኻዮ ኢኻ እሞ፡ ናብ ቅዱስ መቕደስካ ኣቢለ ክሰግድ፡ ንስምካ'ውን ስለ ሳህልኻን ሓቅኻን ኢለ ከመስግኖ እየ። በታ

ዝጸዋዕኩላ መዓልቲ መለስካለይ፡ ኣትባዕካኒ፡ ንነፍሰይ ኣበርታዕካያ። ጐይታየ ኩሎም ነገስታት ምድሪ፡ ቃላት ኣፍካ ሰሚዖም፡ ከመስግኑኻ እዮም። ክብሪ እግዚኣብሄር ዓቢ እዩ እሞ፡ ብዛዕባ ግብርታት እግዚኣብሄር ክዝምሩ እዮም። እግዚኣብሄር ልዑል እዩ እሞ፡ ንትሑት ይርእዮ፡ ንዕቡይ'ውን ካብ ርሑቕ የለልዮ። ብማእከል መከራ እኳ እንተ ኸድኩ፡ ንስኻ ህያው ትገብረኒ፡ ኢድካ ኣብ ኵራ ጸላእተይ ትዝርግሕ፡ የማነይቲ ኢድካ'ውን ተድሕነኒ። እግዚኣብሄር ክፍጽመለይ እዩ፡ ጐይታየ፡ ጸጋኻ ንዘለኣለም ይነብር፡ ንተግባር ኣእዳውካ ኣይትሕደጎ። ሃሌ ሉያ።

## መዝሙር 141

ጐይታየ፡ ናባኻ ኣእዊ ኣሎኹ፡ ቀልጢፍካ ምጸኒ፡ ክጽውዓካ ከሎኹ ንድምጸይ ጽን በሎ። ጸሎተይ ኣብ ቅድሜኻ ከም ዕጣን፡ ምልዓል ኢደይ ከም መስዋእቲ ምሸት ይኹን። ጐይታየ፡ ንኣፈይ ቀፈር ግበረሉ፡ ደገ ከናፍረይ ሓሉ። ምስ ገበርቲ እከይ ረሲእነት ከይገብርሲ፡ ንልበይ ናብ ክፉኣት ኣይተዘምብሎ፡ ኣነ'ውን ካብ ጥዑም ብልዖም

ኣይብላዕ። ጸድቕ ይውቕዓኒ፡ ለውሃት እዩ፡ ይዝለፈኒ፡ ዘይቲ ርእሲ እዩ፡ ርእሰይ ኣይእበዮ፡ ጸሎተይ ግና ብእከዮም እዩ። ፈረድቶም ብገደል ምስ ጸደፉ፡ ቃላተይ ሓቂ ምኳኑ ክኣምኑ እዮም። ከምቲ ሰብ ንምድሪ ዝትልሞን ዝሓርሶን፡ ኣዕጽምትና ከምኡ ኣብ ኣፍ ሲኦል ተበተነ። ኦ እግዚኣብሄር ጐይታየ፡ ኣዒንተይ ናባኻ እየን፡ ኣባኻ እውክል ኣሎኹ፡ ንነፍሰይ ኣይትደርብያ። ካብቲ ዘጻውዱለይ መጻወድያን ካብ መፈንጠራ ገበርቲ እከይን ሓልወኒ። ኣነ ክሓልፍ ከሎኹስ፡ ረሲኣን ኣብ መጻወድያኦም ይውደቑ። ሃሌ ሉያ።

## መዝሙር 142

ብዓውታ ናብ እግዚኣብሄር ኣእዊ ኣሎኹ፡ ናብ እግዚኣብሄር እምህለል ኣሎኹ። ጓህየይ ኣብ ቅድሚኡ እኽዑ፡ ሽግረይ ኣብ ቅድሚኡ እነግር። መንፈሰይ ኣብ ውሽጠይ ምስ ማህመነ፡ መገደይ ፈለጥካ፡ ኣብታ ዝሓልፋ መገዲ መፈንጠራ ሓብኡለይ። ናብ የማነይ ጠመትኩ እሞ ዝፈልጠኒ ሰኣንኩ፡ ናብ ዘምልጦ'ውን የብለይን፡ ንነፍሰይ ግዲ ዝገብረላ የልቦን። ኦ እግዚኣብሄር

ናባኻ ኣእዊኹ፡ ንስኻ መዕቆብየይ፡ ኣብ ምድሪ ህያዋን ግደይ ኢኻ። ኣብ ብዙሕ መከራ እየ ዘሎኹ እሞ፡ ኣውያተይ ስማዕ፡ ሓይሎምኒ እዮም እሞ፡ ካብ ሰጎግተይ ኣናግፈኒ። ንስምካ ከማሱስ፡ ንነፍሰይ ካብ ማእሰርቲ ኣውጽኣያ፡ ሰናይ ክትገብረለይ ኢኻ እሞ፡ ጻድቃን ክኸቡኒ እዮም። ሃሌ ሉያ።

## መዝሙር 146

ነፍሰየ፡ ንእግዚኣብሄር ኣመስግኒ። ብህይወተይ ክሎኹ ንእግዚኣብሄር ከመስግኖ፡ ክሳዕ ዘሎኹ ንኣምላኸይ ክውድሶ እየ። ብመሳፍንቲ፡ ቡቲ ክረድእ ዘይክኣሎ ወዲ ሰብ ኣይትወከሉ። ትንፋሱ ትወጽእ፡ ናብ መሬቱ ይምለስ፡ ቡታ መዓልቲ እቲኣ ሃቐናኡ ይጠፍእ። ኣምላኽ ያዕቆብ ዝረዲኤቱ፡ ተስፋኡ ከኣ ናብ እግዚኣብሄር ኣምላኽ ዝገበረ ሰብ ብጹእ እዩ። ንሰማይን ምድርን፡ ንባሕርን ኣብኡ ዘሎ ኩሉን ዝገበረ፡ ንሓቂ ክሳዕ ዘለኣለም ዝሕሉ፡ ንጥቑዓት ፍትሒ ዘውጽኣሎም፡ ንጥሙያት እንጌራ ዚህቦም ንሱ እዩ፡ እግዚኣብሄር ንእሱራት ይፈትሖም። እግዚኣብሄር ንኣዒንቲ ዕውራት

ይኸፍተን፡ እግዚኣብሄር ንዝደነኑ የቕንዖም፡ እግዚኣብሄር ንጻድቃን የፍቅሮም፡ እግዚኣብሄር ንስደተኛታት የዕቍቦም፡ እግዚኣብሄር ንዘኽታ ምን መበለትን ይኣልዮም፡ ንመገዲ ረሲኣን ግና ይጠውያ። እግዚኣብሄር ንዘለኣለም ይነግስ፡ ኣ ጽዮን፡ ኣምላኽኪ ንውሉድ ወለዶ ይነግስ። ሃሌ ሉያ።

## መዝሙር 147

ንኣምላኽና ብመዝሙር ምውዳስ ሰናይን ጥዑ ምን እዩ እሞ፡ ምስጋና ይግባእ። እግዚኣብሄር ንኢየሩሳሌም ይሃንጽ፡ ንስዱዳት እስራኤል ይእክብ ኣሎ። ንልቦም እተሰብሩ ይፍውስ፡ ነቚሳሎም ይዘንን። ቁጽሪ ከዋኽብቲ ይቖጽር፡ ንኩላቶም በብስሞም ይሰምዮም። ጐይታና ዓቢ እዩ፡ ሓይሉ ብርቱዕ እዩ፡ ምስትውዓሉ ወሰን የብሉን። እግዚኣብሄር ንትሑታት ይድግፎም፡ ንረሲኣን ግና ኣብ ምድሪ የውድቖም። ንእግዚኣ ብሄር ብምምሳው ዘምሩሉ፡ ንኣምላኽና ውዳሴ ብመሰንቆ ዘምሩሉ። ነቲ ንሰማያት ብደበና ዘጎልብብ፡ ንምድሪ ዝናብ ዘዳሉ፡ ኣብ ኣኽራን ሳዕሪ ዘብቊል፡ ነቲ ንእንስሳን ንዚምህለሉ

ጨቓዊት ኳዃትን ዚምግብ ዘምሩሉ፡ ንሓይሊ ፈረስ ኣይብህጎን፡ በእጋር ሰብ ኣይሕጎስን፡ እግዚኣብሄር በቶም ዝፈርህዎ፡ ንጸጋኡ'ውን ዝጽበዩ ይሕጐስ። ምህርሃር መዓጹኺ ኣጽኒዑ፡ ንደቕኺ ኣብ ማእከልኪ ባሪኹዎም እዩ እሞ፡ ኦ ኢየሩሳሌም፡ ንእግዚኣብሄር ኣመስግኒ፡ ኦ ጽዮን፡ ንኣምላኽኪ ወድሲ። ኣብ ወሰናትኪ ሰላም ይገብር። ብስብሒ ስርናይ የጽግበኪ። ትእዛዙ ናብ ምድሪ ይሰድድ፡ ቃሉ ቕልጢፉ ይጐዪ። ንበረድ ከም ጸምሪ ይህብ፡ ንኣስሓይታ ከም ሓመዅሽቲ ይብትኖ። ንበረድ ከም ርፍራፍ ይድርብዮ፡ ኣብ ቅድሚ ቑሩኽ መን ይቓውም፡ ቃሉ ይሰድድ እሞ የምክኾ፡ ንፋሱ የንፍስ እሞ ማያት ይውሕዙ። ቃሉ ንያዕቆብ፡ ስርዓታቱን ፍርድታቱን ንእስራኤል ነገረ። ንካልኦት ኣህዛብ ከምዚ ኮታ ኣይገበረሎምን፡ ፍርድታቱ ከኣ ኣይፈለጡን። ሃሌ ሉያ።

## መዝሙር 148

ንእግዚኣብሄር ካብ ሰማያት ኣመስግንዎ፡ ኣብ ኣርያም ኣመስግንዎ። ኩሉኹም መላእኽቱ ኣመስግንዎ፡ ብዘሎኹም ሰራዊቱ ኣመስግንዎ።

ኣትን ጸሓይን ወርሕን ኣመስግናእ፡ ኣቱም ብሩሃት ከዋኽብቲ ኣመስግንዎ። ኣቱም ናይ ሰማየ ሰማያትን ኣብ ልዕሊ ሰማያት ዘሎኹም ማያትን፡ ኣመስግንዎ። ንሱ ኣዚዙ፡ ተፈጢሮም እዮም እሞ፡ ንስም እግዚኣብሄር የመስግንዎ። ንዘለኣለም ኣለም ኣቕሞም፡ ዘይሓልፍ ሕጊ ከኣ ሃቦም። ንእግዚኣብሄር ካብ ምድሪ ኣመስግንዎ፡ ኣቱም ገበላት ባሕርን መዓሙቚን ኩልኹም፡ ኣቱም ሓውን በረድን ኣስሓይታን ግመን ቃሉ እተስልጥ ህቦብላን፡ ኣቱም ኣኽራንን ኮረቢትን ኩልኹም፡ ፈረይቲ ኣእዋምን ጽሕድታትን ኩልኹም፡ ኣራዊትን ኩላትኩም እንስሳን ለመም እትብሉን ነፈርቲ ኣዕዋፍን፡ ነገስታት ምድርን ኩላትኩም ኣህዛብን መሳፍንትን ኩላትኩም ፈረድቲ ምድርን፡ ኣጕባዝን ጎራዙትን፡ ዓበይቲ ምስ ናኣሽቱ። ስሙ በይኑ ልዑል እዩ፡ ግርማኡ ኣብ ልዕሊ ሰማይን ምድርን እዩ እሞ፡ ንስም እግዚኣብሄር የመስግንዎ። ንህዝቡ'ውን ቀርኒ ኣልዓለ፡ ስለዚ ኩሎም ቅዱሳኑ፡ ደቂ እስራኤል፡ እቲ ዝቐርቦ ህዝቢ፡ የመስግኖ ኣሎ። ሃሌ ሉያ።

## ወንጌል ሉቃስ 2:25-32

እንሆ ድማ፡ ኣብ ኢየሩሳሌም ስምዖን ዝብሃል ሰብኣይ ነበረ። እዚ ሰብኣይ እዚ ጻድቕ ንኣምላኽ ዚፈርህ፡ ምጽንናዕ እስራኤል'ውን ዝጽበ ነበረ፡ መንፈስ ቅዱስ ድማ ነበሮ። ንቲ ቕቡእ እግዚኣብሄር ከይረኣዮ ሞት ከም ዘይርኢ ድማ፡ ብመንፈስ ቅዱስ ተገሊጹሉ ነበረ። ብመንፈስ ከኣ ናብ ቤት መቕደስ መጸ። ወለዱ ንቲ ኢየሱስ ህጻን፡ ከም ስርዓት ሕጊ ኪገብሩሉ ምስ ኣእተውዎ፡ ስምዖን ድማ ኣብ ኢዱ ሓቝፎ፡ ንኣምላኽ'ውን ከምዚ እናበለ ኣመስገነ፡ ኦ ጐይታይ፡ ንቲ ንኣህዛብ ምግላጽ ብርሃን፡ ንህዝብኻ እስራኤል'ውን ክብረት ኪኸውን፡ ኣብ ቅድሚ ኩሉ ህዝቢ ዘዳሎኻዮ ምድሓንካ ኣዒንተይ ካብ ረኣያስ፡ ሕጂ ከምቲ ዘረባኻ ንባርያኻ ብሰላም ተፋንዎ ኢኻ፡ በለ።

*ምስጋና ንእግዚኣብሄር ኣምላኽ ይኹን፡ ኣሜን።*

ኦ ክርስቶስ ኣምላኽና፡ ምስ ሔር ኣቦኻን፡ መንፈስ ቅዱስን፡ ሎምን ኩሉ ሳዕን ንሰግደልካ ኣሎና፡ ኣሜን።

## ክፍልታት ጸሎት

እንሆ ኣብ ቅድሚ እቲ ቅኑዕ ፈራዲ፡ ከቓውም ተዳልየ ኣሎኹ። እቲ ኣብ ምግጋይ ዝሓለፈ ዕድመይ ንኹነኔን ንፍርድን ብቑዕ ስለ ዝኾነ። ብብዝሒ ሓጢኣተይ እርዕድን እንቀጥቅጥን ኣሎኹ። ግንከ፡ ነፍሰየ ጌና ኣብ መሬት ትነብሪ ካብ ሃሎኺስ ተነሰሒ፡ ምኽንያቱ መሬት ኣብ መቓብር ኣይውድሶን እዩ። ኣብ ሞት ከኣ ዝዝክሮ የልቦን፡ ኣብ ገሃነም'ውን ዘመስግኖ የልቦን እሞ፡ ካብ ድቃስ ትህኪት ተንሲእኪ ናብ መድሕንኪ ብንስሓ፡ ኦ ኣምላኽይ መሓረንን ኣድሕነንን እናበልኪ ተማሕጸኒ።

*ንኣብ ንወልድ ንመንፈስ ቅዱስ፡ ምስጋና ይኹን ኣሜን።*

መዋእል ሰብ ዘይውዳእ፡ እዚ ዓለም እዚ ከኣ ንዘልኣለም ዝነብር እንተ ዝኸውንሲ፡ ነፍሰየ ንጹር ዝኾነ ምኽንያት ምሃለወኪ ነይሩ። ግንከ፡ እቲ ጽዩፍ ዝኾነ ተግባራትክን፡ እቲ ሕማቕን እከይክን ኣብ ቅድሚ እቲ ሓቀኛ ፈራዲ ምስ ዝቕላዕ፡ ኣብ ዓራት ሓጢኣት ተሰጢሕኪ፡

ኣብቲ ሸለልተኛን ኽዳዕን ስጋኺ ከሎኺ፡ እንታይ እዩ እቲ እትህብዮ መልሲ። ኦ ክርስቶስ ኣምላኸይ፡ በቲ ኣዝዩ ዘፍርህ መንበር ፍርድኻ እስንብድ፡ ነቲ ዘለኣለማዊ ፍርድኻ እንብርከኽ። በቲ መለኮታዊ ነጸብራቕ ብርሃንካ፡ እንቀጥቅጥ ኣሎኹ። ኣነ ሕሱም፡ ድኑስ፡ ኣብ ዓራተይ ደቂሰ ዘሎኹ፡ ኣብ ህይወተይ'ውን ዘይግዱስ ዝኾንኩ፡ ናይቲ ተቐባል ቀረጽ ኣብነት ብምውሳድ ኣፍልበይ እናወቓዕኩ፡ ኦ ኣምላኺ ኣነ ገበነኛ እየ እሞ ይቕረ በለለይ እብል ኣሎኹ።

*ሎምን ኩሉ ሳዕን ንዘለኣለም ኣለም፡ ኣሜን።*

ኦ ንጽህት ድንግል፡ ናብ ባርያኺ፡ እቲ ቅልጡፍ ጽላል ረዲኤትኪ ዘርግሒ። ነቲ ኣብ ሕልናይ ከም ማዕበል ዝገማጠል ከፉእ ሓሳባት ካባይ ኣርሕቕዮ። ነታ ሕምምቲ ነፍሰይ፡ ብኸንቱነት ኣዝዩ ሃለዋታ ጠፊኦዋ ኣሎ እሞ፡ ናብ ጸሎትን ምንቕቓሕን ኣበግስያ። ምኽንያቱ ንስኺ ከኣሊትን ምሕረት እትልምንን ኣላይት ኣደን ኢኺ። ኣደ ፈልፋሊ ህይወት ንጉሰይን ኣምላኽ ይን፡ ጐይታ ኢየሱስ ክርስቶስ ተስፋይ ኢኺ።

# ጸሎት ይቕጽል

ኦ ጐይታ በዛ ለይቲ እዚኣ ነዓ እሞ፡ ብዘይ ሓጢኣት ክንሓድር ሓልወና። ኦ ኣምላኽ ኣቦታትና ንስኻ ብሩኽ ኢኻ። በረኸትካ ኣዝዩ ብዙሕ እዩ። ቅዱስ ስምካ'ውን ንዘለኣለም ክብሪ ዝመለአ እዩ፡ ኣሜን። ኦ ጐይታ ከምቲ ኣባኻ ተወኪልናዮ ዘሎና ምሕረትካ ከምኡ ትኹነልና። ኣዒንቲ ኩሉ ንዓኻ ይጽበያ ኣለዋ፡ ንስኻ ከኣ ኣብ እዋኑ መግቢ ትህቦም። ኦ ኣምላኽናን መድሓኒናን፡ ኦ ተስፋ ኩሉ ወሰናት ምድሪ ስምዓና። ኦ ጐይታ ንስኻ ኢኻ ካብዚ ዓሌት እዚ ንዘለኣለም ተድሕነናን ተዕቁበናን ኣሜን። ኦ ጐይታ ብሩኽ ኢኻ እሞ ፍርድኻ መሃረኒ። ኦ ጐይታ ብሩኽ ኢኻ እሞ ሓቅነትካ ኣረድኣኒ። ኦ ጐይታ ብሩኽ ኢኻ እሞ ክብርኻ ኣብርሃለይ። ኦ ጐይታ ምሕረትካ ንዘለኣለም ይነብር። ኦ ጐይታ ንዓይ ንተግባር ኢድካ፡ ካብ ወለዶ ናብ ወለዶ መዕቆብየይ ስለ ዝኾንካ፡ ኣይትንጸገኒ። ኦ ጐይታ ንዓኻ በዲለ እየ እሞ፡ መሓረንን ንነፍሰይ ኣድሕናን፡ እናበልኩ እጽሊ ኣሎኹ። ኦ ጐይታ ኣባኻ ተወኪለ ኣሎኹ እሞ፡ ኣድሕነኒ። ፍቓድካ ክገብር ከኣ መሃረኒ። ንስኻ ኣምላኸይ ፈልፋሊ

ህይወት ኢኻ። ብብርሃንካ ድማ ኢና ብርሃን እንርኢ። ምሕረትካ ናብቶም ዝፈልጡኻ፡ ክብርኻ ከኣ፡ ናብ ቁኑዓት ልቢ ትምጸእ። ጸጋን በረኸትን ምስጋናን ብሓቂ ናትካ እዩ። ኦ ቅድሚ ዓለም ዝነበርካን ንዘለኣለም እትነብር ዘሎኻን፡ ኣቦን ወድን መንፈስ ቅዱስን፡ ንዓኻ ምስጋናን ውዳሴን ግርማን ይግባእ፡ ሎምን ኩሉ ሳዕን ንዘለኣለም ኣለም፡ ኣሜን።

ኦ ልዑል ጐይታ ብኣኻ ምእማንን፡ ንስምካ ምዝማርን፡ ሰናይ እዩ እሞ። ምሕረትካ ኣብ ጽጽባሕ ሓቅነትካ ድማ ለይቲ ለይቲ ኣዘንቱ።

## ውዳሴ ስሉስ ቅዱስ

ቅዱስ እግዚኣብሄር፡ ቅዱስ ሓያል፡ ቅዱስ ህያው ዘይመውት፡ ካብ ቅድስቲ ድንግል ማርያም ዝተወልደ መሓረና። ቅዱስ እግዚኣብሄር፡ ቅዱስ ሓያል፡ ቅዱስ ህያው ዘይመውት፡ ኣብ ዮርዳኖስ ዝተጠመቀ፡ ኣብ ልዕሊ ዕጸ መስቀል ምእንታና ዝተሰቅለ መሓረና። ቅዱስ እግዚኣብሄር፡ ቅዱስ ሓያል፡ ቅዱስ ህያው ዘይመውት፡ ኣብ ሳልሰይቲ መዓልቲ ካብ ምውታት ዝተንሰአ፡ ብምስጋና

ናብ ሰማያት ዝዓረገ፡ ኣብ የማን ኣብኡ ዝተቐመጠ፡ ንህያዋንን ንምውታንን ክፈርድ ከም ብሓድሽ ብኽብሪ ኪመጽእ እዩ። ኦ ጐይታ፡ መሓረና።

*ንኣብ ንወልድ ንመንፈስ ቅዱስ፡ ምስጋና ይኹን፡ ሎምን ኩሉ ሳዕን ንዘለኣለም ኣለም፡ ኣሜን።*

*ኦ ስሉስ ቅዱስ መሓረና (3 ግዜ) በል።*

ኦ ጐይታ፡ ሓጢኣትና ሕደገልና። ኦ ጐይታ፡ በደልና ኣይትጸብጽበልና። ኦ ጐይታ፡ ኣበሳና ይቕረ በለልና። ኦ ጐይታ ንሕሙማት ህዝብኻ ብጽሓዮም እሞ ምእንቲ እቲ ቅዱስ ስምካ ኢልካ ፈውሶም። ኦ ጐይታ፡ ነቶም ዝሞቱ ኣቦታትናን ኣሕዋትናን ከኣ ነፍሶም ኣዕርፍ። ኦ ካብ ሓጢኣት ንጹህ ዝኾንካ ጐይታ መሓረና። ኦ ካብ ሓጢኣት ንጹህ ዝኾንካ ጐይታ ርድኣና። ልማኖና ከኣ ተቐበለልና። ክብርን ምስጋናን ብፍጹም መዓርግ ቅድስናን ንዓኻ ይግባእ፡ ኣሜን።

*ኦ ጐይታ መሓረና፡ ኦ ጐይታ መሓረና፡ ኦ ጐይታ ባርኸና፡ ኣሜን።*

ከምዚ እናበልና ክንጽሊ ብቑዓት ግበረና:- ኣብ ሰማያት እትነብር ኣቦና ....

## ምስጋና ንቅድስቲ ድንግል ማርያም

ኦ ቅድስቲ ምልእቲ ጸጋ፡ ኩሉ ጊዜ ድንግል ዝኾንኪ፡ ወላዲት ኣምላኽ፡ ኣደ ክርስቶስ ሰላም ንብለኪ። ምእንቲ ሓጢኣትና ክሓድገልና ናብ ፍቁር ወድኺ ጸሎትና ኣዕርግልና። ንሓቀኛ ብርሃን ኢየሱስ ክርስቶስ ኣምላኽና ዝወለድ ክልና ቅድስቲ ድንግል ሰላም ንብለኪ። ሓጢኣት ነፍስና ሓዱጉ ክምሕረና ናብ ጐይታ ለምንልና።

ኦ ቅድስቲ ድንግል ማርያም፡ ወላዲት ኣምላኽ፡ ንደቂ ሰብ እምንቲ ኣማላዲት፡ ናብ ወድኺ ኢየሱስ ክርስቶስ፡ ብሕድገት ሓጢኣትና ክጸግወና ለምንልና።

ኦ ናይ ሓቂ ንግስቲ ድንግል፡ ሰላም ንብለኪ። ኦ ንኣማኑኤል ኣምላኽና ዝወለድክልና መመከሒት ዓሌትና፡ ሰላምታ ነቕርበልኪ። ኦ ድንግል ብጐይታና ኢየሱስ ክርስቶስ ዝተኣምነት

ኣማላዲት፡ ሓጢኣትና ምእንቲ ክሓድገልና ኣዘክርልና።

## መእተዊ ጸሎት ሃይማኖት

ኦ ኣደ ሓቀኛ ብርሃን ነኽብረኪ። ኦ ቅድስቲ ድንግል ወላዲት ኣምላኽ፡ መድሕን ዓለም ስለ ዝወለድክልናን፡ መጺኡ ከኣ ንነፍስና ስለ ዘድሓነናን ነመስግነኪ። ኦ ጐይታናን ንጉስናን መድሓኒና ኢየሱስ ክርስቶስ፡ ክብሪ ንዓኻ ይኹን። ንስኻ ንሓዋርያት ምኅሰም፡ ንሰማእታት ኣኽሊሎም፡ ንጻድቃን ዕልልታኦም፡ ንቤተ ክርስትያን ጽንዓት፡ ንሓጥኣን ሕድገት። ብሓደ ዝመለኮቱ ስሉስ ቅዱስ ነበስር፡ ንሰግደሉን ነኽብሮን። ኦ ጐይታ መሓረና፡ ኦ ጐይታ መሓረና፡ ኦ ጐይታ ባርኸና ኣሜን።

## ጸሎት ሃይማኖት

ንኩሉ ብዝሓዘ ሰማይን ምድርን ዚርኣን ዘይርኣን ብዝፈጠረ ብሓደ ኣምላኽ እግዚኣብሄር ኣብ ነኣምን።

ብሓደ ጐይታ ብኢየሱስ ክርስቶስ ዓለም ከይተፈጥረ ምስኡ ህልው ብዝኾነ ወልደ ኣብ ዋሕድ'ውን ነኣምን። ካብ ብርሃን ዝተረኽበ ብርሃን፡ ካብ ሓቀኛ ኣምላኽ ዝተረኽበ ሓቀኛ ኣምላኽ፡ ዝተወልደ እምበር ፍጡር ዘይኮነ፡ ብመለኮቱ ምስ ኣብ ማዕረ ዝኾነ፡ ኩሉ ብእኡ ዝተፈጥረ፡ ብዘይካኡ ግና ኣብዚ ምድሪ ዘሎ ይኹን ወይስ ኣብ ሰማይ ዘሎ ምንም ዝተፈጥረ የልቦን፡ ምእንታና ምእንቲ ሰብ፡ ምእንቲ ምድሓንና ካብ ሰማያት ዝወረደ ብመንፈስ ቅዱስ ካብ ቅድስት ድንግል ማርያም ስጋ ለቢሱ ሰብ ኮነ፡ ሰብ ኮይኑ ድማ ብዘመን ጴንጤናዊ ጲላጦስ ምእንታና ተሰቕለ፡ መከራ መስቀል ተቐበለ፡ ሞተ ተቐብረ፡ ኣብ ቅዱሳት መጻሕፍቲ ከም ዝተጻሕፈ ኣብ ሳልሳይ መዓልቲ ካብ ምውታት ተፈልዩ ተንስአ።ብኽብሪ ናብ ሰማያት ዓረገ፡ ኣብ የማን ኣቦኡ ተቐመጠ፡ ከም በሓድሽ

ድማ ንሕያዋንን ንምውታትን ኪፈርድ ብኽብሪ ኪመጽእ እዩ። ንመንግስቱ መወዳእታ የብሉን፡

ጐይታን መሕወዪን ብዝኾነ ካብ ኣብ ብዝሰረጸ፡ ብመንፈስ ቅዱስ ነኣምን። ምስ ኣብን፡ ወልድን፡ ንስግደሉን ነመስግኖን፡ ንሱ ኣብ ነቢያት ሓዲሩ ዝተናግረ እዩ።

ልዕሊ ኵሉ ብዝኾነት ናይ ሃዋርያት ጉባኤ ብሓንቲ ቅድስት ቤተ ክርስትያን ነኣምን። ሓጢኣት ንምስትራይ ብሓንቲ ጥምቀት'ውን ነኣምን፡ ንትንሳኤ ምውታንን ንዘለዓለም ዓለም ዚመጽእ ሕይወትን ተስፋ ንገብር፡ ኣሜን።

*ኦ ጐይታ ጸሎትና ሰሚዕካ ሓጢኣትና ሕደገልና፡ (41 ግዜ) ኪርያላይሶን በል።*

## <u>ቅዱስ ቅዱስ ቅዱስ</u>

ቅዱስ፡ ቅዱስ፡ ቅዱስ፡ እግዚኣብሄር ጐይታ ሰራዊት፡ ሰማይን ምድርን ብክብርኻን ብልግስኻን ምሉኣት እየን። ኦ ንኹሉ እትመልኽ እግዚኣብሄር ኣቦ መሓረና፡ ኦ ጐይታ ሰራዊት፡ ኣምላኽ ሓያላት ምሳና ኹን። ምኽንያቱ ኣብ ግዜ

ሽግርናን ጭንቅናን ብዘይካኻ ረዳኢ የብልናን። ኦ ኣምላኽ ኣባና ሕደር። ንበደልና፡ ይቕሬታን ምሕረትን ግበረልና። እቲ ብድልየትናን ብዘይ ድሌትናን ዝገበርናዮ፡ እቲ ብፍላጥን ብዘይ ፍላጥን ዝሰራሕናዮ፡ ስውርን ግሁድን ዝኾነ ሓጢኣትና ምእንቲ እቲ ኣብ ልዕሌና ዝስመ ቅዱስ ስምካ ኢልካ ኦ ጐይታ ይቕረ በለልና። ኦ ጐይታ ከም ምሕረትካ ደኣ እምበር፡ ከም ተግባርና ኣይኹን።

ከምዚ እናበልና ክንጽሊ ብቑዓት ግበረና፡- ኣብ ሰማያት እትነብር ኣቦና ....

## ናይ ንስሓ ጸሎት

ኦ ጐይታ ኣብዛ መዓልቲ እዚኣ ኣብ ቅድሜኻ ብተግባር ይኹን ብቓል፡ ብሓሳብ ይኹን ብኹሉ ህዋሳትና ዝሓጣእናዮ፡ ንስኻ ርህሩህን መፍቀር ሰብን ስለ ዝኾንካ፡ ምእንቲ ቅዱስ ስምካ ኢልካ ተዓረቐናን ሕደገልናን። ኦ ኣምላኽ ብሰላም ክንሓድር ሰለማዊት ለይቲ ሃበና። ኣብዛ ናይ ድቃስ ግዜና፡ ካብ ኩሉ ጭንቀት ነጻ ግበረና። ካብ ኩሉ ክፍኣትን፡ ካብ ኩሉ ፈተና ጸላእን፡

ከሕልወና ከአ ናይ ሰላም መልአኽካ ለኣኽልና። ብጸጋን ብርህራሄን እቲ መፍቀር ሰብ ዝኾነ ሓደ ወድኻ፡ ጎይታናን ኣምላኽናን መድሓኒናን ኢየሱስ ክርስቶስ፡ እቲ ብእኡን ምስኡን ክብርን፡ ውዳሴን፡ ግርማን ዘለዋ፡ ማዕሬኻ ምስ ዝኾነ ወሃብ ህይወት መንፈስ ቅዱስን ምስጋና ይግባአካ። ሕጂን ንዘለአለም ኣለምን። ኣሜን።

## ድሕሪ ነፍሲ ወከፍ ሰዓት ዝጽለ ጸሎት

ኦ ጎይታ መሓረና፡ ምሕረትካ'ውን ኣብዝሓልና። ኦ ኣብ ነፍሲ ወከፍ ሰዓትን ጊዜን ኣብ ሰማይን ምድርን ብኽብርት ዝስገደልካ ክርስቶስ እሙን ኣምላኸና፡ በዓል ነዊሕ ትዕግስትን ብዙሕ ምሕረትን፡ ብሰናያት ዝተመላእካን ርህሩህን፡ ነቶም ኣነ ዝቆዳማዮም ሓጢኣተኛታት'ውን እትምሕር፡ ንሓጥእ ብንስሓ ተመሊሱ ብህይወት ክነብር እምበር ሞቱ ዘይትደሊ፡ ምእንቲ እቲ ዝጽበዮም ዘሎ ተስፋ ሰማያት ክረኽቡ ንኹሎም ናብ ድሕነት እትዕድም፡ ኦ ጎይታ ኣብዛ ሰዓት እዚኣን፡ ኣብ ኩሉ ሰዓታትን ልመናና ተቐበል። ህይወትና ኣቃንዓልና፡ ትእዛዛትካ ከንገብር ምርሓና፡ መንፈስና ቀድስ፡

ስጋናን ሓሳባትናን ኣንጽህ፡ ትምኒትና'ውን ስመር፡ ሕማምና ፈውስ፡ ሓጢኣትና ሕደገልና፡ ካብ ኩሉ ክፉእ ሓዘንን ስቅያት ልብን ርድኣና። ብህልውንኣም ክንዕቆብ፡ ብቅዱሳን መላእኽትኻ ሓልወና፡ ናብ ውህደት እምነት ከነምርሕ ምእን ቲ፡ ናብቲ ዘይምርመርን ዘይውሰንን ፍልጠትካ ክንበጽሕ ዓድለና። ንስኻ ንዘለኣለም ቡሩኽ ኢኻ፡ ኣሜን።

# ጸሎት ሓለዋ

ጸሎት ሓለዋ ድሕሪ ጸሎት ዓሰርተ ክልተ ሰዓትን ቅድሚ ጸሎት ፍርቂ ለይትን ይጽለ።

# መእተዊ ነፍሲ ወከፍ ጸሎተ ሰዓታት

*ቅድም ናይ ዘውትር ጸሎት ኣብጽሕ፡ ገጽ 1-11*

## ይቕጽል

ኣብዛ ብርኽቲ መዓልቲ እዚኣ፡ ንክርስቶስ ንጉሰይን ኣምላኽይን ጸሎት ሓለዋ እናኣቕረብኩ ሓጢኣተይ ክሓድገለይ እልምኖ።

| ገጽ | መዝሙር | |
|---|---|---|
| 17 | 4 | ኦ ኣምላኽ ጽድቀይ ከእዊ ከሎኹ መልሰለይ ብጸበባ ኣርሒብካለይ ኢኻ እሞ... |
| 20 | 6 | ኦ እግዚኣብሄር ብኩራኻ ኣይትግናሓኒ፡ ብሓርቖትካ ድማ ኣይትቕጽዓኒ... |
| 23 | 13 | ኦ እግዚኣብሄር ክሳዕ መዓስ... |
| 24 | 16 | ኦ ኣምላኽ ብኣኻ እውከል... |
| 26 | 25 | ኦ እግዚኣብሄር ነፍሰይ ናባኻ ኣልዕል ኣሎኹ። ኦ ኣምላኸይ ኣባኻ ተወኪለ ኣሎኹ... |

## ጸሎት ሓለዋ

| ገጽ | መዝሙር | |
|---|---|---|
| 28 | 27 | እግዚኣብሄር ብርሃነይን ምድሓነይን እዩ ካብ መን ደኣ እየ ዝፈርህ... |
| 31 | 67 | ኣምላኽ ይምሓረና ይባርኽና... |
| 31 | 70 | ኦ ኣምላኽ ንምድሓነይ... |
| 50 | 23 | እግዚኣብሄር ጓሳየይ እዩ... |
| 54 | 30 | ንላዕሊ ስሒብካኒ... |
| 58 | 43 | ኦ ኣምላኽ በይነለይ... |
| 72 | 57 | ኦ ኣምላኽ መሓረኒ... |
| 78 | 86 | ኦ እግዚኣብሄር ምስኪንን ድኻን እየ እሞ እዝንኻ ኣድንን መልሰለይ'ውን... |
| 80 | 91 | ኣብ ጸግዒ እቲ ልዑል... |
| 93 | 97 | እግዚኣብሄር ነጊሱ ምድሪ ተሓጉሳ፡ እቶም ብዙሓት ደሴታት ባህ ይበሎም... |
| 98 | 111 | ንእግዚኣብሄር ብምኽሪ ቅኑዓት ማሕበርን ብምሉእ ልበይን... |
| 101 | 116:1-9 | ድምጻይን ምህለላይን .. |
| 102 | 116:10-19 | ኣመንኩ ስለዚ ተዛ... |

154

ጸሎት ሓሰዋ

| ገጽ | መዝሙር | |
|---|---|---|
| 115 | 121 | አዕይንتеይ ናብ አኽራን አልዕል አሎኹ፡ ረዲአተይ ካበይ እዩ ዝመጽእ... |
| 120 | 129 | ካብ ንእስنетеይ ጀሚሮም... |
| 128 | 130 | አ እግዚአብሄር ካብ መዓሙቕ ናባኻ አእወኹ፡ ጐይታየ ንድምጻይ ስማዕ... |
| 129 | 131 | አ እግዚአብሄር ልበይ አይተዓበየን፡ አዕንተይ ከአ ልዕል አይበላን... |
| 129 | 132 | አ እግዚአብሄር ንዳዊት ... |
| 131 | 133 | እንሆ አሕዋት ብሓደ ሓቢሮም.. |
| 131 | 134 | እንሆ አቱም ብለይቲ... |
| 131 | 137 | አብ ጥቃ ሩባታት ባቢሎን... |
| 133 | 141 | ጐይታየ ናባኻ አእዊ አሎኹ... |
| 135 | 146 | ነፍሰየ ንእግዚአብሄር አመስግኒ፡ ብህይወት እንከሎኹ... |
| 180 | 119 | **ሬስ:** ሕግኻ አይረሳዕኩን እሞ... |

155

# ወንጌል ዮሓንስ 6:15-23

ኢየሱስ ድማ፡ መጺኦም ብሓይሊ መንዚዖም ከንግስዎ ኸም ዝደለዩ ምስ ረአየ በይኑ ናብ እምባ ኣልገሰ። ምስ መሰየ ድማ ደቀ መዛሙርቱ ናብ ባሕሪ ወረዱ። ኣብ ጃልባ ኣትዮም ከኣ ናብ ስግር ባሕሪ ናብ ቅፍርናሆም ከዱ። ጸልሚቱ ነበረ፡ ኢየሱስ'ውን ገና ናብኣታቶም ኣይመጸን ነበረ። እቲ ባሕሪ ግና፡ ብርቱዕ ህቦብላ ስለ ዝነፈሰ፡ ይናወጽ ነበረ። ዕስራን ሓሙሽተን ወይ ሰላሳ እስታድዮስ ምስ ረሓቑ ኸኣ፡ ኢየሱስ ኣብ ልዕሊ ባሕሪ እናኸደ ናብታ ጃልባ ኪቐርብ ከሎ፡ ርእዮምዎ ፈርሁ። ንሱ ግና፡ ኣነ እየ ኣይትፍርሁ በሎም። ሽዑ ናብ ጃልባ ከእትውዎ ደለዩ፡ እታ ጃልባ ኸኣ ብኡብኡ ናብ ገምገም ባሕሪ እቲ ዝኸድዎ ዘለዉ ምድሪ በጽሐት። ንጽባሒቱ እቶም ኣብ ስግር ባሕሪ ደው ኢሎም ዘለዉ ህዝቢ፡ ብጀካ እታ ደቀ መዛሙርቱ ጥራይ ንበይኖም ዝተሰቕልዋ ሓንቲ ጃልባ ካልእ ጃልባ ኣብኡ ከም ዘይነበረት ረአዩ። ኢየሱስ ግና ናብታ ጃልባ ኣይኣተወን፡ ደቀ መዛሙርቱ ንበይኖም እዮም ዝኸዱ። ካልኣት ጃላቡ'ውን

ካብ ጥብርያዶስ ናብ ጥቃ እታ ጐይታ ዝባረኾ እንጌራ ዝበለዑላ ቦታ መጸ።

*ምስጋና ንእግዚኣብሄር ኣምላኽ ይኹን፡ ኣሜን።*

ኦ ክርስቶስ ኣምላኽና፡ ምስ ሔር ኣቦኻን መንፈስ ቅዱስን፡ ሎምን ኩሉ ሳዕን ንሰግደልካ ኣሎና፡ ኣሜን።

## <u>ክፍልታት ጸሎት</u>

ኦ ጐይታ ንስኻ ንንቕሓት ጸላእተይ ትፈልጦ ኢኻ፡ ኦ ፈጣሪየይ ድኽመት ባህርየይ'ውን ንስኻ ትፈልጦ ኢኻ። እነኹ መንፈሰይ ሕጂ ኣብ ኢድካ ኣማዕቁብ ኣሎኹ። ከሳዕ ናብ ሞት ዘብጽሕ ድቃስ ምእንቲ ከይድቅስስ፡ ብኽንፊ ርህራሄኻ ጋርደኒ። በቲ ክቡር ቃልካ ኣዒንተይ ኣብርህ። ንስኻ በይንኻ ርህሩህን መፍቀር ሰብን ኢኻ እሞ፡ ኩሉ ጊዜ ንምስጋናኻ ኣቑመኒ።

*ንኣብ ንወልድ ንመንፈስ ቅዱስ ምስጋና ይኹን፡ ኣሜን።*

አ ጐይታ፡ ፍርድ'ኻስ ኣጸቢቑ ዘፍርህ እዩ። ሰባት ብብዝሒ ይጸቓቐጡ፡ መላእኽቲ ይቖሙ፡ ጽሑፋት ይግንጸል፡ ተግባር ይግለጽ፡ ሓሳባት'ውን ይምርመር። አ ጐይታ፡ ኣየናይ ፍርዲ'ዩ ኮን እቲ ፍርደይ፡ ኣነ ብሓጢኣት ዝተመለኽኩ እየ። መን ኮን እዩ ሃልሃልታ ሓዊ ዘጥፍኣለይ። አ ጐይታ ንደቂ ሰባት እትድንግ ጸሎም ንስኻ ኢኻ። ንስኻ እንተ ዘይምሒርካንስ መን ይምሕረኒ። መን እዩ'ኸ ነቲ ጽልመተይ ከብርህ ዝኽእል።

*ሎምን ኩሉ ሳዕን ንዘለኣለም ኣለምን፡ ኣሜን።*

አ ወላዲት ኣምላኽ፡ ብኣኺ እንተ ተኣሚንና፡ ንድሕን እምበር ኣይነሓፍርን ኢና፡ አ ብጽእትን ምልእቲ ጸጋን ኣማላድነትክን ሓገዝክን እንተ ረኺብና ንጸላእትና ኣሳጕግና ንብትኖም እምበር ኣይንፈርህን ኢና። እቲ ሓያል ዝኾነ ሓገዝኪ፡ ከም ድርዒ ምእንቲ ከጋርደና፡ ኩሉ ግዜ ክንለብሶ ኢና። ብዓቢ ድምጺ አ ወላዲት ኣምላኽ ብሓይሊ እቲ ካባኺ ሰብ ዝኾነ ኣምላኽ፡ ብኣማላድነትኪ ከተድሕንናን፡ ካብቲ ጸላም ዝኾነ ድቃስ ናብ ምስጋና ከተተንስእናን ንሓትትን ንልምንን ኣሎና።

*ኦ ጐይታ ጸሎትና ሰሚዕካ ሓጢኣትና ሕደገልና፡ (41 ግዜ) ኪርያላይሶን በል።*

## ቅዱስ ቅዱስ ቅዱስ

ቅዱስ፡ ቅዱስ፡ ቅዱስ፡ እግዚኣብሄር ጐይታ ሰራዊት፡ ሰማይን ምድርን ብክብርኻን ብልግስኻን ምሉኣት እየን። ኦ ንኹሉ እትመልኽ እግዚኣብሄር ኣቦ መሓረና፡ ኦ ጐይታ ሰራዊት፡ ኣምላኽ ሓይልታት ምሳና ኹን። ምኽንያቱ ኣብ ግዜ ሽግርናን ጭንቅናን ብዘይካኻ ረዳኢ የብልናን። ኦ ኣምላኽ ኣባና ሕደር። ንበደልና፡ ይቕሬታን ምሕረትን ግበረልና።እቲ ብድልየትናን ብዘይድሌትናን ዝገበርናዮ፡ እቲ ብፍላጥን ብዘይ ፍላጥን ዝሰራሕናዮ፡ ስውርን ግሁድን ዝኾነ ሓጢኣትና ምእንቲ እቲ ኣብ ልዕሌና ዝስመ ቅዱስ ስምካ ኢልካ ኦ ጐይታ ይቕረ በለልና። ኦ ጐይታ ከም ምሕረትካ ደአ እምበር፡ ከም ተግባርና ኣይኹን።

ከምዚ እናበልና ከንጽሊ ብቑዓት ግበረና፡- ኣብ ሰማያት እትነብር ኣቦና ....

## ናይ ንስሓ ጸሎት

ኦ ጐይታናን መድሓኒናን ኢየሱስ ክርስቶስ ኣምላኽና፡ ኣብ ድቃስና ልዋም፡ ኣብ ስጋና ዕረፍቲ፡ ኣብ ነፍስና ከኣ ንጽህና ሃበና። ካብ ጽልመት ሓጢኣት ዓቅበና። ስቅያት ምርባጽ ኣርግኣልና ዋዒ ስጋና ኣዝሕለልና፡ ዘይተኣዛዝነት ስጋና ኣቋርጸልና። ንቖሕ ዝኾነ ኣእምሮን ትሕትና ዝተሰነየ ሓሳባትን ሃበና። ጺጋ ዝመልአ ታሪኽ፡ ደነስ ዘይብሉ መንጸፍ፡ ንጹህ መደቀስን ሃበና። ኣብ ትእዛዛትካ ጸኒዕና፡ ኣብ ነፍስና'ውን ኩሉሳዕ፡ ዝኽሪ ፍርድኻ ዓቂብና፡ ለይትን ወጋሕታን ንኽነመስግነካ ኣተንስኣና። ነቲ ክብረትን ግርማን ዝመልአ ቅዱስ ስምካ፡ ምስ ርህሩህ ኣቦኻን ወሃብ ህይወት መንፈስ ቅዱስን፡ ምሉእ ለይቲ ውዳሴን ምስጋናን ከነብጽሕ ኣኽእለና። ሎምን፡ ንዘለኣለም ኣለምን፡ ኣሜን።

## ድሕሪ ነፍሲ ወከፍ ሰዓት ዝጽለ ጸሎት

ኦ ጐይታ መሓረና: ምሕረትካ'ውን ኣብዝሓልና። ኦ ኣብ ነፍሲ ወከፍ ሰዓትን ግዜን ኣብ ሰማይን ምድርን ብኽብረት ዝስገደልካ ክርስቶስ እሙን ኣምላኽና፡ በዓል ነዊሕ ትዕግስትን ብዙሕ

ምሕረትን፡ ብሰናያት ዝተመላእካን ርህሩህን፡ ነቶም አነ ዝቐዳማዮም ሓጢአተኛታት'ውን እትምሕር፡ ንሓጢአ ብንስሓ ተመሊሱ ብህይወት ከነብር እምበር ሞቱ ዘይትደሊ፡ ምእንቲ እቲ ዝጽበዮም ዘሎ ተስፋ ሰማያት ከረክቡ ንኹሎም ናብ ድሕነት እትዕድም፡ አ ጐይታ አብዛ ሰዓት እዚአን፡ አብ ኩሉ ሰዓታትን ልመናና ተቐበል። ህይወትና ኣቓንዓልን፡ ትእዛዝትካ ክንገብር ምርሓና፡ መንፈስና ቀድስ፡ ስጋናን ሓሳባትናን አንጽሀ፡ ትምኒትና'ውን ስመር፡ ሕማምን ፈውስ፡ ሓጢአትና ሕደገልን፡ ካብ ኩሉ ክፉእ ሓዘንን ስቅያት ልብን ርድአና። ብህልውንአም ከንዕቀብ፡ ብቅዱሳን መላእክትኻ ሓልወና፡ ናብ ውህደት እምነት ከነምርሕ ምእንቲ፡ ናብቲ ዘይምርመርን ዘይውሰንን ፍልጠትኻ ከንበጽሕ ዓድለና። ንስኻ ንዘለአለም ቡሩኽ ኢኻ፡ አሜን።

# ጸሎት
# ፍርቂ ለይቲ

እዛ ሰዓት እዚኣ ጐይታና ኢየሱስ ክርስቶስ ኣብ እዋን ሕማማቱ፡ ኣብ ጌተሰማኒ ሰለስተ ጊዜ ዝጸለዮ ጸሎት ንምዝካር ዝተዳለወት እያ።

# ቀዳማይ ኣገልግሎት

## መእተዊ ነፍሲ ወከፍ ጸሎተ ሰዓታት

*ቅድም ናይ ዘውትር ጸሎት ኣብጽሕ፡ ገጽ 1-11*

ኣቱም ደቂ ብርሃን፡ ኣምላኽ ሓይልታት፡ ብድሕነት ነፍስና ከጸግወናስ፡ ምስጋና ከነቕርበሉ ንተንስእ።

ኣብ ቅድሜኻ ብስጋ ምስ እንቀውም፡ ንኸቢድ ድቃስ ካብ ኣእምሮና ቀንጥጦ። ኦ ጐይታ፡ ኣብ ጊዜ ጸሎት ከመይ ኢልና ኣብ ቅድሜኻ ክንቀውም ከምዘለና ክንርዳእስ፡ ንቕሓት ሃበና እሞ፡ ናባኻ ናብ ላዕሊ እቲ ግቡእ ምስጋና ኣቕሪብና፡ ብብዝሒ ሕድገት ሓጢኣትና ክንህብትም ኢና።

*ውዳሴ ንዓኻ ይኹን ኦ መፍቀር ሰብ፡*

## መዝሙር 134

እንሆ: ኣቱም ብለይቲ ኣብ ቤት እግዚኣብሄር እትቖሙ ኩሉኹም ባሮት እግዚኣብሄር፡ ንእግዚ ኣብሄር ኣመስግንዎ። ኣእዳውኩም ኣብ መቕደሱ ኣልዕሉ፡ ንእግዚኣብሄር ከኣ ኣመስግንዎ። ሰማይን ምድርን ዝገበረ እግዚኣብሄር ካብ ጽዮን ይባርኽካ።

*ውዳሴ ንዓኻ ይኹን ኦ መፍቀር ሰብ፡*

ኦ ጐይታ፡ ከም ቃልካ ተረዳኣኒ፡ ጸሎተይ ኣብ ቅድሜኻ ቅብልቲ ትኹን። ኦ ጐይታ ልመናይ ናባኻ ትብጻሕ፡ ከም ቃልካ ህያው ግበረኒ፡ ኦ ጐይታ ስርዓትካ እንተ ድኣ ምሂርካኒ ከናፍረይ ምስጋናኻ ከጀርብብ እዩ። ኩሉ ትእዛዛትካ ስለ ዝተመነኹ ኢድካ ንሓገዘይ ድልውቲ ትኹን። ኦ ጐይታ፡ ናብ ድሕነትካ ናፈቕኩ ትእዛዝካ ዘረባይ እዩ። ፍርድታትካ ይኣልያኒ እሞ ነፍሰይ ህይወት ረኺባ ተመስግነካ። ከም ዝጠፍአ በጊዕ ተባረርኩ፡ ኣነ ባርያኻ እልምነካ ኣሎኹ፡ ትእዛዛትካ'ውን ኣይረሳዕኩን።

ምስጋና ንኣቦን፡ ንወድን፡ መንፈስ ቅዱስን ሕጅን ንዘለኣለም ኣለምን፡ ኣሜን። ምስጋና ንዓኻ ኦ ስሉስ ቅዱስ መሓረና። ምስጋና ንዓኻ ኦ ሔር መፍቀር ሰብ።

ሰላምታ ንቅድስቲ ድንግል ማርያም ኣዴኻ ምስ ኩሎም ቅዱሳንካ።

ኣምላኸይ ይትንስእ እሞ ጸላእቱ ይብተኑ። ንቅዱስ ስሙ ዝጸልኡ ሰባት ካብ ቅድሚ ገጹ ይሃድሙ። ፍቓድካ ዝገብሩ ሕዝብኻ ግና ኩሉ ግዜ ብበረኸት እልፊ ኣእላፋትን፡ ትእልፊተ ኣእላፋትን ቡሩኻት ይኹኑ። ኦ ጐይታ፡ ከናፍረይ ከፊት፡ ኣፈይ'ውን ምስጋናኻ ይዛረብ። ኣሜን፡ ሃሌ ሉያ።

*ኣብዛ ብርኸቲ መዓልቲ እዚኣ፡ ንክርስቶስ ንጉሰይን ኣምላኸይን ጸሎት ፍርቂ ለይቲ እናኣቕረብኩ፡ ሓጢኣተይ ከሓድገለይ እልምኖ።*

ጸሎት ፍርቂ ለይቲ

| ገጽ | መዝሙር | |
|---|---|---|
| 17 | 3 | ኦ እግዚኣብሄር ጠቓዕተይስ ... |
| 20 | 6 | ኦ እግዚኣብሄር ብኹራኻ ኣይትግናሓኒ... |
| 23 | 13 | ኦ እግዚኣብሄር ክሳዕ መዓስ... |
| 31 | 70 | ኦ ኣምላኽ ንምድሓነይ... |
| 78 | 86 | ኦ እግዚኣብሄር ምስኪንን ድኻን እየ እሞ... |
| 80 | 91 | ኣብ ጸግዒ እቲ ልዑል ዝሓድር.. |
| 112 | 117 | ኲሉኹም ኣሕዛብ ንእግዚኣብሄር ኣመስግንዎ... |
| 112 | 118 | እግዚኣብሄር ሰናይ እዩ... |
| 120 | 129 | ካብ ንእስነተይ ጀሚሮም... |

## መዝሙር 119

ብመገዶም ፍጹማት ዝኾኑ፡ ብሕጊ እግዚኣብሄር ዝመላለሱ ብጹኣን እዮም። ምስክራቱ ዝሕልዉ፡ ብምሉእ ልቢ ዝደልይዎ ብጹኣን እዮም። እከይ ኣይገብሩን፡ ብመገድታቱ ከኣ ይመላለሱ። ኣጸቢቑ ምእንቲ ክሕሎ፡ ትእዛዛትካ ኣዘዝካ። ኣየ፡ ስርዓታትካ ክሕሉስ፡ መገደይ እንተ ዝቖንዕ። ንኹሉ ትእዛዛትካ እንተ ዝቋመት፡ ሽዑ

ኣይምሓፈርኩን።ፍርዲ ጽድቅኻ ምስ ተመሃርኩ ብቕንዕና ልቢ ከመስግነካ እየ። ስርዓታትካ ክሕሉ ክኣ ፈጺምካ ኣይትሕደገኒ።

*ውዳሴ ንዓኻ ይኹን ኦ መፍቀር ሰብ፡*

## ቤት

ጎበዝ ንመገዱ ብምንታይ የንጽሃ፡ ከም ቃልካ ንነፍሱ ብምጥንቓቕ እዩ። ብምሉእ ልበይ ኢደልየካ ኣሎኹ፡ ካብ ትእዛዛትካ ከየልግስ ኣይትሕደገኒ። ንዓኻ ምእንቲ ከይብድልሲ፡ ንቓልካ ኣብ ልበይ ዓቝርክዎ። ኦ እግዚኣብሄር፡ ንስኻ ብሩኽ ኢኻ፡ ስርዓታትካ መሃረኒ። ንኹሉ ፍርድታት ኣፍካ ብከናፍረይ ኣዘንቶኹ። ብመገዲ ምስክራትካ ከም ብኹሉ ሃብቲ ገይረ ተሓጎስኩ። ንትእዛዛትካ ኣስተንትኖ፡ ንመገድኻ ውን እቋመቶ ኣሎኹ። ብስርዓታትካ ባህ እብል፡ ንቓልካ ኣይክርስዖን እየ።

*ውዳሴ ንዓኻ ይኹን ኦ መፍቀር ሰብ፡*

## ጋሜል

ብህይወት ክነብር፡ ቃልካ'ውን ክሕሉስ፡ ንባርያኻ ሰናይ ግበረሉ። ኣብ ሕግኻ ተኣምራት ክርእስ፡ ኣዒንተይ ክፈተለይ። ኣነ ኣብ ምድሪ ጋሻ እየ፡ ትእዛዛትካ ኣይትሕብኣለይ። ነፍሰይ፡ ኩሉ ጊዜ ፍርድኻ ብምንፋቕ ተቐጥቀጠት። ነቶም ትዕቢተኛታት፡ ነቶም ካብ ትእዛዛትካ ዘልግሱ ርጉማት ገናሕካ። ምስክራትካ ሓልየ እየ እሞ፡ ጸርፍን ንዕቀትን ኣርሕቐለይ። መሳፍንቲ ተቐሚጦም እኳ እንተ ሓመዩኒ፡ ባርያኻስ ብስርዓታትካ የስተንትን ኣሎ። ምስክራትካ ድማ ባህታይን መኽርተይን እዮም።

*ውዳሴ ንዓኻ ይኹን ኦ መፍቀር ሰብ፡*

## ዳሌጥ

ነፍሰይ ኣብ ሓመድ ተጣበቐት፡ ከም ቃልካ ህያው ግበረኒ። መገደይ ኣዘንቶኹ፡ ንስኻ'ውን መለስካለይ፡ ስርዓታትካ መሃረኒ። ንተኣምራትካ ከስተንትኖስ፡ መገዲ ትእዛዛትካ ኣፍልጠኒ። ነፍሰይ ብሓዘን ትነብዕ ኣላ፡ ከም ቃልካ ኣደልድለኒ። መገዲ ሓሶት ኣርሕቐለይ፡

ሕግኻ'ውን ብሳህልኻ ፍቐደለይ። መገዲ ሓቂ መረጽኩ፡ ፍርድታትካ ኣብ ቅድመይ ኣንበርኩ። ኣብ ምስክራትካ እጠብቕ፡ ኦ እግዚኣብሄር፡ ኣይተሕፍረኒ። ልበይ ምስ ኣግፋሕካ፡ ብመገዲ ትእዛዛትካ ክጎዩ እየ።

*ውዳሴ ንዓኻ ይኹን ኦ መፍቀር ሰብ፡*

## ሄ

ኦ እግዚኣብሄር፡ መገዲ ስርዓታትካ መሃረኒ፡ ክሳዕ መወዳእታ'ውን ክሕልዎ እየ። ምስትውዓል ሃበኒ እሞ፡ ንሕግኻ ክሕልዎ፡ ብምሉእ ልበይ'ውን ከገብሮ እየ። ብእኡ ባህ ኢሉኒ እዩ እሞ፡ ብመገዲ ትእዛዛትካ ኣመላልሰኒ። ንልበይ ናብ ምስክራትካ እምበር፡ ናብ ስስዔ ገንዘብ ኣይተዘንብሎ። ንኣዒንተይ ካብ ምርኣይ ከንቱነት ምለሰን፡ ብመገድኻ ህያው ግበረኒ። ነቲ ናብ ፍርሃትካ ዝመርሕ ቃልካ ኣብ ባርያኻ ኣጽንዓዮ። ፍርድታትካ ሰናይ እዩ እሞ፡ ነቲ ዝፈርሆ ጸርፊ ኣርሕቐለይ። እንሆ፡ ትእዛዛትካ እናናፍቕ ኣሎኹ፡ ብጽድቕኻ ህያው ግበረኒ።

*ውዳሴ ንዓኻ ይኹን ኦ መፍቀር ሰብ፡*

## ዋው

ኦ እግዚኣብሄር፡ ከምቲ ቓልካ ምሕረትካን ምድሓንካን ይምጽኣኒ። ኣብ ቃልካ ተወኪለ እየ እሞ፡ ነቲ ዝጸርፈኒ ምላሽ ክህቦ እየ። ንፍርድታትካ እጽበ ኣሎኹ እሞ፡ ነቲ ቓል ሓቂ ካብ ኣፈይ ፈጺምካ ኣይተግድፈኒ። ኣነ'ውን ንሕግኻ ኣዘውቲረ፡ ኩሉ ጊዜ ንዘለኣለም ክሕልዎ እየ። ትእዛዛትካ ድማ ደልየ እየ እሞ፡ ብገፊሕ ቦታ ክመላለስ እየ። ኣብ ቅድሚ ነገስታት ከኣ ምስክራትካ ክዛረብ፡ ኣይክሐፍርን ድማ እየ። በቲ ዘፍቅሮ ትእዛዛትካ'ውን ባህ ክብል እየ። ኣእዳወይ ድማ ናብቲ ዘፍቅሮ ትእዛዛትካ ከልዕል፡ ስርዓታትካ ከኣ ከስተንትን እየ።

*ውዳሴ ንዓኻ ይኹን ኦ መፍቀር ሰብ፡*

## ዛይ

ነቲ ንባርያኻ ዘተስፎኻዮ ቓል ዘክር። ቃልካ ህያው ገይሩኒ እዩ እሞ፡ እዚ ኣብ መከራይ መጸናንዕየይ እዩ። ትዕቢተኛታት ኣዝዮም ኣላገጹለይ፡ ኣነ ግና ካብ ሕግኻ ኣየልገስኩን። ጐይታየ፡ ናይ ጥንቲ ፍርድታትካ እናሓሰብኩ፡ እጸናናዕ ኣሎኹ። ብሰሪ እቶም ሕግኻ ዝሓደጉ ረሲኣን ብቝጥዓ ተቓጸልኩ። ኣብ ቤት ግሽነተይ ስርዓታትካ መዝሙራተይ እዩ። ኦ እግዚኣብሄር፡ ብለይቲ ስምካ ሓሰብኩ፡ ሕግኻ'ውን ሓሎኹ። ትእዛዛትካ ሓልየ እየ እሞ፡ እዚ ዕድለይ ኮነ።

*ውዳሴ ንዓኻ ይኹን ኦ መፍቀር ሰብ፡*

## ሔት

ጐይታየ፡ ምሕላው ቃልካ ግደይ እዩ፡ በልኩ። ብምሉእ ልበይ ናባኻ እምህለል ኣሎኹ፡ ከም ቃልካ መሓረኒ። ንመገደይ ሓሰብኩ፡ ኣእጋረይ'ውን ናብ ምስክራትካ መለስኩ። ትእዛዛትካ ንምሕላው ቀልጠፍኩ እምበር፡ ኣይደንጎኹን። ኣግማድ ረሲኣን ከበበኒ፡ ሕግኻ ግና ኣይረሳዕኩን። ስለቲ ቅኑዕ ፍርድኻ

ከመስግነካ፡ ፍርቂ ለይቲ ክትንስእ እየ። ኣነ ብጻይ እቶም ኩሎም ዝፈርሁኻን ትእዛዛትካ ዝሕልዉን እየ። ጐይታየ፡ ምድሪ ብጸጋኻ መሊኣ ኣላ፡ ስርዓታትካ መሃረኒ።

*ውዳሴ ንዓኻ ይኹን ኦ መፍቀር ሰብ፡*

## ጤት

ኦ እግዚኣብሄር፡ ከም ቃልካ ንባርያኻ ሰናይ ገበርካሉ። ትእዛዛትካ ኣሚነ ኣሎኹ እሞ፡ ሰናይ ምስትውዓልን ፍልጠትን መሃረኒ። ከይተዋረ ድኩ ተጋገኹ፡ ሕጂ ግና ቓልካ እሕሉ ኣሎኹ። ንስኻ ሰናይ ኢኻ እሞ፡ ሰናይ ትገብር ኣሎኻ፡ ስርዓታትካ መሃረኒ። ትዕቢተኛታት ሓሶት ይፍሕሱለይ ኣለዉ፡ ኣነ ግና ብምሉእ ልበይ ትእዛዛትካ እሕሉ ኣሎኹ። ልቦም ከም ስብሒ ረጎደ፡ ኣነ ግና ብሕግኻ ባህ ይብለኒ ኣሎ። ኣእዳወይ ድማ ናብቲ ዘፍቅሮ ትእዛዛትካ ከልዕል ስርዓታትካ ከኣ ከስተንትን እየ።

*ውዳሴ ንዓኻ ይኹን ኦ መፍቀር ሰብ፡*

## ዮድ

ኣእዳውካ ፈጢራንኒ ሰሪሓንኒ፡ ትእዛዛትካ ክመሃርሲ፡ ኣለብመኒ። ንቓልካ ተጸቢየ እየ እሞ፡ እቶም ዝፈርሁኻ ርእዮምኒ ክሕጎሱ እዮም። ጐይታየ፡ ፍርድኻ ጽድቂ ምዃኑ፡ ብሓቅኻ'ውን ከም ዘዋረድካኒ፡ እፈልጥ ኣሎኹ። ከምቲ ንባርያኻ ዝበልካዮ ቓል፡ ጸጋኻ መጸናንዒ ይኹነኒ። ሕግኻ ደስታይ እዩ እሞ፡ ብህይወት ክነብርሲ፡ ምሕረትካ ይውረደኒ። ዕቡያት ብሓሶት ጠውዮምኒ እዮም እሞ፡ ይሕፈሩ፡ ኣነ ግና ትእዛዛትካ ኣስተንትን ኣሎኹ። እቶም ዝፈርሁኻን ምስክራትካ ዝፈልጡን ናባይ ይመለሱ። ምእንቲ ከይሓፍርሲ፡ ልበይ ብስርዓታትካ ፍጹም ይኹን።

*ውዳሴ ንዓኻ ይኹን ኦ መፍቀር ሰብ፡*

## ካፍ

ነፍሰይ ንምድሓንካ ትናፍቕ ኣላ፡ ንቓልካ እጽበዮ ኣሎኹ። መዓስ ኢኻ እተጸናንዓኒ፡ እናበልኩ፡ ብናፍቖት ቃልካ ኣዒንተይ ሓመቓ። ከም ኣብ ትኪ ዘሎ ሓርቢ ኮንኩ፡ ስርዓታትካ ግና

ኣይረሳዕኩን። መዓልትታት ባርያኻ ክንደይ እየን፡ ንሰጎግተይከ መዓስ ኢኻ እትፈርዶም፡ እቶም ከም ሕግኻ ዘይነብሩ ትዕቢተኛታት ጉድጓድ ኮዓቱለይ። ኩሉ ትእዛዛትካ ሓቂ እዩ፡ ብዘይ ምኽንያት ይሰጉኒ ኣለዉ፡ ርድኣኒ። ካብ ምድሪ ከጥፍኡኒ ቐሩብ ተረፎም፡ ኣነ ግና ትእዛዛትካ ኣይሓደግኩን። ከም ጸጋኻ ህያው ግበረኒ፡ ኣነ'ውን ምስክር ኣፍካ ክሕሉ እየ።

*ውዳሴ ንዓኻ ይኹን ኦ መፍቀር ሰብ፡*

## ላሜድ

ኦ እግዚኣብሄር፡ ቃልካ ንዘለኣለም ኣብ ሰማይ ጸኒዑ ኣሎ። ሓቅኻ ካብ ወለዶ ንወለዶ እዩ፡ ንምድሪ ኣጽኒዕካያ፡ ንሳ'ውን ትነብር ኣላ። ብዘሎ ኩሉ ንዓኻ የገልግል እዩ እሞ፡ ክሳዕ ሎሚ ከም ሕጋጋትካ ቐይሙ ኣሎ። ሕግኻ ደስታይ እንተ ዘይነብርሲ፡ ዛጊት ብመከራይ ምጠፋእኩ ነይረ። ብእኡ ህያው ጌርካኒ ኢኻ እሞ፡ ንትእዛዛትካ ከቶ ኣይክርስዖን እየ። ትእዛዛትካ ደልየ እየ እሞ፡ ናትካ እየ፡ ኣድሕነኒ። ረሲኣን፡ ምእንቲ ከጥፍኡኒ፡ ይጸናተውኒ ኣለዉ፡ ኣነ ግና ንምስክራትካ ኣስተብህሎ ኣሎኹ። ንኹሉ

ፍጽምነት መወዳእታኡ ርኣኹ፡ ትእዛዛትካ ግና ፍጹም እዩ።

*ውዳሴ ንዓኻ ይኹን ኦ መፍቀር ሰብ፡*

## <u>ሜም</u>

ንሕግኻ እምብዛ ኣፍቀርክዎ፡ ምሉእ መዓልቲ ኣስተንትኖ ኣሎኹ። ትእዛዛትካ ንሓዋሩ ምሳይ እዩ እሞ፡ ሓለፋ ጸላእተይ ኣለብመኒ። ምስክራትካ ምስትንታነይ እዩ እሞ፡ ሓለፋ ኩሎም መምህራነይ ለባም ኮንኩ። ትእዛዛትካ ሓልየ እየ እሞ፡ ሓለፋ እቶም ሽማግሌታት ኣእምሮ ኣሎኒ። ቃልካ ምእንቲ ክሕሉስ፡ ኣእጋረይ ካብ ክፉእ ዘበለ መገዲ ከልከልኩ። ንስኻ ምሂርካኒ ኢኻ እሞ፡ ካብ ፍርድኻ ኣይርሐቕን እየ። ቃላትካ ንትንሓገይ እምብዛ ጥዑም እዩ፡ ንኣፈይ ካብ መዓር ዝበለጸ ይምቅራ። ሳላ ትእዛዛትካ ኣእምሮ ረኸብኩ፡ ስለዚ ኩሉ መገዲ ሓሶት ጸላእኩ።

*ውዳሴ ንዓኻ ይኹን ኦ መፍቀር ሰብ፡*

## ኖን

ቃልካ ንእግረይ መብራህቲ፡ ንመገደይ ብርሃን እዩ። ንፍርድታት ጽድቅኻ ክሕሉ መሓልኩ፡ ኣጽናዕክዎ ከኣ። ኣዝየ ተጨነቕኩ፡ ኦ እግዚኣብሄር፡ ከም ቃልካ ህያው ግበረኒ። ኦ እግዚኣብሄር፡ ፍርድታትካ መሃረኒ፡ እቲ ፈትየ ዘቕርበልካ መስዋእቲ ኣፈይ ባህ የብልካ። ነፍሰይ ኩሉ ጊዜ ኣብ ኢደይ እያ፡ ኣነ ግና ሕግኻ ኣይርስዕን እየ። ረሲኣን መፈንጠርያ ኣጻውዱለይ ኣነ ግና ካብ ትእዛዛትካ ኣየልገስኩን። ምስክራትካ ሓጎስ ልበይ እዩ እሞ፡ ንዘለኣለም ርስተይ ገበርክዎ። ስርዓታትካ ንሓዋሩ ክሳዕ መወዳእታ ክገብር፡ ልበይ ኣድነንኩ።

*ውዳሴ ንዓኻ ይኹን ኦ መፍቀር ሰብ፡*

## ሳምኬት

ክልተ ዝልቦም ጸላእኩ፡ ሕግኻ ግና ፈቶኹ። ንስኻ መዕቆብየይን ዋልታይን ኢኻ፡ ብቓልካ ተስፋ እገብር ኣሎኹ። ትእዛዛት ኣምላኸይ ክሕሉስ፡ ኣቱም ሕሱማት፡ ካባይ ርሓቑ። ብህይወት ክነብርሲ፡ ከም ቃልካ ደግፈኒ፡

ብተስፋይ ድማ ኣይተሕፍረኒ። ምእንቲ ከድሕን ደግፈኒ፡ ንስርዓታትካ'ውን ኩሉ ጊዜ ከቛመቶ እየ። ተንኮሎም ሓሶት እዩ እሞ፡ ነቶም ካብ ስርዓታትካ ዘልግሱ ኩሎም ትረግጾም። ንስኻ ንኩሎም ረሲኣን ምድሪ ከም ሓርኢ ሓጺን ትጉሕፎም፡ ስለዚ ንምስክራትካ ኣፍቀርኩ። ካብ ስምባደ ዝተላዕለ ስጋይ ይርዕድ፡ ፍርድኻ'ውን የሸብረኒ ኣሎ።

*ውዳሴ ንዓኻ ይኹን ኦ መፍቀር ሰብ፡*

<u>**ዔ**</u>

ፍርድን ጽድቅን እገብር ኣሎኹ፡ ነቶም ጠቓዕቶይ ኣሕሊፍካ ኣይትሃበኒ። ንባርያኻ ብሰናይ ተውሓሶ፡ ዕቡያት ከጥቁዑኒ ኣይተፍቅደሎም። ኣዒንተይ ብናፍቖት ምድሓንካን ቃል ጽድቅኻን ሓመቓ። ከም ጸጋኻ ንባርያኻ ግበረሉ፡ ስርዓታትካ ከኣ መሃረኒ። ኣነ ባርያኻ እየ፡ ምስክራትካ ክፈልጥሲ፡ ኣእምሮ ሃበኒ። ሕግኻ ኣፍሪሶም እዮም እሞ፡ እግዚኣብሄር ግብሩ ዝገብረሉ ጊዜ እዩ። ስለዚ ንትእዛዛትካ ካብ ወርቂ፡ እረ ካብ ጽሩይ ወርቂ ኣብሊጸ እፈትዎ

ኣሎኹ። ስለዚ ትእዛዛትካ ዘበለ ኩሉ ቅኑዕ ምዃኑ እቕጽሮ፡ መገዲ ሓሶት ዘበለ ከኣ እጸልእ ኣሎኹ።

*ውዳሴ ንዓኻ ይኹን ኦ መፍቀር ሰብ፡*

## ፬

ምስክራትካ መስተንክር እዩ፡ ስለዚ ነፍሰይ ትሕልዎ። ምኽፋት ቃልካ የብርህ፡ ንገርህታት ኣእምሮ ይህብ። ትእዛዛትካ ናፊቐ እየ እሞ፡ ኣፈይ ሃህ ኣቢለ እህህ እብል ኣሎኹ። ከምቲ ነቶም ስምካ ዚፈትዉ እትገብረሎም፡ ተመለሰንን መሓረንን። ንስጉምተይ ኣብ ቃልካ ኣጽንዓዮ፡ እከይ ድማ ከቶ ኣይምለኸኒ። ካብ መጥቃዕቲ ሰብ ተበጀወኒ፡ ኣነ'ውን ትእዛዛትካ ክሕሉ እየ። ገጽካ ንባርያኻ ኣብርሃሉ፡ ስርዓታትካ ከኣ መሃረኒ። ሕግኻ ኣይሕልዉን እዮም እሞ፡ ኣዒንተይ ወሓዚ ማይ የፍስሳ ኣለዋ።
*ውዳሴ ንዓኻ ይኹን ኦ መፍቀር ሰብ፡*

## ጻዴ

ኦ እግዚኣብሄር፡ ንስኻ ጻድቕ ኢኻ፡ ፍርድኻ ድማ ቅኑዕ እዩ። ብጽድቅን ብዕዙዝ ሓቅን ምስክራትካ ኣዘዝካ። ተጻረርተይ ቃልካ ረሲዖም እዮም እሞ፡ ቅንኣት ይበልዓኒ ኣሎ። ቃልካ ኣዝዩ ጽሩይ እዩ፡ ባርያኻ'ውን የፍቅሮ ኣሎ። ኣነ፡ ንኡስን ንዑቕን እየ፡ ትእዛዛትካ ግና ኣይረሳዕኩን። ጽድቅኻ ናይ ዘለኣለም ጽድቂ እዩ፡ ሕግኻ'ውን ሓቂ እዩ። መከራን ሽግርን ረኸበኒ፡ ትእዛዛትካ ግና ደስታይ እዩ። ምስክራትካ ንዘለኣለም ጽድቂ እዩ፡ ኣእምሮ ሃበኒ እሞ፡ ብህይወት ክነብር እየ።

*ውዳሴ ንዓኻ ይኹን ኦ መፍቀር ሰብ፡*

## ቆፍ

ብምሉእ ልበይ እምህለል ኣሎኹ ኦ እግዚኣብሄር፡ መልሰለይ፡ ስርዓታትካ ክሕሉ እየ። ናባኻ ተማህለልኩ፡ ኣድሕነኒ፡ ምስክራትካ ውን ክሕሉ እየ። ቅድሚ ወጋሕታ መጺአ ኣእወኹ፡ ንቓልካ እጽበ እኔኹ። ንቓልካ ከስተንትንሲ፡ ኣዒንተይ ነቶም ናይ ለይቲ

ሓለውቲ ቐደማኦም። ከም ሳህልኻ ድምጸይ ስማዕ ኦ እግዚኣብሄር ከም ፍርድኻ ህያው ግበረኒ። ንሕሰም ዝስዕቡ ይቐርቡ ኣለዉ ካብ ሕግኻ ርሓቑ። ኦ እግዚኣብሄር ቀረባ ኢኻ፡ ኩሉ ትእዛዛትካ ከኣ ሓቂ እዩ። ንዘለኣለም ከም ዝመስረትካዮ፡ ካብ ጥንቲ ጀሚረ ብምስክራትካ ፈለጥኩ።

*ውዳሴ ንዓኻ ይኹን ኦ መፍቀር ሰብ፡*

## ሬስ

ሕግኻ ኣይረሳዕኩን እሞ፡ መከራይ ርኢኻ ኣናግፈኒ። ጠበቓይ ኩን እሞ ተበጀወኒ፡ ከም ቃልካ ህያው ግበረኒ። ረሲኣን ስርዓታትካ ኣይደልዩን እዮም እሞ፡ ምድሓንካ ካብኦም ረሓቐ። ኦ እግዚኣብሄር፡ ርህራሄኻ ዓቢ እዩ፡ ከም ፍርድኻ ህያው ግበረኒ። ሰጎግተይን ተጻረርተይን ብዙሓት እዮም እሞ፡ ንጠለምቲ ርእየ ፈንፈንክዎም። ኦ እግዚኣብሄር ንትእዛዛትካ ከም ዘፍቅሮ ርአ፡ ከም ሳህልኻ ህያው ግበረኒ። ብዘሎ ቓልካ ሓቂ እዩ፡ ኩሉ ፍርዲ ጽድቅኻ ድማ ንዘለኣለም ይነብር።

*ውዳሴ ንዓኻ ይኹን አ መፍቀር ሰብ፡*

## ሳን

መሳፍንቲ ብዘይ ምኽንያት ሰጎጉኒ፡ ልበይ ግና ቃልካ እዩ ዝፈርህ። ከምቲ ብዙሕ ምርኮ ዝማረኸ፡ ብቓልካ ባህ ይብለኒ ኣሎ። ንሓሶት እጸልኣን እፍንፍኖን፡ ንሕግኻ ግና አፍቅሮ ኣሎኹ። ስለ ጽድቂ ፍርድኻ ኣብ መዓልቲ ሾብዓተ ሳዕ አመስግነካ ኣሎኹ። እቶም ሕግኻ ዘፍቅሩ ብዙሕ ሰላም ኣለዎም፡ ዘዕንቅፎም ከኣ የልቦን። አ እግዚኣብሄር ንምድሓንካ ተጸቢኸዎ፡ ትእዛዛትካ ድማ ገበርኩ። ነፍሰይ ንምስክራትካ ሓለወቶ፡ ኣዝየ'ውን አፍቅሮ ኣሎኹ። ኩሉ መገደይ ኣብ ቅድሜኻ እዩ እሞ፡ ትእዛዛትካን ምስክራትካን ሓሎኹ።

*ውዳሴ ንዓኻ ይኹን አ መፍቀር ሰብ፡*

## ታው

አ እግዚኣብሄር፡ ኣውያተይ ኣብ ቅድሜኻ ይብጻሕ፡ ከም ቃልካ ኣእምሮ ሃበኒ። ምህለላይ ኣብ ቅድሜኻ ይብጻሕ፡ ከም ቃልካ ኣናግፈኒ። ስርዓታትካ ምሂርካኒ ኢኻ እሞ፡ ከናፍረይ

ምስጋናኻ ከፈልፍላ እየን። ኩሉ ትእዛዛትካ ጽድቂ እዩ እሞ፡ ልሳነይ ንቓልካ ክትነግር እያ። ትእዛዛትካ ሓርየ እየ እሞ፡ ኢድካ ረዳኢተይ ትኹን። ጐይታየ፡ ምድሓንካ እናናፍቐ ኣሎኹ፡ ሕግኻ'ውን ደስታይ እዩ። ንነፍሰይ ህያው ግበራ ንሳ ከኣ ከተመስግነካ እያ፡ ፍርድታትካ'ውን ይርድኣኒ። ከም ጥፍእቲ በጊዕ ተባረርኩ፡ ትእዛዛትካ ኣይረሳዕኩን እሞ፡ ንባርያኻ ድለዮ።

*ውዳሴ ንዓኺ ይኹን ኦ መፍቀር ሰብ።*

## <u>ወንጌል ማቴዎስ 25:1-13</u>

ሽዑ መንግስተ ሰማያት፡ ቀቀንዴለን ሒዘን መርዓዊ ኪቕበላ ዝወጻ ዓሰርተ ደናግል ትመስል። ሓሙሽተ ዓያሹን፡ ሓሙሽተ ለባማት ነበራ። እተን ዓያሹ፡ ቀቀንዴለን ወሲደን፡ ዘይቲ ኣይተማልኣን። እተን ለባማት ግና መምስ ቀንዴለን ዘይቲ ኣብ ጢናኤን ተማልኣ። መርዓዊ ምስ ደንጎየ ግና፡ ኩለን ትኽስ በላ ደቀሳ'ውን። ፍርቒ ለይቲ ግና እንሆ መርዓዊ ይመጽእ ኣሎ ክትቅበላ ውጽኣ ዝብል ጭራሕምራሕ ተሰምዐ። ሽዑ እተን ደናግል ኩለን ተንሲኤን፡ ቀቀንዴለን

ኣዳለዋ። እተን ዓያሹ ነተን ለባማት፡ ቀንዴልና ክጠፍእ ኢሉ እሞ፡ ካብ ዘይትኽን ሃባና፡ በልኣን። እተን ለባማት ከኣ፡ ኣይፋልናን፡ ንዓናን ንዓኻትክንን እንተ ዘይኣኽለኽ። ናብቶም ዚሸጡ ደኣ ቀልጢፍክን ኪዳ እሞ ንርእስኽን ዓድጋ፡ ኢለን መለሳለን። ኪዕድጋ ምስ ከዳ፡ እቲ መርዓዊ መጸ። እተን ተዳልየን ዝጸንሓ ምስኡ ናብ መርዓ ኣተዋ፡ ማዕጾ ድማ ተዓጽወ። ደሓር እተን ዝተረፋ ደናግል መጺኣን፡ ጐይታይ፡ ጐይታይ፡ ክፈተልና ኮታ፡ በላ። ንሱ ግና መሊሱ ብሓቂ እብለክን ኣሎኹ፡ ኣይፈልጠክንን እየ በለን። እምብኣርሲ እታ ወዲ ሰብ ዝመጸላ መዓልትን ሰዓትን ኣይትፈልጡዋን ኢኹም እሞ፡ ንቕሑ።

*ምስጋና ንእግዚኣብሄር ኣምላኽ ይኹን፡ ኣሜን።*

ኦ ክርስቶስ ኣምላኽና ምስ ሐር ኣቦኻን፡ መንፈስ ቅዱስን፡ ሎምን ኩሉ ሳዕን ንሰግደልካ ኣሎና፡ ኣሜን።

## ክፍልታት ጸሎት

እንሆ መርዓዊ ፍርቂ ለይቲ ይኣቱ ኣሎ፡ እቲ ነቚሑ ዝጸንሖ ባርያ ብጹእ እዩ። ነቲ ተታኺሱ ዝረኸቦ ግን ምስኡ ክኸይድ ብቑዕ ኣይኮነን። ስለዚ ኣንቲ ነፍሰይ ድቃስ ከይከብደኪ እሞ፡ ናብ ደገ ከይትድርበዩ ተጠንቀቒ፡ የግዳስ ንቕሒ፡ ከምዚ እናበልኪ'ውን ዓው ኢልኪ ጸውዒ፡ ኦ ኣምላኽ ንስኻ ቅዱስ ቅዱስ ቅዱስ ኢኻ። ኦ ኣምላኽ ምእንቲ ወላዲትካ ኢልካ መሓረና።

*ንኣብ ንወልድ ንመንፈስ ቅዱስ ምስጋና ይኹን፡ ኣሜን።*

ኦ ነፍሰይ ነቲ ዘፍርህ መዓልቲ ተረድእዮ ኢኺ፡ ንቕሕን ቀንዴልኪ ብዘይቲ ሓጎስ ኣብርህን። ምኽንያቱ "እንሆ እቲ መርዓዊ መጺኡ" ዝብል ድምጺ ናባኺ መዓስ ከም ዝመጽእ ኣይትፈልጥን ኢኺ እሞ ኦ ነፍሰይ፡ ምእንቲ ከምተን ሓሙሽተ ዓያሹ ደናግል፡ ኣብ ደገ እና ኳሕኳሕኪ ደው ከይትብልስ፡ ኣስተውዕሊ ኣይትደቅሲ ኢኺ። ምእንቲ በቲ ክብሪ ዘለዎ

ሓቀኛ ኣምላኻዊ መርዓ ክጸግወኪ፡ ብቕዱይ ቅብኢ ንጐይታና ኢየሱስ ክርስቶስ ክትቅበልዮ ንቕሕን ለምንን።

*ሎምን ኩሉ ሳዕን ንዘለኣለም ኣለምን፡ ኣሜን።*

ኦ ድንግል ወላዲት ኣምላኽ፡ ከምቲ መከላኸሊ ዕርዲ ዘለዎ ማዕከን እሞ ዘይስረቕ፡ ንስኺ'ውን ሓጹር ድሕነትና ኢኺ። ናይ ተጻረርትና ምኽሪ በትንዮ። ሓዘን ባሮትኪ ናብ ሓጎስ ቀይርዮ። ንከተማና ተኸላኸሊ፡ ንነገስታትና'ውን ተዋግእ ሎም። ምእንቲ ሰላም ዓለም'ውን ለምንልና ኢኺ። ኦ ወላዲተ ኣምላኽ ንስኺ ተስፋ ድሕነትና ኢኺ።

*ሎምን ኩሉ ሳዕን ንዘለኣለም ኣለምን፡ ኣሜን።*

ኦ ጐይታ ሰማይ መጸናንዒ፡ መንፈስ ሓቅን፡ ኣብ ኩሉ ቦታ ዝርከብን፡ ንኩሉ ዝመልእን ማዕከን ሰናያት፡ ወሃብ ህይወት፡ ነዓ ናባና መጺእካ ሕደር። ኦ ሔር ካብ ኩሉ ደነስ ኣንጺህካ ንነፍስና ኣድሕና።

*ንኣብ ንወልድ ንመንፈስ ቅዱስ ምስጋና ይኹን፡ ኣሜን።*

ኦ መድሓኒና ከምቲ ምስ ሃዋርያትካ ከሎኻ ሰላምካ ዝሃብካዮም፡ ሕጂ'ውን ነዓ ምሳና ኩን እሞ ሰላምካ ሃበናን ኣድሕነናን ርድኣናን።

*ሎምን ኩሉ ሳዕን ንዘለኣለም ኣለምን፡ ኣሜን።*

ኣብቲ ቅዱስ ቤት መቕደስካ ምስ እንቐውም፡ ልክዕ ኣብ ሰማያዊት ኢየሩሳሌም ከም ዝቖምና ይቑጸረልና። ኦ ወላዲት ኣምላኽ ንስኺ ኣፍደገ ሰማይ ኢኺ እሞ ብኣማላድነትኪ ኣፍደገ ምሕረት ክፈትልና።

*ኦ ጐይታ ጸሎትና ሰሚዕካ ሓጢኣትና ሕደገልና፡ (41 ግዜ) ኪርያላይሶን በል።*

ጸሎት ፍርቁ ሰዓቲ

## ውዳሴ ስሉስ ቅዱስ

ቅዱስ እግዚአብሔር፡ ቅዱስ ሓያል፡ ቅዱስ ህያው ዘይመውት፡ ካብ ቅድስቲ ድንግል ማርያም ዝተወልደ መሓረና። ቅዱስ እግዚአብሔር፡ ቅዱስ ሓያል፡ ቅዱስ ህያው ዘይመውት፡ ኣብ ዮርዳኖስ ዝተጠመቀ፡ ኣብ ልዕሊ ዕጸ መስቀል ምእንታና ዝተሰቅለ መሓረና። ቅዱስ እግዚአብሔር፡ ቅዱስ ሓያል፡ ቅዱስ ህያው ዘይመውት፡ ኣብ ሳልሰይቲ መዓልቲ ካብ ምውታት ዝተንስአ፡ ብምስጋና ናብ ሰማያት ዝዓረገ፡ ኣብ የማን ኣቦኡ ዝተቐመጠ፡ ንህያዋንን ንምውታንን ኪፈርድ ከም ብሓድሽ ብኽብሪ ኪመጽእ እዩ። ኣ ጐይታ መሓረና።

ንኣብ ንወልድ ንመንፈስ ቅዱስ፡ ምስጋና ይኹን፡ ሎምን ኩሉ ሳዕን ንዘለኣለም ኣለም፡ ኣሜን።

ኣ ስሉስ ቅዱስ መሓረና (3 ግዜ) በል።

ኣ ጐይታ፡ ሓጢኣትና ሕደገልና። ኣ ጐይታ፡ በደልና ኣይትጸብጽበልና። ኣ ጐይታ፡ ኣበሳና ይቐረ በለልና። ኣ ጐይታ ንሕሙማት ህዝብኻ ብጽሓዮም እሞ ምእንቲ እቲ ቅዱስ ስምካ ኢልካ

ፈውሶም። ኦ ጐይታ፡ ነቶም ዝሞቱ ኣቦታትናን ኣሕዋትናን ከኣ ነፍሶም ኣዕርፍ። ኦ ካብ ሓጢኣት ንጹህ ዝኾንካ ጐይታ መሓረና። ኦ ካብ ሓጢኣት ንጹህ ዝኾንካ ጐይታ ርድኣና። ልማኖና ከኣ ተቐበለልና። ክብርን ምስጋናን ብፍጹም መዓርግ ቅድስናን ንዓኻ ይግባእ፡ ኣሜን።

*ኦ ጐይታ መሓረና፡ ኦ ጐይታ መሓረና፡ ኦ ጐይታ ባርኸና፡ ኣሜን።*

ከምዚ እናበልና ከነመስግነካ ብቑዓት ግበረና፡- ኣብ ሰማያት እትነብር ኣቦና ....

## ካልኣይ ኣገልግሎት

*ብዘይካ መዝሙር 117, 118*
*ኩሉ ናይ ጸሎት ዓሰርተ ሓደ ሰዓት መዝሙራት ኣብጽሕ። ገጽ 112*

## ወንጌል ሉቃስ 7:36-50

ሓደ ካብ ፈሪሳውያን ድማ ምስኡ ክበልዕ ለመኖ። ናብ ቤት እቲ ፈሪሳዊ ኣትዩ፡ ኣብ መኣዲ ተቐመጠ። እንሆ፡ ኣብታ ዓዲ ሓንቲ ሓጢኣተኛ ሰበይቲ ነበረት። ኣብ ቤት እቲ ፈሪሳዊ ምቕማጡ ምስ ፈለጠት፡ ቅዱይ ቅብኢ ዝመልአ ብልቃጥ ኣምጽአት። ብድሕሪኡ ኣብ ጥቓ እግሩ ደው ኢላ እናበኸየት፡ በቲ ንብዓታ እግሩ ኽተጠልቅዮ ጀመረት፡ ብጸጒሪ ርእሳ እናደረዘት እግሩ ትስዕም፡ ቅዱይ ቅብኢ'ውን ትለኽዮ ነበረት። እቲ ዝጸውዖ ፈሪሳዊ ድማ ነዚ ርእዩ፡ ብሕልናኡ እዚ ነብዩ እንተ ዚኸውንሲ፡ እዛ ዝተንከየቶ ሰበይቲ ሓጢኣተኛ እያ እሞ መን ከመይ ዝበለት'ውን ምኾና ምፈለጣ ነይሩ ኢሉ ሓሰበ። ጐይታ ኢየሱስ ከኣ፡ ስምዖን፡ ዝብለካ ኣሎኒ፡ ኢሉ መለሰሉ። ንሱ ኸኣ፡ በል መምህር፡ በለ። ንሓደ መለቅሒ ክልተ ሰብ ዕዳ ነበርዎ።

ኣብቲ ሓደ ሓሙሽተ ሚእቲ፡ ኣብቲ ሓደ ድማ ሓምሳ ዲናር ነበሮ። ዚፈድይዎ ስለ ዘሰኣኑ ግና፡ ንኽልቲኦም ሓደገሎም። ካብኣቶምሲ ኣዝዩ ዘፍቅሮ መኖም እዩ። ስምዖን ከኣ፡ እቲ ብዙሕ ዝተሓድገሉ ይመስለኒ ኢሉ መለሰ። ኢየሱስ ከኣ፡ ቅኑዕ ፈረድካ፡ በሎ። ናብታ ሰበይቲ ግልጽ ኢሉ ኸኣ ንስምዖን በሎ፡ ነዛ ሰበይቲ እዚኣ ትርእያዶ ኣሎኻ፡ ናብ ቤትካ ኣቶኹ እሞ ማይ ንእግረይ እኳ ኣይሃብካንን፡ እዚኣ ግና ብንብዓታ ኣእጋረይ ሓጺባ ብጸጒሪ ርእሳ'ውን ደረዘት። ንስኻ ኣይተሳለምካንን፡ እዚኣ ግና ካብ ዝኣቱ ጀሚራ ካብ ምስዓም ኣእጋረይ ኣይዕረፈትን። ንስኻ ርእሰይ ብዘይቲ ኣይለኸኻንን፡ እዚኣ ግና ኣእጋረይ ብቕዱይ ቅብኢ ለኸየት። ስለዚ ብዙሕ ስለ ዘፍቀረት፡ ንዓኣ ከኣ እቲ ብዙሕ ሓጢኣታ ተሓዲጉላ፡ እብለካ ኣሎኹ። እቲ ሒደት ዚሕደገሉ ኸኣ ሒደት እዩ ዘፍቅር። ንዓኣ ድማ፡ ሓጢኣትኪ ተሓዲጉልኪ በላ። እቶም ምስኡ ኣብ መኣዲ ዝተቐመጡ ኸኣ ብልቦም እዚ ሓጢኣት ዝሓድግስ መን እዩ ኪብሉ ጀመሩ። ንሱ ግና ነታ ሰበይቲ፡ እምነትኪ ኣድሒናትኪ ብሰላም ኪዲ በላ።

*ምስጋና ንእግዚኣብሄር ኣምላኽ ይኹን፡ ኣሜን።*

ኦ ክርስቶስ ኣምላኽና፡ ምስ ሖር ኣቦኻን፡ መንፈስ ቅዱስን፡ ሎምን ኩሉ ሳዕን ንሰግደልካ ኣሎና፡ ኣሜን።

## ከፍሊታት ጸሎት

ኦ ጐይታ፡ ከምቲ ቀደም ነታ ሓጢኣተኛ ሰበይቲ ብዙሕ ፈልፋሊ ንብዓት ዝሃብካያ ንዓይ'ውን ሃበኒ። ነተን ካብ ናይ ጥፍኣት መገዲ ዝሕልዋኒ ኣእጋርካ፡ ሰናይ ቅዱይ ቅብኢ ኣዳልየ ክለኽየን፡ ብቑዕ ግበረኒ። ምእንቲ እቲ "እምነትካ ኣድሒናትካ" ዝብል ሓጎስ ዝመልኦ ድምጺ ክሰምዕ፡ ብንስሓ፡ ጽሩይ ህይወት ክጥሪ፡ ሓግዘኒ።

*ንኣብ ንወልድ ንመንፈስ ቅዱስ ምስጋና ይኹን፡ ኣሜን።*

ኦ መፍቀር ሰብ ኣምላኽ፡ ነቲ ብዙሕ ክፉእ ተግባረይ ምስ ዝጽብጽቦ፡ ሓሳብ እቲ ዘፍርህ ፍርዲ ኣብ ልበይ ይኣቱ እሞ ራዕዲ ይሕዘኒ፡ ሽዑ ናባኻ እሃድም። ገጽካ ኣይተርሕቐለይ። ኦ ጐይታ

ንስኻ ኢኻ በይንኻ ብዘይ ሓጢኣት እትነብር፡ ነዛ ምስክነይቲ ነፍሰይ ትሕትና ዓድላ። ቅድሚ እታ መወዳእታ ፍርዲ ምምጽኣ ከኣ ኣድሕነኒ።

*ሎምን ኩሉ ሳዕን ንዘለኣለም ኣለም፡ ኣሜን።*

ሰማያት ብጽእቲ ኢኺ ይብሉኺ። ኦ ጸጋ ዝተመላእኪ ሰማያዊት መርዓት። ኦ ወላዲት ኣምላኽ፡ ነቲ ዘይምርመር ልደት ጐይታና ነኽብሮ። ኦ ኣደ ምሕረትን ድሕነትን፡ ምእንቲ ድሕነት ነፍስና ኣማልድልና።

*ሎምን ኩሉ ሳዕን ንዘለኣለም ኣለም፡ ኣሜን።*

ኦ ጐይታ ሰማይ መጸናንዒ፡ መንፈስ ሓቂ ኣብ ኩሉ ቦታ ዝርከብን፡ ንኩሉ ዝመልእን፡ ማዕከን ሰናያት፡ ወሃብ ህይወት፡ ነዓ ናባና መጺእካ ሕደር። ኦ ሔር፡ ካብ ኩሉ ደነስ ኣንጺህካ ንነፍስና ኣድሕና።

*ንኣብ ንወልድ ንመንፈስ ቅዱስ ምስጋና ይኹን፡ ኣሜን።*

ኦ መድሓኒና ከምቲ ምስ ሓዋርያትካ ከሎኻ ሰላምካ ዝሃብካዮም፡ ሕጂ'ውን ነዓ ምሳና ኩን እሞ ሰላምካ ሃበና፡ ኣድሕነናን ርድኣናን።

*ሎምን ኩሉ ሳዕን ንዘለኣለም ኣለም፡ ኣሜን።*

ኣብቲ ቅዱስ ቤት መቕደስካ ምስ እንቖውም፡ ልክዕ ኣብ ሰማያዊት ኢየሩሳሌም ከም ዝቖምና ይቈጸረልና። ኦ ወላዲት ኣምላኽ ንስኺ ኣፍደገ ሰማይ ኢኺ እሞ ብኣማላድነትኪ ኣፍደገ ምሕረት ክፈትልና።

*ኦ ጐይታ ጸሎትና ሰሚዕካ ሓጢኣትና ሕደገልና፡ (41 ግዜ) ኪርያላይሶን በል።*

## <u>ውዳሴ ስሉስ ቅዱስ</u>

ቅዱስ እግዚኣብሄር፡ ቅዱስ ሓያል፡ ቅዱስ ህያው ዘይመውት፡ ካብ ቅድስቲ ድንግል ማርያም ዝተወልደ መሓረና። ቅዱስ እግዚኣብሄር፡ ቅዱስ ሓያል፡ ቅዱስ ህያው ዘይመውት፡ ኣብ ዮርዳኖስ ዝተጠመቀ፡ ኣብ ልዕሊ ዕጸ መስቀል ምእንታና ዝተሰቅለ መሓረና። ቅዱስ እግዚኣብሄር፡ ቅዱስ

ሓያል፡ ቅዱስ ህያው ዘይመውት፡ ኣብ ሳልሰይቲ መዓልቲ ካብ ምውታት ዝተንሰአ፡ ብምስጋና ናብ ሰማያት ዝዓረገ፡ ኣብ የማን ኣብኡ ዝተቐመጠ፡ ንህያዋንን ንምውታንን ክፈርድ ከም ብሓድሽ ብኽብሪ ክመጽእ እዩ። ኦ ጐይታ መሓረና።

*ንኣብ ንወልድ ንመንፈስ ቅዱስ ምስጋና ይኹን፡ ሎምን ኩሉ ሳዕን ንዘለኣለም ኣለምን፡ ኣሜን።*

*ኦ ስሉስ ቅዱስ መሓረና (3 ግዜ) በል።*

ኦ ጐይታ፡ ሓጢኣትና ሕደገልና። ኦ ጐይታ፡ በደልና ኣይትጸብጽበልና። ኦ ጐይታ፡ ኣበሳና ይቕረ በለልና። ኦ ጐይታ ንሕሙማት ህዝብኻ ብጽሓዮም እሞ ምእንቲ እቲ ቅዱስ ስምካ ኢልካ ፈውሶም። ኦ ጐይታ፡ ነቶም ዝሞቱ ኣቦታትናን ኣሕዋትናን ከኣ ነፍሶም ኣዕርፍ። ኦ ካብ ሓጢኣት ንጹሕ ዝኾንካ ጐይታ መሓረና። ኦ ካብ ሓጢኣት ንጹሕ ዝኾንካ ጐይታ ርድኣና። ልማኖና ከኣ ተቐበለልና። ክብርን ምስጋናን ብፍጹም መዓርግ ቅድስናን ንዓኻ ይግባእ፡ ኣሜን።

*ኦ ጐይታ መሓረና፡ ኦ ጐይታ መሓረና፡ ኦ ጐይታ ባርኽና፡ ኣሜን፡፡*

ከምዚ እናበልና ከነመስግነካ ብቑዓት ግበረና፡- ኣብ ሰማያት እትነብር ኣቦና ....

## ሳልሳይ ኣገልግሎት

*ኩሉ ናይ ጸሎት ዓሰርተ ክልተ ሰዓት ጸሊ። ገጽ 128*

## ወንጌል ሉቃስ 12:32-46

ኣቱም ሒደት መጓሰ፡ እታ መንግስቲ ክህበኩም ፍቓድ ኣቦኹም እዩ እሞ፡ ኣይትፍርሁ። ኣብቲ ማዕከንኩም ዘለዎ፡ ኣብኡ ድማ ልብኹም ይኸውን እዩ እሞ ጥሪትኩም ሸጡ መጽውትዎ። ዘይበሊ ማሕፈዳ፡ ነቐዝ ኣብ ዘየቖንቁኖን፡ ሰራቒ ኣብ ዘይቀርቦን፡ ዘይበርስ ማዕከን ኣብ ሰማይ ግበሩ። ሓቛቑኹም ዕጡቕ፡ መብራህትኹም ብሩህ ይኹን። ንስኻትኩም፡ ጐይታኦም ካብ መርዓ ክሳዕ ዝምለስ ዚጽበይዎ እሞ፡ መጺኡ ኳሕኳሕ ምስ ኣበለ፡ ብኡብኡ ዝኸፍቱሉ ሰባት ምሰሉ። እቶም፡ ጐይታኦም ኪመጽእ ከሎ፡ ነቒሖም ዝረኽቦም ባሮት እቲኦም ብጹዓን እዮም። ተዓጢቑ ኣብ መኣዲ ከም ዘቕምጦም፡ ተንሲኡ'ውን ከም ዘገልግሎም ብሓቂ እብለኩም ኣሎኹ። ኣብ ካልኣይቲ ወይስ ሳልሰይቲ ሓለዋ ለይቲ መጺኡ ከምዚ ኢሎም እንተ ረኸቦም፡ እቶም ባሮት እቲኦም ብጹዓን እዮም። ግናኸ

እዚ ፍለጡ፡ ብዓል ቤት ነታ ሰራቒ ዝመጸላ ሰዓት እንተ ዚፈልጣስ ምነቕሐ፡ ቤቱ ክትኮዓት ከላ'ውን ሰቕ ኢሉ ኣይምረአየን ነይሩ። ንስኻትኩም ድማ፡ ወዲ ሰብ ብዘይ ትፈልጥዋ ሰዓት ኪመጽእ እዩ እሞ፡ ዝተዳለኹም ኩኑ። ጴጥሮስ ከአ ጐይታይ፡ እዚ ምስላዝስ ንዓና ዲኻ እትብሎ ዘሎኻ ወይስ ንዅሉ ኢኻ በሎ። ጐይታ ኸአ በለ፡ እቲ እሙንን ጥበበኛን ወኪል፡ ቀለቦም በብጊዜኡ ክህቦም፡ ጐይታኡ ኣብ ባሮቱ ዝሸሞስ መን እዩ፡ እቲ ጐይታኡ ኺመጽእ ከሎ ከምዚ እናገበረ ዝጸንሖ ባርያ ብጹዕ እዩ። ኣብ ብዘሎ ጥሪቱ ከም ዝሾሞ ብሓቂ እብለኩም ኣሎኹ። እቲ ኩፉእ ባርያ ብልቡ፡ ምእታዉ ጐይታይ ይዱንጊ እዩ እንተበለ ግና፡ ምግራፍ እቶም ገላዉን ኣግራድን ምብላዕን ምስታይን፡ ምስካርን ይጅምር፡ ጐይታ እቲ ባርያ እቲ ንሱ ብዘይ ተጸበያ መዓልቲ ብዘይ ፈልጣ ሰዓት ኪመጽእ እዩ፡ ቖራሪጹ ኸአ ግዲኡ ምስቶም ዘይኣምኑ ኺገብሮ እዩ።

*ምስጋና ንእግዚኣብሄር ኣምላኽ ይኹን፡ ኣሜን።*

ኦ ክርስቶስ ኣምላኽና፡ ምስ ሔር ኣቦኻን፡ መንፈስ ቅዱስን፡ ሎምን ኩሉ ሳዕን ንሰግደልካ ኣሎና፡ ኣሜን።

## ከፍሊታት ጸሎት

ኦ ጐይታ ብርሀኑህ ዓይኒ ንድኽመተይ ረአ። በብቑኑብ ህይወተይ ትጠፍእ ኣላ፡ ብተግባረይ እውን ድሕነት የብለይን እሞ፡ ንዓይኒ ምሕረትካ እጥምት ኣሎኹ። ኦ ጐይታ ናብ ድኽመተይን ንዑቕነተይን፡ መስኪንነተይን፡ ስደተይን ጠምት እሞ ርድኣኒ።

*ንኣብ ንወልድ ንመንፈስ ቅዱስ ምስጋና ይኹን፡ ኣሜን።*

እቲ ፈራዲ ክመጽእ እዩ እሞ ነፍሰይ ተገደስን ንቕሕን፡ ነታ እተፍርህ ሰዓት ኣስተብህልላ ኢኺ፡ ኣብ ፍርድስ ነቲ ምሕረት ዘይገብር ምሕረት የልቦን። ኦ ጐይታይን መድሓኒየይን ንስኻ በይንኻ መፍቀር ሰብ ኢኻ እሞ ራህርሃለይ።

*ሎምን ኩሉ ሳዕን ንዘለኣለም ኣለምን፡ ኣሜን።*

ኦ ወላዲት ኣምላኽ፡ ኣፍደገ ኣእምሮ ህይወት፡ ንድሕነት ነፍስና ነቲ ካብ ኩሉ ንጹህ ዝኾነ ልደት ጎይታና ከነመስግኖ፡ ነቶም ካብ ጭንቀት ብእምነት ናባኺ ዑቕባ ዝሓቱ ንኽድሕኑ ኣማልድሎም ኢኺ።

*ሎምን ኩሉ ሳዕን ንዘለኣለም ኣለምን፡ ኣሜን።*

ኦ ጐይታ ሰማይ መጸናንዒ፡ መንፈስ ሓቂ ኣብ ኩሉ ቦታ ዝርከብን፡ ንኩሉ ዝመልእን፡ ማዕከን ሰናያት፡ ወሃቢ ህይወት፡ ነዓ ኣባና መጺእካ ሕደር። ኦ ሔር፡ ካብ ኩሉ ደነስ ኣንጺህካ ንነፍስና ኣድሕና።

*ንኣብ ንወልድ ንመንፈስ ቅዱስ ምስጋና ይኹን፡ ኣሜን።*

ኦ መድሓኒና ከምቲ ምስ ሓዋርያትካ ከሎኻ ሰላምካ ዝሃብካዮም ሕጂ'ውን ነዓ ምሳና ኩን እሞ ሰላምካ ሃበና፡ ኣድሕነናን ርድኣናን።

*ሎምን ኩሉ ሳዕን ንዘለኣለም ኣለምን፡ ኣሜን።*

ኣብቲ ቅዱስ ቤት መቕደስካ ምስ እንቐውም፡ ልክዕ ኣብ ሰማያዊት ኢየሩሳሌም ከም ዝቖምና ይቖጸረልና። ኦ ወላዲት ኣምላኽ ንስኺ ኣፍደገ ሰማይ ኢኺ እሞ ብኣማላድነትኪ ኣፍደገ ምሕረት ክፈትልና።

*ኦ ጐይታ ጸሎትና ሰሚዕካ ሓጢኣትና ሕደገልና፡ (41 ግዜ) ኪርያላይሶን በል።*

## <u>ውዳሴ ስሉስ ቅዱስ</u>

ቅዱስ እግዚኣብሄር፡ ቅዱስ ሓያል፡ ቅዱስ ህያው ዘይመውት፡ ካብ ቅድስቲ ድንግል ማርያም ዝተወልደ መሓረና። ቅዱስ እግዚኣብሄር፡ ቅዱስ ሓያል፡ ቅዱስ ህያው ዘይመውት፡ ኣብ ዮርዳኖስ ዝተጠመቀ፡ ኣብ ልዕሊ ዕጸ መስቀል ምእንታና ዝተሰቅለ መሓረና። ቅዱስ እግዚኣብሄር፡ ቅዱስ ሓያል፡ ቅዱስ ህያው ዘይመውት፡ ኣብ ሳልሰይቲ መዓልቲ ካብ ምውታት ዝተንስአ፡ ብምስጋና ናብ ሰማያት ዝዓረገ፡ ኣብ የማን ኣብኡ ዝተቐመጠ፡ ንህያዋንን ንምውታንን ክፈርድ ከም ብሓድሽ ብኽብሪ ክመጽእ እዩ። ኦ ጐይታ መሓረና።

*ንኣብ ንወልድ ንመንፈስ ቅዱስ፡ ምስጋና ይኹን፡ ሎሚን ኩሉ ሳዕን ንዘለኣለም ኣለም፡ ኣሜን።*

*አ ስሉስ ቅዱስ መሓረና (3 ግዜ) በል።*

አ ጐይታ፡ ሓጢኣትና ሕደገልና። አ ጐይታ፡ በደልና ኣይትጸብጽበልና። አ ጐይታ፡ ኣበሳና ይቕረ በለልና። አ ጐይታ ንሕሙማት ህዝብኻ ብጽሓዮም እሞ ምእንቲ እቲ ቅዱስ ስምካ ኢልካ ፈውሶም። አ ጐይታ፡ ነቶም ዝሞቱ ኣቦታትናን ኣሕዋትናን ከኣ ነፍሶም ኣዕርፍ። አ ካብ ሓጢኣት ንጹህ ዝኾንካ ጐይታ መሓረና። አ ካብ ሓጢኣት ንጹህ ዝኾንካ ጐይታ ርድኣና። ልማኖና ከኣ ተቐበለልና። ክብርን ምስጋናን ብፍጹም መዓርግ ቅድስናን ንዓኻ ይግባእ፡ ኣሜን።

*አ ጐይታ መሓረና፡ አ ጐይታ መሓረና፡ አ ጐይታ ባርኸና፡ ኣሜን።*

ከምዚ እናበልና ከነመስግነካ ብቑዓት ግበረና፡- ኣብ ሰማያት እትነብር ኣቦና ....

ጸሎት ፍርዊ ሰይቲ

## ወንጌል ሉቃስ 2:29-32

ኦ ጐይታይ፡ ነቲ ንኣህዛብ ምግላጽ ብርሃን፡ ንህዝብኻ እስራኤል'ውን ክብርት ክኽውን፡ ኣብ ቅድሚ ኹሉ ህዝቢ ዘዳሎኻዮ ምድሓንካ ኣዒን ተይ ካብ ረኣያስ፡ ሕጇ ከምቲ ዘረባኻ ንባርያኻ ብሰላም ተፋንዎ ኢኻ፡ በለ።

ምስጋና ንእግዚኣብሔር ኣምላኽ ይኹን፡ ኣሜን።

ኦ ጐይታ ጸሎትናን ሰሚዕካ ሓጢኣትና ሕደገልና፡ (41 ግዜ) ኪርያላይሶን በል።

## ውዳሴ ስሉስ ቅዱስ

ቅዱስ እግዚኣብሔር፡ ቅዱስ ሓያል፡ ቅዱስ ህያው ዘይመውት፡ ካብ ቅድስቲ ድንግል ማርያም ዝተወልደ መሓሪና። ቅዱስ እግዚኣብሔር፡ ቅዱስ ሓያል፡ ቅዱስ ህያው ዘይመውት፡ ኣብ ዮርዳኖስ ዝተጠመቀ፡ ኣብ ልዕሊ ዕጸ መስቀል ምእንታና ዝተስቅለና፡ መሓሪና። ቅዱስ እግዚኣብሔር፡ ቅዱስ ሓያል፡ ቅዱስ ህያው ዘይመውት፡ ኣብ ሳልሰይቲ መዓልቲ ካብ ምውታት ዝተንስአ፡ ብምስጋና ናብ ሰማያት ዝዓረገ፡ ኣብ የማን ኣቡኡ

ዝተቐመጠ፡ ንህያዋንን ንምውታንን ክፈርድ ከም ብሓድሽ ብኽብሪ ክመጽእ እዩ። ኦ ጐይታ መሓረና።

*ንኣብ ንወልድ ንመንፈስ ቅዱስ፡ ምስጋና ይኹን፡ ሎምን ኩሉ ሳዕን ንዘለኣለም ኣለም፡ ኣሜን።*

*ኦ ስሉስ ቅዱስ መሓረና (3 ግዜ) በል።*

ኦ ጐይታ፡ ሓጢኣትና ሕደገልና። ኦ ጐይታ፡ በደልና ኣይትጸብጽበልና። ኦ ጐይታ፡ ኣበሳና ይቕረ በለልና። ኦ ጐይታ ንሕሙማት ህዝብኻ ብጽሓዮም እሞ ምእንቲ እቲ ቅዱስ ስምካ ኢልካ ፈውሶም። ኦ ጐይታ፡ ነቶም ዝሞቱ ኣቦታትናን ኣሕዋትናን ከኣ ነፍሶም ኣዕርፍ። ኦ ካብ ሓጢኣት ንጹህ ዝኾንካ ጐይታ መሓረና። ኦ ካብ ሓጢኣት ንጹህ ዝኾንካ ጐይታ ርድኣና። ልማኖና ከኣ ተቐበለልና። ክብርን ምስጋናን ብፍጹም መዓርግ ቅድስናን ንዓኻ ይግባእ፡ ኣሜን።

*ኦ ጐይታ መሓረና፡ ኦ ጐይታ መሓረና፡ ኦ ጐይታ ባርኸና፡ ኣሜን።*

ከምዚ እናበልና ከነመስግነካ ብቑዓት ግበረና፡-
ኣብ ሰማያት እትነብር ኣቦናን ....

## ድሕሪ ነፍሲ ወከፍ ሰዓት ዝጽለ ጸሎት

ኦ ጐይታ መሓረና ምሕረትካ'ውን ኣብዝሓልና። ኦ ኣብ ነፍሲ ወከፍ ሰዓትን ግዜን ኣብ ሰማይን ምድርን ብኽብረት ዝስገደልካ ክርስቶስ እሙን ኣምላኽና፡ በዓል ነዊሕ ትዕግስትን ብዙሕ ምሕረትን፡ ብሰናያት ዝተመላእካን ርህሩህን፡ ነቶም ኣነ ዝቐዳማዮም ሓጢኣተኛታት'ውን እትምሕር፡ ንሓጥእ ብንስሓ ተመሊሱ ብህይወት ክነብር እምበር ሞቱ ዘይትደሊ፡ ምእንቲ እቲ ዝጽበዮም ዘሎ ተስፋ ሰማያት ክረኽቡ ንኹሎም ናብ ድሕነት እትዕድም፡ ኦ ጐይታ ኣብዛ ሰዓት እዚኣን፡ ኣብ ኩሉ ሰዓታትን፡ ልመናና ተቐበል። ህይወትና ኣቃንዓልና፡ ትእዛዛትካ ክንገብር ምርሓና፡ መንፈስና ቀድስ፡ ስጋናን ሓሳባትናን ኣንጽህ፡ ትምኒትና'ውን ስመር፡ ሕማምና ፈውስ፡ ሓጢኣትና ሕደገልና፡ ካብ ኩሉ ኩፉእ ሓዘንን ስቅያት ልብን ርድኣና። ብህልውንኣም ክንዕቆብ፡ ብቅዱሳን መላእኽትኻ ሓልወና፡ ናብ

ጸሎት ፍርቁ ሰይቲ

ውህደት እምነት ከነምርሕ ምእንቲ፡ ናብቲ ዘይምርመርን ዘይውስንን ፍልጠትካ ክንበጽሕ ዓድለና። ንስኻ ንዘለኣለም ቡሩኽ ኢኻ ኣሜን።

## መዓርገ ክህነት ብዘይብሉ ዚጽለ ጸሎት ንስሓ

ኦ ጐይታና ኢየሱስ ክርስቶስ ወዲ ህያው ኣምላኽ፡ ንዘለኣለም እትነብር፡ እቲ ህይወት ዝህብ ቃልካ ክንርዳእ ኣእምሮና ኣብርሃልና። ካብታ ንነፍስ እትቐትል ጽልመት ድንቁርና ኣተንስኣና። ብግብሪ ሰናይ ብቑዓትን ቅኑዓትን ክንከውን ኣብቅዓና። ኣብቲ ንፍርዲ ዓለም እትመጽኣሉ እዋን፡ ነቲ ሓጐስ ዝመልኦ "ኣቱም ናይ ኣቦይ ብሩኻን፡ ንዑ ናባይ፡ ነቲ ካብ ቅድሚ ምምስራት ዓለም ዝተዳለወልኩም ውረሱ" ዝብል ጥዑም ድምጺ ንኽንሰምዕ ብቑዓት ግበረና። እወ ኦ ጐይታ፡ ኣብታ ሰዓት እቲኣ፡ ብዘይ ፍርሃትን ብዘይ ምርባጽን፡ ብዘይ ኩነኔን፡ ክንቀውም ፍቐደልና። ከምቲ ብዝሒ ገበንና ውን ኣይትቕጽዓና። ንስኻ ንበይንኻ መሓርን፡ በዓል ነዊሕ ትዕግስትን፡ ብዙሕ ርህራሄን ኢኻሞ። ብኣማላድነት ኣዴና ወላዲት ኣምላኽ ቅድስቲ ድንግል ማርያምን፡ ኩሎም ቅዱሳንካን ንልምነካ ኣሎና፡ ኣሜን።

## ድሕሪ ፍርቂ ለይቲ ብካህን ዚጽለ ጸሎት ንስሓ

አ ጐይታና ኢየሱስ ክርስቶስ ወዲ ህያው ኣምላኽ ንዘለኣለም እትነብር፡ እቲ ህይወት ዝህብ ቃልካ ክንርዳእ ኣእምሮና ኣብርሃልና። ካብቲ ንነፍስ እትቐትል ጽልመት ድንቁርና ኣተንስኣና። ብግብረ ሰናይ ብቖዓትን ቅኑዓትን ክንከውን ኣብቅዓና። ኣብቲ ንፍርዲ ዓለም እትመጽኣሉ እዋን፡ ነቲ ሓጐስ ዝመልአ "ኣቱም ናይ ኣቦይ ብሩኻን፡ ንዑ ናባይ፡ እቲ ካብ ቅድሚ ምምስራት ዓለም ዝተዳለወልኩም መንግስቲ ውረሱ" ዝብል ጥዑም ድምጺ ንኽንሰምዕ ብቑዓት ግበረና። እወ አ ጐይታ፡ ኣብታ ሰዓት እቲኣ ብዘይ ፍርሃትን፡ ብዘይ ምርባጽን፡ ብዘይ ኩነኔን ክንቀውም ፍቐደልና። ከምቲ ብዝሒ ገበንና'ውን ኣይትቕጽዓና። ንስኻ ንበይንኻ መሓርን በዓል ነዊሕ ትዕግስትን ብዙሕ ርህሩህን ኢኻ። ብኣማላድነት ኣዴና ወላዲት ኣምላኽ ቅድስቲ ማርያም ድንግልን ኩሎም ቅዱሳንካን ንልምነካ ኣሎና፡ ኣሜን። አ ጐይታና ኢየሱስ ክርስቶስ ዘለኣለማዊ ሓደ ወዲ ንህያው ኣልማኽ ብርሃን ካብ ብርሃን ቅድሚ ኩሉ ዘመናት ኣብ ብርሃን ዝነበርካ ነመስግነካን

ንልምነካን ኣሎና። ኦ ጐይታ ነቲ ህያው ቃልካ ክንርዳእሲ ንኣእምሮናን ንልብናን ኣብርህ፡ ንምስትውዓልና ክሰት። ኣብታ ንነብስና እትቐትል ጽልመት ድንቁርና ሓጢኣት ኣተንስኣና። ንሰናይ ተግባር ርህሩሃትን ቅኑዓትን ክንከውን ኣብቅዓና።

ዓለም ንምፍራድ ካላኣይ ጊዜ ኣብ እትመጽኣሉ ዘፍርህ እዋን እቲ ሓጐስን ባህታን ምጽንናዕን ፍስሃን ጸጋን ዝመልአ "ኣቱም ናይ ኣቦይ ብሩኻን፡ ንዑ ናባይ፡ እቲ ካብ ቅድሚ ምምስራት ዓለም ዝተዳለወልኩም መንግስቲ ውረሱ" ዝብል ድምጺ ኣምላኻዊ ቃልካ ኣስምዓና። እወ ኦ እግዚኣብሄር ጐይታና ኣብታ ሰዓት እቲኣን ኣብታ መዓልቲ እቲኣን ብዘይ ፍርሃትን ምርባጽን ርኽሰትን ውድቀትን ኮይንና ክንጸንሕ ኣብቅዓና፡ ከም ብዝሒ ሓጢኣትና ኣይትፍረደና።

ኦ እግዚኣብሄር ንኹሉ በደልናን፡ ንኹሉ ሓጢኣትናን፡ ኣበሳናን ሕደገልና። ኦ ጐይታና ካብ ካልኣይ ሞት፡ ካብ ሕማምን ጥፍኣትን፡ ካብ ዘመተን ሰይፊ ጸላእትን፡ ካብ ምኽሪ

ሰይጣውንቲ፡ ባርዕ ሓዊ፡ ካብ ምዕልቕላቕ ማይ፡ ካብ ሕሱማት ተቓወምቲ፡ ካብ ምጽባብ ገበርቲ እከይን፡ ባዕዳውያን ጨቖንትን፡ ምህጻጽ ዕዳጋን፡ ካባናን ካብ ኩሉ ዓለምን ኣርሕቕ። ንምኽሪ ተጻረርትና ከንቱ ግበሮ። ኦ ኣምላኽ ንስኻ ኣምላኽናን ጐይታናን ኢኻ'ሞ ራህርሃልና፡ ኣብ ናይ ጥፍኣት ባሕሪ ኣይተጥሕለና። ኣድሕነና ደኣ እምበር፡ ከም ተግባርና ኣይትቕጸዓና። ካብ ትህኪት ኣተንስኣና። ካብ ምዕጥጣይን ሸለልትነትን፡ ስተረና። ጸላኢና ሰይጣን'ውን ብዘይ ብጸሕ ተስፋታት ከስሕተና ኣይትግደፎ። ሰናይ ከይገበርና መዋእልና ከይሓልፍስ ንኣእምሮና ኣፍልጦ፡ ንልብና ካብ ዘዳህልል ድቃስ ኣበራቢርካ ንቅሓት ዓድሎ።

ኦ ጐይታ ኣበሳና ሕደገልና፡ ንእከይና ይቕረ በለልና፡ ንሓጢኣትናን ኪፍኣትናን ኣይትዘክሮ፡ ኣይትቆጠዓና፡ ቁጠዓኻ ከሳዕ ዘለኣለም ኣይንበር፡ ኦ ጐይታ መሓረና! ደጊምካ'ውን መሓረና፡ ንሕና ድኹማትን መሳኪንን ኢና ኣብ ባሕሪ ሓጢኣት'ውን ጥሒልና ንዘሎና ከተውጽኣና ናባኻ ንምህለል፡ ንዓኻ ንሰግድ፡ ንዓኻ ንኣምን፡ ንዓኻ ንምነ ኣሎና። ብጸጋኻ ኣድሕነና ደኣ

እምበር ተስፋ ምሕረትካ ኣይትቝረጸልና። ኣፍ ደገ ምሕረትካ ኣይትዕጸዎ፡ ምሕረትካ ቀልጢፉ ትምጽኣና፡ ዘሕጉስ ድምጽኻ ኣስምዓና፡ ኦ ኣምላኽ ልብና ኣንጽህ፡ ኦ ጐይታ ካብ ክፉእ ሓሳባት፡ ካብ ተንኮልን ርኽሰትን ኣንጽሃና።

ኦ ጐይታ ካባናን ካብ ኩሉ ህዝብኻን ንሃተውተውን፡ ጋህዲ ሕልሚ፡ ሰይጣናዊ ክፉእ ሓሳባትን ኣቛርጸልና። ኦ ኣምላኽ ካብ ኩሉ ውድቀትን ውርደትን ኣተንስኣና። ኦ ኣምላኽ ትዕግስትን ተስፉን ፍቕርን ኦርቶዶክሳዊ እምነ ትን፡ ኣጽንዓልና። ምስቶም ኣብ የማናይካ ዘለዉ ኣባጊዕካ ቁጸረና። ኣብ ሰማያዊት መኣድኻ ከኣ ምስቶም ኣብ የማናይካ ዚቕመጡ ኣቐምጠና። ኩሉ ክፍኣትናን ኣበሳናን ሓጢኣትናን ሕደገልና። ብኸሊ ብርሃናውያን መላእኽትኻ ጋርደና። ብዘይካ ምሕረትካ ድሕነት የብልናን እሞ ናባኻ ንውከል፡ ንዓኻ ንኣምን፡ ብኣኻ ንትስፎ ኣሎና።

ኦ ጐይታ ጸሎትና ዘወትር ተቐበል፡ ኣብ ጸሎትና ክንዝክሮም ዝኣዘዙናን ዝተወከሱናን ኣብ ጊዜ ቅዳሴናን፡ ጸሎት ቀንዴልናን፡ ንነፍስ ወከፎም ንዘለዉን ዝሞቱን ኣብ እንዝክረሉ ጊዜ ኦ ጐይታ

ንዓናን ንዕኦምን ኣብ ሰማያዊት ኢየሩሳሌም ኣብ መንግስትኻ ብሰናያትካ ዘከረና። ኦ ጐይታ ከፍኣትና መሓወልና። ኦ ጐይታ ነቶም ዝበደሉና ሕደጐሎምን ሕደገልናን። ኦ ጐይታ ብምሕረት ካ ነፍስና ኣድሕን። ኦ ጐይታ ህዝብኻ ኣድሕን፡ ርስትኻ ባርኽ ንዘለኣለም ጓስዮምን ኣዕብዮምን፡

ኦ ጐይታ ነቶም ኣብ ጭንቀት፡ ጸበባን፡ ሓዘንን፡ ዘለዉ ርዳእ። ነቶም ብማእሰርቲ ሰይጣውንቲ ዝተኣሰሩ ነጻ ኣውጽኦም። ንዝጠመዩ ካብ ሰናያትካ ኣጽግቦም፡ ነቶም ስቡራት ልብን ትሑ ታት መንፈስን ነፍስን ደግፎም። ነቶም ዝወደቁ ኣተንስኦም፡ ነቶም ደው ዝበሉ ኣጸናንዓዮም፡ ንዝጠፍኡ ምለሶም፡ ንመበለታትን ንዘኽተማትን ናብዮም፡ ንስኡናት ንምርዳኦም ተቓላጠፍ፡ ንፍረ ምድሪ ባርኽ፡ ንነፋሳት ኣህድእ፡ ንኣእዋም ኣዕብዮም፡ ንሩባታት ወሓይዝ ምልኣዮም፡ ንጠልን ዝናማትን ባርኮም፡ ንድኻታት ዕግበት ሃቦም፡ ንሰብ ዕዳ ዕዳኦም ክፈለሎም። ብስደት ንዝተበተኑ ጠርንፎም፡ ንተናሳሕቲ ንስሓኦም፡ ንዝምለሱ ምምላሶም ተቐበል። ንሓደስቲ ኣመ ንቲ ምስትውዓል ሃቦም። ኦ ጐይታ ንዝተወጸዑ ፍትሒ ኣውጽኣሎም። ምእንቲ ብኹሉ ነገር

ዝኣኸለና ምስ ረኸብና፡ ደስ ዝብለካ ሰናይ ተግባር ምእንቲ ክንገብር ክንክእልሲ ንልብና ሓጐስ፡ ደስታ፡ ምጽንናዕ፡ ፍስሃ፡ ጸጋ ምላእ። ኦ ጐይታ ንናህሪ ዕዳጋ ዕገት፡ ንዕዳጋና ብሰማያዊ በረኸትካ ምላእ። ኦ ጐይታ ነዛ ዓመት እዚኣ ብርህራሄኻ ባርካ፡ ኦ ጐይታ ነዝርእትን ነትክል ትን ፈልስን፡ ፍረ ምድርን፡ ልክዕ ከምቲ ንደቂ እስራኤል ኣብ ማእቶት ሻዱሽይቲ ዓመት ዝባረኽካ በረኸትካ ኣብዝሕ።

ኦ ጐይታ ንጉባኤና ንኹሉ ኦርቶዶክሳዊ ተዋህዶ ጉባኤን ባርኽ፡ ንቅዱስ ኣቦና ፓትርያርክ ኣቡነ ...................... ናይ እዚ ዘለናዮ ዘመን ፓትርያርክ ብህይወት ዓቅበልና። ኦ ጐይታ ንዕኡን ንህዝቡን ካብ ኩሉ ውርደትን፡ ፈተናን፡ ሓዘንን፡ ኣድሕኖ። ከምኡ'ውን ኣብ ሃዋርያዊ ኣገልግሎቱ ደገፍቱ ኣቦታትና፡ ጳጳሳት ኣቦታትና ኤጲስ ቆጶሳት፡ ኣቦታትና ቆሞሳት፡ ኣቦታትና ቀሳውስት፡ ኣሕዋትና ድያቆናት፡ ኣቦታትና መነኮሳት፡ ኣቦታትናን ኣዴታትናን ምእመናን ምእመናትን፡ ከምኡ'ውን እዞም ሕጂ ኣብዚ ምሳና ተኣኪቦም ዝጽልዩ ዘለዉን፡ ኩሉ ጸሎት ኦርቶዶክሳውያንን፡ እንሆ ምእንቲ ሕድገት

ሓጢኣቶምን ድሕነት ነፍሳቶምን ንልምን። ባርኽናን ባርኾምን፡ ፍትሓናን ፍትሓዮምን። ብቀትርን ብጸላምን፡ ብግሁድን ሕቡእን፡ ብፍታውን ብግደፈታን፡ ብዝሓለፈን ብዝመጽእን፡ ሓጢኣትናን ሓጢኣቶምን ሓዲግካ መሓረናን መሓሮምን። ኦ ጐይታ ንጉባኤታት ቅድስቲ ቤተ ክርስትያንካ ዘለኣለማዊ ዕብየት ሃብ። ኦርቶዶክሳውያን ገዳማትና፡ ሽማግለታትን ኣገልገልትን መራሕተንን ንኹሎም ኣብኣን ንዝነብሩ፡ ሰላምን፡ ህድኣትን፡ ፍቕርን፡ ምትእምማንን ኣብኦም ኣሕድር። በታ ጽንዕቲ ኢድካን ሓያል ቅልጽምካን ዕቀቦም። እቲ ክፉእ ጸላኢ ሰናያት ብቐጥታ ይኹን ብኢደ ኣዙር ኣብ ልዕሌናን ኣብ ልዕሊኦምን ንኽወቅዕ ዕድል ኣይትሃቦ፡ ኣብ ትሕቲ ኣእጋርናን ኣእጋሮምን ይረገጽ።

ኦ ጐይታ ካብቲ ዝርአን ዘይርአን ክፉእ ፈተነታት፡ ካብ ተንኮልን ውድቀትን ሓልወና። ኦ ጐይታ ንኣቦታትናን፡ ኣደታትናን፡ ኣሕዋትናን፡ ኣሓትናን፡ ስድራናን፡ ኣዝማድናን፡ መምህራንናን፡ ስጋውያንን መንፈሳውያንን ደቅናን፡ ንኹሎም ዉሉድ ጥምቀትን ብሓባር ዘክር። ኦ ጐይታ ነቶም ካብ ገንዘቦምን ረሃጾምን

ዝመገቡና፡ ኣብ ኣባይቶም ዝተቀበሉናን፡ ካብ ርካቦም ንዝለገሱልናን ዘክር። ኦ ጐይታ ነቲ ሓላፊ ብነባሪ፡ ነቲ ምድራዊ ብሰማያዊ ተክኣሎም፡ ኣባይቶምን፡ ማዕከናምን ብኹሉ ሰናያት ምላእ። ኦ ጐይታ ንሓንቲ፡ ብሰላሳን፡ ስሳን፡ ሚእትን ኣኻዕብተሎም። ኦ ጐይታ ሓጢኣቶም ሓዲግካ ርስተ መንግስተ ሰማያት ኣካፍሎም። ኦ ጐይታ ነቶም ስለ ፍቅርኻን፡ ንኽብሪ ስምካን ኢሎም፡ ብጽቡቅ ገጽ ንዓናን፡ ንመሳኪን ኣሕዋትናን ጽቡቅ ግብሪ ንዝገብሩ ዘክሮምን ባርኾምን። ኦ ጐይታ ብመባእን ብቊርባንን ብመስዋእትን ብወይንን ብዘይትን ብዕሽርን በኹራትን፡ ብዕጣንን ብመጋረጃን፡ ብመብጽዓን፡ ብመጻሕፍተ ንባባትን፡ ኣቕሑ ቤት መቅደስን ብምሃብ ንዚግደሱ ዘክሮም። ኦ ጐይታ ንህያባቶም ብሕድገት ሓጢኣት ተክኣሎም። ኣብ ምድሪ ሕጉስ መዋእል፡ ኣብቲ ዝመጽእ ከኣ ናይ ዘለኣለም ህይወት ሃቦም።

ኦ ጐይታ ነቶም ብጐይታና ኢየሱስ ክርስቶስ ኣብ ቅኑዕ እምነት ነይሮም ቀዲሞሙና ንዝዓረፉ ኣቦታትናን ኣዴታትና ኣሕዋትናን ኣሓትናን ዘክሮም። ኦ ጐይታ ነፍሶም ብሓበራ ኣብ ሕቑፊ

ኣቦና ኣብራሃምን ይስሓቅን ያዕቆብን፡ ኣብ ገነት ሃገረ ህያዋን ኣዕርፎም። ነቶም ብህይወት ዘለና ኸኣ ነፍስና ንምድሓን ርድኣና። ንህይወትና'ውን ከምቲ ሰናይ ፍቓድካ ፍትሓያ። ኦ ጐይታ ኣነ ንዑቅን ምግዱርን፡ ድኹምን ሓጢኣተኛን መከረኛን፡ ኣብ ቅድሜኻ ከቀውም ዘይበቅዕ ኢየ'ሞ ዘክረኒ። ብምኽንያት ብዝሒ ሓጢኣተይን ገበነይን ኣይትንጸገኒ። ኦ ጐይታ ንድሕነት ህዝብኻ ኩሉ ግዜ ትእምርተ መሕወዪ መስቀልካ ኣልዕል፡ ኦ ጐይታ ምሕረትካ ንዝጽበዩ፡ ደገፍካ ድማ ንዝግግዝኡን ንግፋዓትን ኣውርድ። ኦ ጐይታ ንዓናን ንኩሎም ኣብ ጸበባ ዘለዉ ህዝብኻን ኣድሕን። ንዝሓመሙ ኣሕውዮም፡ ኦ ጐይታ ንኹሉ ክርስትያን ህዝብኻ ካብ ምብራቅ ጸሓይ ክሳብ ምዕራብ፡ ካብ ሰሜን ክሳብ ደቡብ፡ ኣብዚ ሕጂ ምሳና ዘለዉን ንዘየለውን ብኣምላኻዊ ቃልካ ንክባረኹን ክፍትሑን ኣብቅዓየም። ከምቲ ነቲ ኣብ የማንካ ዝተሰቅለ ሽፍታ ኣብ ዕጸ መጽቀል ከለኻ ልመንኡ ተቀቢልካ ኣብ ገነት ዘእተኻዮ፡ ንዓና'ውን ተቐበለና።

ጸሎት ፍርቂ ለይቲ

ኦ ጐይታ ንዘኽተማት፡ ንመበለታት፡ ንዝተጨውዩ፡ ንሱንኩላን፡ ንኹሎም እቶም ዘካሪ ዘይብሎምን ዘክር። ኦ ጐይታ ንዓናን ንዕኦምን ኣብ ኢየሩሳሌን ሰማያዊት ተዘከረና። ኦ ጐይታ ደው ዝበሉን፡ ኮፍ ዝበሉን፡ ደቂሶም ንዘለውን፡ ግምስስ ንዝበሉን፡ ብምድርን፡ ብባሕርን፡ ብኣየርን፡ ንዝገሹ፡ ኣብ ጽንኩር መገዲ፡ ኣብ ቀሊል መገዲ፡ ኣብ ስንጭሮታት፡ ኣብ መገዲ ኣጋር፡ ኣብ ጐቦታት፡ ኩርባታትን ባዓትታትን ዘለዉ፡ ኣብ ሓለዋ፡ ኣብ ትሕቲ ቀይዲ፡ ኣብ ምርኮን ስደትን ዘለዉ፡ ብጽኑዕ ማእሰርቲ ጸላኢ ስናያትን ብባዕዳውያን ገዛእትን ንዝተኣሰሩን ዘክር። ንኹሎም ከኣ ብጥዕያቶምን ብዓወትን፡ ብረብሓን መኽሰብን፡ ብጥዕና ነፍስን ስጋን መንፈስን፡ ምድሓንን ደስታን፡ ሓጐስን፡ ኣብ ዝርኮቦ ቦታ ምለሶምን ኣእትዎምን። ኦ ጐይታ ኢየሱስ ክርስቶስ እዛ ጸሎትና እዚኣ ኣብ ቅድሜኻ ብዘይ ተንኮል፡ ብዘይ ትዕቢት፡ ብዘይ ኩርዓት፡ ብዘይ ጃህራ፡ ብዘይ መንቅብ ቅብልቲ ንኽትከውን ግበር። ኦ ኣምላኽ ፍቓድካ ክንገብርን፡ ብትእዛዛትካ ክንመላለስን ርድኣና። ካብቲ ቅድሚ ሞትን ኣብ ጊዜ ሞትን፡ ድሕሪ ሞትን ዘሎ ስቅያት

ኣድሕነና። ኦ ኣምላኽ ንስኻ ርህሩህ፡ በዓል ነዊሕ ትዕግስትን ምሕረትን ኢኻ። ኦ ኣምላኽ ኣፍደገታት ቤተ ክርስትያንካ ኣብ ቅድሚ ገጽና ንነዊሕ ዘመናትን መዋዕልን ክሳብ ዘለኣለም ኣለም ርሕውቲ ግበራ።

ኦ ኣምላኽ ከምቲ ዓቢ ምሕረትካ መሓረና። በታ ማዕከን ንጽህናን ቀንዲ ወሃቢት በረኸትን ዝኾነት ኣማላድነት፡ ናይ ኣደ ኹልናን ንግስትናን ሓበን ዓሌትናን፡ ፍጽምቲ ድንግል ምዕዝቲ ማርያም፡ ብኣማልድነት ክቡር ሰማእት ቅዱስ ማርቆስ ወንጌላዊ ናይ ሃገር ግብጺ ሰባኺ ሃዋርያ፡ ብኣማላድነት ኹሎም መላእኽትን፡ ኣቦታት ነበያትን ሃዋርያትን ሰማእታትን ቅዱሳንን፡ ብጸሎት እቶም ዝጸሙን ዝጽልዩን ዝጋደሉ ስዉራን ባሕታውያንን ኩሎም እቶም ካብ ኣዳም ኣትሒዞም ክሳብ መወዳእታ ዘመናት ብሰናይ ተግባሮም ንዓኻ ዘስመሩን ዘክረልና።

*ኦ ስሉስ ቅዱስ፡ ኣብን ወልድን መንፈስ ቅዱስን ንዓኻ ንሰግድ፡ ሎምን ኩሉ ሳዕን ንዘለኣለም ኣለም፡ ኣሜን።*

# ውዳሴ ማርያም

## ብትግርኛ

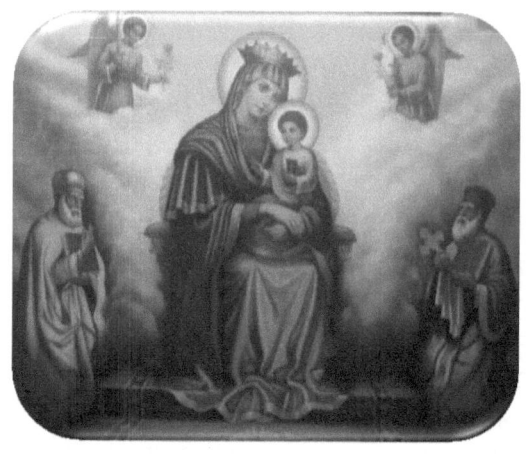

**እንሆ ካብ ሕጂ ኹሎም ወለዶ ብጽዕቲ ክብሉኒ እዮም (ሉቃ. 1:49)።**

# ጸሎት ዘዘውትር

*ቅድም ናይ ዘውትር ጸሎት ኣብጽሕ፡ ገጽ 1-11*

## ውዳሴ ማርያም ናይ ሰኑይ

*ብዕለት ሰኑይ ዝንበብ ናይ ኣዴና ቅድስቲ ድንግል ማርያም ወላዲተ ኣምላኽ ምስጋና*

ጐይታ ነቲ ሕዙንን ጉሁይ ልብን ዝኾነ ኣዳም፡ ናጻ ከውጽኦን ናብቲ ናይ ቀደም ቦታኡ ክመልሶን ፈተወ፡ **ኦ ቅድስት ድንግል ለምንልና።**

ጐይታ ብስጋ ካብ ቅድስት ድንግል ብዘይ ዘርኢ ሰብኣይ ተወሊዱ ኣድሓነና። ንሔዋን ነታ ተመን ዘስሓታ እግዚኣብሄር ንሕማምክን ጻዕርኽን ኣዝየ ከብዝሖ እየ ብምባል ኣብ ልዕሊኣ ዝፈረዶ፡ ልቡ ፍቅሪ ሰብ ስለ ዝሰሓቦ ናጻ ኣውጺኡና እዩ'ሞ፡ **ኦ ቅድስት ድንግል ለምንልና።**

ኢየሱስ ክርስቶስ እቲ ስጋ ዝለበሰ ቃል ኣባና ሓደረ፡ ንሕና'ውን ከምቲ ነቦኡ ሓደ ዝኾነ ወዲ ዝረኸቦ ክብሪ፡ ክብሩ ረኣና። ይቕረ ክብለልና ፈተወ፡ **ኦ ቅድስት ድንግል ለምንልና።**

ነቢይ ኢሳይያስ ብመንፈስ ትንቢት ናይ ኣማኑኤል ምስጢር ረአየ፡ ነዚ ምስ ረአየ ድማ ሕጻን ተወሊዱልና ወዲ ተዋሂቢና፡ እናበለ ዓው ኢሉ ጨርሐ፡ **ኦ ቅድስት ድንግል ለምንልና።**

ኦ ወድ ሰብ ኩልኻ ተሓጐስ ደስ'ውን ይበልካ፡ እግዚኣብሄር ንዓለም ኣፍቂርዋ እዩ'ሞ ብእኡ ዝኣምን ኩሉ ምእንቲ ክድሕን፡ ነቲ ሓደ ወዱ በጃ ሃበ፡ ልዑል ቅልጽሙ'ውን ለኣኸልና፡ **ኦ ቅድስት ድንግል ለምንልና።**

ቅድሚ ዓለም ዝነበረን ዓለም ኣሕሊፉ ዝነብርን፡ ንድሕነት ዓለም ዝመጸን፡ ዓለም ከሕልፍ ዝመጽእን፡ ኢየሱስ ክርስቶስ ሰብ ዝኾነ ቃል፡ ካባኺ ብዘይ ምልዋጥ ስጋ ለበሰ፡ ፍጹም ሰብ ኮነ፡ ብኹሉ ግብሩ ሓደ ወልድ ኸሎ ካባና ኣይረሓቀን ኣይተፈልየን፡ ንሱ ሓደ ራእይ፡ ሓደ ህላዌ፡ ሓደ መለኮት፡ ቃል እግዚኣብሄር እዩ'ሞ፡ **ኦ ቅድስት ድንግል ለምንልና።**

ኦ ንነቢያት ሃገሮም ዝኾንኪ ቤተልሔም ተሓጐሲ ደስ ይበልኪ፡ ምኽንያቱ እቲ ዳግማይ ኣዳም ዝኾነ ክርስቶስ ኣባኺ ስለ ዝተወልደ፡

ምውላዱ ኸአ ነቲ ቀዳማይ ሰብ ኣዳም፡ ካብ ምድሪ (ሲኦል) ናብ ገነት ክመልሶ ናይ ኩነኔ (ሞት) ፍርዲ ክስዕር እዩ፡ "አ ኣዳም መሬት ኢኻ'ም ናብ መሬት ከአ ክትምለስ ኢኻ" ዝበሎ እዩ፡ ብዝሒ ሓጢኣት ኣብ ዘለዎ ጸጋ እግዚኣብሄር ይበዝሕ እዩ'ሞ፡ **ኦ ቅድስት ድንግል ለምንልና።**

ነፍሳት ደቂ ሰብ ኩሎም ይትሓጎሱ ደስ ይበሎም፡ ንንጉስ ክርስቶስ ከአ ምስ መላእኽቲ ኮይኖም ዓው ኢሎም የመስግንዎ "ንእግዚኣብ ሄር ኣብ ሰማያት ምስጋና ይኹን። ንደቂ ሰብ ከአ ኣብ ምድሪ ሰላም ይኹን" እናበሉ። እቲ ናይ ቀደም መርገምን ምኽሪ ጸላኢ ዲያብሎስን ኣፍሪሱ፡ ናይ ኣዳምን ሔዋንን መጽሓፍ ዕዳ ቀዲዱ ናጻ ጌርዎም እዩ። ንሱ ከአ እቲ ኣብ ሃገር ዳዊት ዝተወለደልና መድሓኒና ኢየሱስ ክርስቶስ እዩ'ሞ፡ **ኦ ቅድስት ድንግል ለምንልና።**

ኦ ጐይታ ኣብ ዓለም ንዝነብሩ ንኹሎም ደቂ ሰብ እተብርህ ናይ ብሓቂ ብርሃን፡ ምእንቲ ፍቕሪ ደቂ ሰብ ናብ ዓለም መጻእካ፡ ኩሉ ፍጥረት ከአ ብምምጻእካ ተሓጒሱ፡ ንኣዳም ካብ

ስሕተት (ፍዳ) ኣድሒንካዮ ኢኻ፡ ንሔዋን ካብ ጻዕረ ሞት ናጻ ጌርካያ ኢኻ፡ ንኹልና'ውን መንፈስ ውልድነት ስለ ዝሃብካና፡ ምስ መላእኽ ትኻ ሓቢርና ነመስግነካ ኣሎና፡ **ኦ ቅድስት ድንግል ለምንልና።**

## <u>ውዳሴ ማርያም ናይ ሰሉስ</u>

*ብዕለት ሰሉስ ዝንበብ ናይ ኣዴና ቅድስት ድንግል ማርያም ወላዲተ ኣምላኽ ምስጋና*

ኣኽሊል ትምክሕትና፡ ጀማሪት ድሕነትና፡ መሰረት ንጽህናና ብድንግል ማሪያም ኮነ፡ ምእንቲ ድሕነትና ሰብ ዝኾነ ኣካላዊ ቃል እግዚኣብሄር ወለደትልና። ብርግጽ ሰብ ኮይኑ እንተ ተወልደ'ውን ፍጹም ኣምላኽ እዩ። ንሳ ብድንግልናኣ ከላ ወሊዳቶ እያ'ሞ ናይ ምውላዳ ሓይሊ ክንገር ኣደናቒ እዩ'ሞ **ኦ ቅድስት ድንግል ለምንልና።**

ጐይታ ኢየሱስ፡ ብፍቓዱን ብስምረት ኣቦኡን መንፈስ ቅዱስን መጺኡ ኣድሓነና። ኦ ፍጽምቲ ድንግል ማርያም ናይ ድንግልናኺ ክብሪ ዓቢይ

እዩ። እግዚኣብሄር ምሳኺ ስለ ዝኾነ ኸኣ ጸጋ ረኺብኪ ኢኺ፡ ንስኺ እታ ያዕቆብ ካብ ምድሪ ክሳብ ሰማይ እትበጽሕ፡ መላእኽቲ እግዚኣብሄር ከኣ ብኣኣ ክድይቡን ክወርዱን ዝረአያ መሳልል ኢኺ'ሞ፡ **ኦ ቅድስት ድንግል ለምንልና።**

ሙሴ ብሃልሃልታ ሓዊ ተኸቢባ ኸላ እም ዘይተቃጸለት ዝረኣያ ገረብ (ዕጸ) ንስኺ ኢኺ፡ ንሱ ኸኣ ወዲ እግዚኣብሄር መጺኡ ኣብ ከርስኺ ዝሓደረ፡ ናይ መለኮቱ እሳት ድማ ኣየቃጸለክን እሞ፡ **ኦ ቅድስት ድንግል ለምንልና።**

ዘርኢ ከይተዘርአ ፍረ ህይወት ዘፍረኺ ግራት ንስኺ ኢኺ፡ ከምኡ'ውን እታ ዮሴፍ ዝተሻየጣ ኣብኣ ከኣ ክቡር ዕንቍ ዝረኸበላ መዝገብ (ሳንዱቕ) ንስኺ ኢኺ፡ ንሱ ድማ መድሓኒና ኢየሱስ ክርስቶስ እዩ። ኣብ ከርስኺ ጹርክዮ ኣብዚ ዓለም'ውን ወሊድክዮ ኢኺ'ሞ፡ **ኦ ቅድስት ድንግል ለምንልና።**

ንመላእኽቲ ሓጐሶም ዝኾነ ጐይታ ዝወለድኪ ደስ ይበልኪ፡ ንነቢያት ዜና ትንቢቶም ዝኾንኪ ኦ ንጽህቲ ድንግል ደስ ይበልኪ፡ እግዚኣብሄር

ምሳኺ ስለ ዝኾነ ሞገስ (ጸጋ) ረኺብኪ ኢኺ'ሞ ደስ ይበልኪ፡ ንኹሉ ዓለም ደስ ዘብል ቃል መላኣኽ ተቀቢልኪ ኢኺ'ሞ ደስ ይበልኪ፡ ኦ ንኹሉ ዓለም ዝፈጠረ ጐይታ ዝወለድኪ ኣደ ደስ ይበልኪ፡ **ኦ ቅድስት ድንግል ለምንልና።**

ኦ ወልዲት ኣምላኽ ብቕዕቲ ኣደ ተባሂልኪ ኢኺ'ሞ ደስ ይበልኪ፡ ኦ ንሔዋን መድሓኒታ ዝኾንኪ ኣደ ደስ ይበልኪ፡ ነቲ ንኹሉ ፍጥረት ዝምግብ ጐይታ ጸባ ዘጥቦኺ ኣደ ኢኺ'ሞ ደስ ይበልኪ፡ ኦ ቅድስቲ ናይ ኩሎም ህያዋን (ጻድቃን) ኣደ ኢኺ'ሞ ደስ ይበልኪ፡ ምእንቲ ክትልምንልና ከኣ ናባኺ ኣቶኲርና ንጥምት ኣሎና'ሞ፡ **ኦ ቅድስት ድንግል ለምንልና።**

ኦ ድንግል፡ ኦ ቅድስት፡ ኦ ወላዲተ ጐይታ፡ ንድሕነትና ብዘደንቅ ምስጢር ኣባኺ ምስ ሓደረ፡ ንጉስ ወሊድክልና ኢኺ'ም፡ ነቲ ገባር ሰናያት ብዛዕባ ዕቤቱ ከነዘንቱ፡ ጀሚርና'ውን ክንፍጽምን ስለ ዘይንኽእልን ኢና እሞ፡ ስቕ ንብል። ዕቤቱ ኣዝዩ ብዙሕ ኣደናቒ ትርኢት እዩ'ሞ፡ **ኦ ቅድስት ድንግል ለምንልና።**

ኣብ ደብረ ሲና ዝወረደ ሕያው ናይ ኣብ ቃል፡ ንሙሴ ሕጊ ዝሃበ ብግመን ብትከን ብጸልማትን ብንፋስን ርእሲ ናይቲ ደብሪ ዝሸፈነ ከምኡ'ውን ብድምጺ መለኸት ነቶም ብፍርሃት ዝቖሙ ዝገንሕ እዩ'ሞ፡ **ኦ ቅድስት ድንግል ለምንልና።**

ኦ ብትሕትና እትዛረብ ደብሪ እቲ ናባኺ ዝወረደ፡ መፍቀር ሰብ ዝኾነ ጐይታ ብዘይ ምልዋጥ ካባኺ ስጋ ለበሰ፡ ከማና ፍጹም ዝዛረብ ሰብ ኮነ፡ እዚ ድማ ብመንፈሳዊ ጥበብ ኣምላኽ ኣብ ልዕሌኣ ሓደረ፡ ፍጹም ሰብ ኮነ፡ ንኣዳም ምእንቲ ከድሕኖን ሓጢኣቱ ክሓድገሉ ኣብ ሰማያት'ውን ከንብሮን፡ ብብዝሒ ይቕሬታ ኡን ምሕረቱን ከኣ ኣብቲ ናይ ጥንቲ መንበሩ ክመልሶ እዩ'ሞ፡ **ኦ ቅድስት ድንግል ለምንልና።**

ናይ ድንግል ዕብየታ ክንገር ኣይከኣልን እዩ፡ ምኽንያቱ ጐይታ ሓርዩዋስ መጺኡ ኣብኣ ሓዲሩ እዩ፡ ማንም ክቐርቦ (ክምርምሮ) ዘይክእል እቲ ኣብ ብርሃን ዝሓድር ኣምላኽ ትሸዓተ ወርሒ ኣብ ከርሳ ተጸውረ፡ ነቲ ዘይርኣን ዘይምርመርን ማርያም ግና ብድንግልና ወሊድክዮ ኢኺ'ሞ፡ **ኦ ቅድስት ድንግል ለምንልና።**

ነቢይ ዳንኤል ዝረአዮ እምኒ ኢድ ከይተንከፎ ካብ ነዊሕ እምባ ዝተፈንቀለ፡ ንሱ ካብ ኣብ ዝወጸ ቃል እዩ፡ መጺኡ ከኣ ብዘይ ዘርኢ ሰብኣይ ካብ ድንግል ሰብ ኮይኑ ኣድሒኑና እዩ'ሞ፡ **ኦ ቅድስት ድንግል ለምንልና።**

ንስኺ ንጽሕቲ ጨንፈር ናይ እምነት መቀመጢ (ሙዳይ) ኾንኪ፡ ኦ ንጽህቲ ወላዲት ኣምላኽ ንቅዱሳን ኣቦታትና ቅንዕቲ ሃይማኖቶም ኢኺ፡ ብድንግልና ስጋን ነፍስን ሕትምቲ ኢኺ፡ ንቃል-ኣብ ኢየሱስ ክርስቶስ ወለድክልና፡ ንሱ'ውን መጺኡ ኣድሒኑና እዩ'ሞ፡ **ኦ ቅድስት ድንግል ለምንልና።**

ንስኺ ኣደ ብርሃን ክብርቲ ወላዲት ጐይታ ኢኺ፡ ነቲ ዘይርኤ ቃል ዝጾርክዮ፡ ንዕኡ ምስ ወለድኪ ድማ ብድንግልና ዝነበርኪ ብምስጋናን ብባርኾትን የኽብሩርኺ እዮም እሞ፡ **ኦ ቅድስት ድንግል ለምንልና።**

ብዛዕባ ክብርኺ ከዘንቱ ዝኽእል ኣየናይ ልሳን እዩ፡ ኦ ንጽህቲ ድንግል ኣዲኡ ንቃል-ኣብ፡ ነቲ ኪሩቤል ዝስከምዎ ንጉስ መንበሩ ኮንኪ፡ ኦ

ብርኽትን ብጽዕትን ንብለኪ፡ ኣብ ኩሉ ዉሉድ ወለዶ ስምኪ ንዝክር፡ ኦ መልከዐኛ ርግቢ ንጐይታና ኢየሱስ ክርስቶስ ኣዲኡ ኢኺ'ሞ፡ **ኦ ቅድስት ድንግል ለምንልና።**

ኣደን ኣገልጋሊትን ዝኾንኪ ማርያም ኣብ ሕቍፎኺ ዘሎ ጐይታ መላእኽቲ የመስግንዎ እዮም'ሞ ደስ ይበልኪ፡ ኪሩበል'ውን ብፍርሃት ይሰግዱሉ፡ ሱራፌል ድማ ብዘይ ምቁራጽ ክንፎም ዘርጊሖም እዚ እቲ ናይ ምስጋና ንጉስ እዩ ይብሉ፡ ንሱ ብብዝሒ ምሕረቱ ሓጢኣት ዓለም ክድምስስ መጺኡ እዩ'ሞ፡ **ኦ ቅድስት ድንግል ለምንልና።**

## <u>ውዳሴ ማርያም ናይ ሮቡዕ</u>

*ብዕለት ሮቡዕ ዝንበብ ናይ ኣዴና ቅድስት ድንግል ማርያም ወላዲት ኣምላኽ ምስጋና*

ናይ ሰማያት ሰራዊት ኩሎም ንስኺ ብጽዕቲ ኢኺ ይብሉ፡ ኣብ ልዕሊ ምድሪ ዘላ ካልኣይቲ ሰማይ ምብራቃዊት ኣፍ ደገ ድንግል ማርያም እያ፡ ፍሉይ መርዓዊ ዘለዋ ንጽሕቲ ቤተ ከብካብ

ኢኺ። እግዚኣብሄር ኣብ ሰማይ ኮይኑ ጠመተ እሞ ከማኺ ዝበለት ኣይረኸበን፡ ስለዚ ንሓደ ወዱ ለኣኾ'ም ካባኺ ሰብ ኮነ፡ **ኦ ቅድስት ድንግል ለምንልና።**

ኦ እግዝእትነ ማርያም ወላዲተ ኣምላኽ፡ ኩሎም ወለዶ ንዓኺ ንበይንኺ የመስግኑኺ። ኦ ሃገረ እግዚኣብሄር ነብያት ኣብ ልዕሌኺ ዓቢይን ዘደንቅን ትንቢት ተነበዩልኪ፡ ንስኺ ነቶም ሕጉሳት ጻድቃን መሕደሪት ስለ ዝኾንኪ፡ ኩሎም ነገስታት ምድሪ ከኣ ብብርሃንኪ ይመላለሱ፡ ኣሕዛብ'ውን ብጩራኺ ይኸዱ፡ ኦ ማርያም ኩሉም ወለዶ የመስግኑኺ፡ ነቲ ካባኺ ዝተውልደ ድማ ይሰግዱሉን የኽብርዎን እዮም እሞ፡ **ኦ ቅድስት ድንግል ለምንልና።**

ዝናብ ዘለዎ ማይ ሒዝኪ ዝተረኣኺ ናይ ብሓቂ ደበና ንስኺ ኢኺ፡ እግዚኣብሄር ኣብ፡ ናይቲ ሓደ ወዱ ምልክት ገበረኪ፡ መንፈስ ቅዱስ ኣባኺ ሓደረ፡ ሓይሊ ልዑል ከኣ ኣጽለለኪ፡ ኦ ማርያም ንዘለኣለም ነባሪ ዝኾነ ቃል ወልደ-ኣብ ብሓቂ ወለድኪ፡ ንሱ ከኣ መጺኡ ካብ ሓጢኣት ዘድሓነና እዩ። ኦ ገብርኤል መልኣኽ ኣበሳሪ

ሓጐስ ብሩህ ገጽ፡ ንዓኺ ዝተዋህበ ክብሪ ዓቢይ እዩ፡ ናባና ዝመጸ ልደት ጐይታ ነገርካና፡ ንቅድስት ድንግል ማርያም ድማ ኦ ምልእተ ጸጋ እንግዚአብሄር ምሳኺ እዩ'ሞ ደስ ይበልኪ እናበልካ ብንጽህና ከም እትጠንስ አበሰርካያ፡ **ኦ ቅድስት ድንግል ለምንልና።**

ኦ ማርያም ጸጋ ረኺብኪ፡ መንፈስ ቅዱስ ኣባኺ ሓደረ፡ ሓይሊ ልዑል ከኣ ኣጽለለኪ፡ ኦ ማርያም ብሓቂ ንኹሉ ዓለም መድሓኒኡ ዝኾነ ቅዱስ መሊድክልና፡ መጺኡ ከኣ ኣድሒኑና እዩ'ሞ፡ **ኦ ቅድስት ድንግል ለምንልና።**

ኣፍና (ልሳንና) ንናይ ኣዴና ቅድስት ድንግል ማርያም ግብሪ የመስግን፡ ሎሚ ንማርያም ወላዲተ ኣምላኽ ንወድሳ፡ ኣብ ከተማ ዳዊት ጐይታናን መድሓኒናን ኢየሱስ ክርስቶስ ካብኣ ስለ ዝተወልደ፡ ኣቱም ኣህዛብ ንማርያም ከነመስግና ንዑ፡ ንሳ ምስ ድንግልናኣ ኣደ ኮይና እያ። ኦ ንጽህቲ ድንግል ርኽስት ዘይብልኪ፡ ቃል-ኣብ መጺኡ ካባኺ ስጋ ስለ ዝለበሰ ደስ ይበልኪ፡ ኦ ርስሓት ዘይብልኪ ጽርይቲ፡ ነውሪ ዘይብልኪ ፍጽምቲ ሙዳይ ደስ ይበልኪ፡

ምእንቲ እቲ ቀዳማይ ሰብ ኣዳም፡ ካልኣይ ኣዳም ዝኾነ ክርስቶስ መሕደሪኡ ዝኾንኪ ነባቢት ገነት ደስ ይበልኪ፡ ነቲ ካብ ሕቑፊ ኣቦኡ ዘይተፈልየ፡ ወልድ-ዋሕድ ጸዋሪቱ ዝኾንኪ ደስ ይበልኪ፡ ኦ ብኹሉ ናይ ምስጋና ስልማት ዝተሸለመት ንጽህቲ ቤት መርዓ ደስ ይበልኪ፡ ኦ እሳተ መለኮት ዘየቃጽላ ዕጻ ጳጦስ (ኪለዓው) ደስ ይበልኪ፡ ኦ ኣደን ገረድን ድንግል፡ ኣብ ልዕሊ ኪሩቤል ዝነብር ሰማያዊ ብስጋ ዝጾርኪ ሰማይ ደስ ይበልኪ፡ ስለዚ ብሓጐስን ብደስታን ምስ ቅዱሳን መላእኽቲ ንተሓጐስን ንዘምርን፡ ንእግዚኣብሄር ኣብ ሰማያት ምስጋና ይኹን፡ ኣብ ምድሪ ከኣ ሰላም ይኹን ንበል፡ ክብርን ምስጋናን ናቱ ዝኾነ ኣምላኽ ንዓኺ ሓርዩ እዩ'ሞ፡ **ኦ ቅድስት ድንግል ለምንልና።**

ካብ ክብሪ ኩሎም ቅዱሳን ናይ ቅድስት ድንግል ማርያም ክብሪ ይዓቢ፡ ከመይ ንሳ ንናይ ኣብ ቃል ንምቅባል ብቐዕቲ ኮይና ተረኺባ እያ'ሞ፡ ነቲ መላእኽቲ ዝፈርህዎ፡ ትጉሃት ኣብ ሰማያት ዘመስግንዎ፡ ድንግል ማርያም ኣብ ከርሳ ጸረቶ፡ ስለዚ ካብ ኪሩቤል ንሳ ትዓቢ፡ ካብ ሱራፌል ውን ትበልጽ፡ ንሳ ካብ ቅድስት ሰላሴ ንሓደ

ኣካል መሕደሪት (ታቦት) ኮይና እያ፡ ንነቢያት ሃገሮም ኢየሩሳሌም ንሳ እያ፡ ንኹሎም ቅዱሳን ደስ ኢልዎም ዝነብሩላ መሕደሪቶም እያ፡ ኣብ ጸልማትን ድነ ሞትን ዝነብር ህዝቢ ዓቢይ ብርሃን በረቐሎም፡ ኣብ ቅዱሳኑ ዝዓርፍ እግዚኣብሄር ንድሕነትና ካብ ቅድስቲ ድንግል ሰብ ኮነ፡ ስለዚ ነዚ መንክር ዝኾነ ነገር ከትርእዩ ንዑ፡ ምእንቲ እቲ ዝተገልጸልና ምስጢር ከኣ መዝሙር ዘምሩ (ምስጋና ኣቅርቡ)፡ ቅድሚ ሎሚ ሰብ ዘይኮነ ስለ ዝኾነ፡ ቃል እግዚኣብሄር ምስ ስጋና ተዋሃሂዱ እዩ፡ መጀመርቱኡ ዘይፍለጥ ቀዳማይ ንሱ እዩ፡ ዓመታቱ ዘይፍለጥ መለኮታዊ ኣምላኽ ብስጋ ዓመታት ተቖጽረሉ፡ ዘይፍለጥ ዝነበረ ተገልጸ፡ ዘይርአ ዝነበረ ተራእየ፡ ወዲ እግዚኣብሄር ህያው ብርዱእ ነገር ሰብ ኮነ፡ ኢየሱስ ክርስቶስ ትማልን ሎምን ንዘለኣለም'ውን ንሱ እዩ፡ ምስ ኣብን መንፈስ ቅዱስን ሓደ ህላዌ እዩ፡ ስለዚ ንዕኡ ንሰግደሉን ነመስግኖን፡ **እ ቅድስቲ ድንግል ለምንልና።**

ነቢይ ሕዝቅኤል ብወገን ምብራቕ ብዘደንቅ ዓብይ መፍትሕ ዝተዓጽወት ኣፍ ደገ ረኣኹ ኢሉ ብዘዕባኣ መስከረ፡ ብዘይካ እቲ ናይ ሓያላን

ጐይታ ናብኣ ዝኣተወ፡ ናብኣ ኣትዩ'ውን ዝወጸ የልቦን፡ ዝበለኪ ንስኺ ኢኺ'ሞ፡ **ኦ ቅድስት ድንግል ለምንልና።**

ኣፍ ደገ ዝተባህለት ከኣ ንመድሓኒና ዝወለደት ድንግል እያ፡ ንዕኡ ድሕሪ ምውላዳ'ውን ከም ቀደማ ብድንግልና ነበረት፡ ፍረ ከርስኺ ኢየሱስ ክርስቶስ ቡሩኽ እዩ፡ ካብቲ ምሕረት ዘይብሉ ኢድ ጸላኢ መጺኡ ዘድሓነና ጐይታ ዝወለድኪ ኣደ፡ ንስኺ ፍጽምትን ብርኽትን ኢኺ፡ በቲ ጐይታ ኽብሪ ናይ ብሓቂ ኣምላኽ፡ ሞገስ ረኺብኪ ኢኺ፡ ስለዚ ኣብዚ ምድሪ ካብ ዝነብሩ ኩሎም ንዓኺ ዕብየትን ክብርን ይግባእ፡ ቃል-ኣብ ኢየሱስ ክርስቶስ መጺኡ ካባኺ ሰብ ኮነ (ካብ ስጋኺ ስጋ፡ ካብ ነፍስኺ ነፍሲ ወሲዱ ተዋሃደ)፡ ምስ ሰባት ከኣ ነበረ (ተመላለሰ)፡ ንሱ መሓርን መፍቀር ሰብን እዩ፡ ብፉሉይ ምጽኣት ከኣ ንነፍስና ኣድሒኑ እዩ'ሞ **ኦ ቅድስት ድንግል ለምንልና።**

## ውዳሴ ማርያም ናይ ሓሙስ

*ብዕለት ሓሙስ ዝንበብ ናይ ኣዴና ቅድስት ድንግል ማርያም ወላዲት ኣምላኽ ምስጋና*

እታ ሙሴ ብሃልሃልታ ሓዊ ተኸቢባ ከላ፡ ጨናፍራ ከአ ዘይትቃጸል ኣብ በረኻ ዝራኣያ ኦም (ኪለዓው) ንድንግል ማርያም ትምስል፡ ካብኣ ብዘይ ርኽሰት ቃል-ኣብ ሰብ ኮነ፡ ናይ መለኮቱ ሃልሃልታ ድማ ንድንግል ኣየቃጸላን፡ ምስ ወለደቶ ብድንግልናኣ ተረኺበት፡ብመለኮቱ ምሉእ ከሎ ከኣ ፍጹም ሰብ ኮነ፡ ንሱ እቲ ሓቀኛ ኣምላኽ መጺኡ ኣድሒኑና እዩ'ሞ፡ **ኦ ቅድስት ድንግል ለምንልና።**

ኦ እግዝእትነ ማርያም ኣደ ኣምላኽ ነዕብየክን ነኽብረክን ኣሎና እሞ በረኸትኪ ኣብ ልዕሊ ኩልና ይኹን።

ድንግል ማርያም ወላዲተ ኣምላኽ ናይ ኩልና መመከሒት እያ፡ እቲ ቀደም ኣብ ባህሪና (ወለዶና) ተፈሪዱ ዝነበረ መርገም ብኣኣ ተሳዒሩ እዩ፡ እታ ሰበይቲ ብዝገበረቶ ዓመጽ፡ ካብ ዝተኸለከለት ፍረ ኦም በልዐት፡ በዚ

ምኽንያት'ዚ ድማ ብሔዋን ኣፍ ደገ ገነት ተዓጽወ ብድንግል ማርያም ግና ከም ብሓድሽ ተኸፍተልና፡ ካብ ዕጸ-ሕይወት ከኣ ከንበልዕ ዓደለና፡ ንሱ ከኣ ናይ ጐይታና ኢየሱስ ክርስቶስ ቅዱስ ስጋኡን ክቡር ደሙን እዩ፡ ምእንቲ ፍቕርና ከኣ መጺኡ ኣድሓነና፡ ነዚ ዝንገረና ዘደንቕ ምስጢር ክፈልጥ ዝኽእል ኣእምሮስ ኣየናይ እዩ! ኣየናይ ልቢ፡ ኣየናይ ልሳን፡ ወይ ኣየናይ እዝኒኸ እዩ፡ እግዚኣብሄር መፍቀር ሰብ እዩ፡ ንሱ ሓደ በይኑ ናይ ኣብ ቓል፡ ብመለኮቱ ብዘይ ጉድለት ቅድሚ ዓለም ዝነበረ ኣምላኽ እዩ፡ ንሱ እቲ ነቦኡ ሓደ ወዱ ዝኾነ፡ ካብ ኣቦኡ መጺኡ ካብ ቅድስት ድንግል ማርያም ሰብ ኮነ፡ ምስ ወለደቶ ድማ ማሕተም ድንግልናኣ ኣይተለወጠን፡ ስለዚ ንሳ ወላዲት ኣምላኽ ከም ዝኾነት ተረጋገጸ፡ ናይ እግዚኣብሄር ሃብቲ ጥበቡስ ክንደይ ይረቅቕን ክንደይ የደንቕን እዩ! እታ ብጻዕርን ብሕማምን ብሓዘን ልብን ክትወ ልድ ዝተፈርዳ ከርሲ ምንጪ ማይ ህይወትን ድሕነትን እምበር ኮነት! ካብ ወገናት ደቂ ኣዳም ከኣ መርገም ዝስዕር ብዘይ ዘርኢ ሰብኣይ ወለደት፡ ስለዚ ኦ መፍቀር ሰብ ምስጋና ንዓኻ ይኹን እናበልና ነመስግኖ፡ ንሱ ሕያዋይን

መድሓን ነፍሳትናን እዩ'ሞ፡ **ኦ ቅድስት ድንግል ለምንልና።**

ብዘይ ዘርኢ፡ ኣምላኽ ዝወለደት ድንግል ሓይሊ ከርሳ ከመይ ዝበለ ዘደንቕን ዕጹብን እዩ፡ እቲ ንዮሴፍ ዝተገልጸሉ መልኣኽ ከምዚ እናበለ መስከረ፡እቲ ካብኣ ዝውለድ ቃል እግዚኣብሄር፡ ብግብሪ መንፈስ ቅዱስ እዩ፡ ብዘይ ምልዋጥ ከኣ ሰብ ኮነ፡ ድርብ ሓጐስ ንዝኾነ ጐይታ ድንግል ማርያም ወለደቶ፡ ወዲ ክትወልዲ ኢኺ፡ ስሙ ከኣ ኣማኑኤል ክበሃል እዩ፡ ትርጉሙ እግዚኣብ ሄር ምሳና እዩ በላ፡ መሊሱ'ውን ንህዝቡ ካብ ሓጢኣቶም ክድሕኖም እዩ'ሞ ኢየሱስ ክበሃል እዩ በላ፡ ብሓይሉ ክድሕነና ሓጢኣትና ክሓድገልና እዩ፡ ንሱ እቲ ሰብ ዝኾነ ብርግጽ ኣምላኽ ከም ዝኾነ'ውን ፈሊጥናዮ ኢና'ሞ ንዘለኣለም ምስጋና ንዕኡ ይኹን። ኣብየት! እዚ ካብ ቅድስት ድንግል ማርያም ናይ ኣምላኽ ልደት ከመይ ዝበለ ኣደናቒ ነገር እዩ! ነቲ ቃል ክትጸሮ ከኣለት፡ ንልደቱ ዘርኢ ምኽንያት ኣይኮኖን፡ ብምውላዱ ከኣ ማሕተም ድንግልናኣ ኣይለወጠን፡ ካብ ኣብ ብዘይ ድኻም ቃል ወጸ፡ ካብ ድንግል ከኣ ብዘይ ሕማም ተወልደ፡ ንዕኡ

ሰብኣ ሰገል ሰገዱሉ፡ ኣምላኽ ስለ ዝኾነ ዕጣን ኣምጽኡሉ፡ ንጉስ ስለ ዝኾነ ከኣ ወርቂ ኣምጽኡሉ፡ ንዕለተ ሞቱ ዝወሃቦ'ውን ከርበ ኣምጽኡሉ፡ መሕወዪ ዝኾነ ጐይታ ምእንታና እዚ ኩሉ ተቐበለ፡ ንሱ ሓደ በይኑ መፍቀር ሰብ እዩ'ሞ፡ **ኦ ቅድስት ድንግል ለምንልና።**

እግዚኣብሄር ካብ ጐኒ ኣዳም ሓደ ዓጽሚ ምውሳዱ ዘደንቕ ነገር እዩ፡ ካብኡ በቲ ዝወሰዶ ዓጽሚ ንሔዋን ፈጠረ፡ ካብኣቶም ከኣ ኩሎም ደቂ ሰባት ገበረ፡ ቃል-ኣብ ጐይታ'ውን ካብ ቅድስት ድንግል ስጋ ለበሰ፡ ሰብ ኮነ፡ ኣማኑኤል ከኣ ተባህለ፡ ምእንትዚ ናብ ፍቑር ወዳ ከተማልደልና ኩሉ ጊዜ ናብኣ ንለምን፡ ንሳ ብኹሎም ቅዱሳንን ሊቃነ ጳጳሳትን ሕያወይቲ እያ፡ ነቲ ክጽበዩዎ ዝጸንሑ ጐይታ ኣምጺኣትሎም እያ፡ ነቶም ምእንትኡ ዝተነበዩ ነቢያት'ውን ኣምጺኣትሎም እያ፡ ነቶም ኣብ ኩሉ ዓለም ብስሙ ዝሰበኹ ሃዋርያት'ውን ወሊዳትሎም እያ፡ ምእንትኡ ንዝተጋደሉ ሰማዕታትን ምእመናንን እውን ካብኣ ተረኺቡሎም እዩ፡ ንኢየሱስ ክርስቶስ ሃብቱ፡ ጸጋ ጥበቡ ኣይፍለጥን ኣይምርመርን እዩ'ሞ ካብ ሕያውነቱ ይቕሬታ

ንድለ ንለምን፡ መጺኡ ከኣ ኣድሒኑና እዩ'ሞ፡ **እ ቅድስት ድንግል ለምንልና።**

እግዚኣብሄር ንዳዊት ካብ ፍረ ከርስኻ ኣብ ዙፋንካ ከቐምጠልካ እየ ኢሉ ብሓቂ መሓለሉ፡ ኣይጠዓስን ከኣ እዩ፡ ዳዊት እቲ ጻድቕ ከኣ ክርስቶስ ብስጋ ካብ ዘርኡ ከም ዝውለድ ኣሚኑ ምስ ተቀበሎ ንቃል እግዚኣብሄር መሕደሪ (መመስገኒ) ዝኸውን ቦታ ክደሊ ጀመረ፡ ነዚ ኸኣ ብዓቢይ ትግሃት ፈጸሞ፡ ብድሕርዚ ብመንፈስ ተገሊጽሉ "እንሆ ኣብ ኤፍራታ ኣብ ማሕደር ኣምላኽ ያዕቆብ ከበኪ ሰማዕናዮ" ኢሉ ጨርሐ፡ ንሳ ኸኣ ኣማኑኤል ንድሕነትና ብስጋ ኣብኣ ክውለድ ዝመረጸ ቦታ ቤተልሔም እያ። ካልእ ሓደ ካብ ነቢያት ሚክያስ ከኣ፡- "ኣንቲ ቤተልሔም ምድሪ ኤፍራታ ካብ ነገስታት ይሁዳ ኣይትንእስን ኢኺ፡ ንህዝበይ እስራኤል ዝጓስዮም ንጉስ ካባኺ ክወጽእ እዩ" በላ። እዚ ናይ ክልቲኦም ትንቢት ብሓደ መንፈስ ከምዚ ኢሎም ብዛዕባ ክርስቶስ ምንባዮም ከመይ ዝበለ ኣደናቒ ነገር እዩ! ንዕኡ ምስ ሕያዋይ ኣቡኡን መንፈስ ቅዱስን ካብ ሕጂ ክሳዕ ንዘለኣለም ምስጋና ይኹኖ፡ **እ ቅድስት ድንግል ለምንልና።**

ንእስራኤል ዝነገሰ ንጉስ ዳዊት ጸላእቱ ኣብ ልዕሊኡ ምስ ተንስኡ ካብ ዒላ ቤተልሔም ማይ ክስተ ደለየ፡ ካብቶም ሰራዊቱ ኣሕሉቕ ዝኾኑ ድማ ቀልጢፎም ተንሲኦም ኣብቲ ከተማ ጸላእቶም ተዋጊኦም ካብቲ ክስትዮ ዝደለየ ማይ ኣምጽኡሉ፡ ንሱ እቲ ጻድቕ ዳዊት ግና ነቶም ሰራዊቱ ምእንታኡ ክብሉ ጨኪኖም ነፍሶም ንሞት ኣሕሊፎም ከም ዝሃቡሉ ምስ ረኣየ ነቲ ማይ ከዓዎ፡ ካብኡ'ውን ኣይሰተየን፡ እዚ ኸኣ ንዘለኣለም ጽድቂ ኮይኑ ተቈጽረሉ፡ ሰማዕታት ውን ናይዛ ዓለም ጣዕሚ ብሓቂ ነዓቕዎ ምእንቲ እግዚኣብሄር ኢሎም ከኣ ደሞም ኣፍሰሱ፡ መንግስተ ሰማያት ክረኽቡ ኢሎም ድማ "ኦ ጐይታ ከም ምሕረትካ ይቕረ በለልና" እናበሉ ነቲ መሪር ሞት ተዓገሱ፡ **ኦ ቅድስት ድንግል ለምንልና።**

ካብ ቅድስቲ ስላሴ ሓደ ኣካል ውርደትና ርእዩን ጠሚቱን ካብ ሰማየ ሰማያት ወሪዱ ኣብ ከርሲ ድንግል ማርያም ሓደረ፡ ብዘይ ሓንቲ ሓጢኣት ኸኣ ከማና ፍጹም ሰብ ኮነ፡ ከምቲ ነብያት ክውለድ እዩ እናበሉ ዝተነበይዎ ኣብ ቤተ ልሔም ተወልደ፡ ተወሊዱ ድማ ኣድሓነናን

ተበጀወናን፡ ህዝቡ ድማ ጌሩና እዩ'ሞ **ኦ ቅድስት ድንግል ለምንልና።**

## ውዳሴ ማርያም ናይ ዓርቢ

*ብዕለት ዓርቢ ዝንበብ ናይ ኣዴና ቅድስት ድንግል ማርያም ወላዲት ኣምላኽ ምስጋና*

ኦ ማርያም ድንግል ወላዲተ ኣምላኽ ንስኺ ካብ ኣንስቲ ብርኽቲ ኢኺ፡ ፍረ ከርስኺ'ውን ቡሩኽ እዩ፡ ምኽንያቱ ብዘይ ገለ ርኽሰት ጸሓይ ጽድቂ ጐይታ ካባኺ ተወሊዱልና እዩ፡ ፈጣሪና ስለ ዝኾነ ከኣ ኣብ ትሕቲ ክንፊ ረዲኤቱ ኣቕሪቡና እዩ'ሞ፡ **ኦ ቅድስት ድንግል ለምንልና።**

ኦ እግዝእትነ ማርያም ወላዲተ ኣምላኽ ንስኺ ኣደ ብርሃን ስለ ዝኾንኪ ንዓኺ ንበይንኺ ብውዳሴን ብምስጋናን ነዕብየክን ነኽብረክን ኣሎና።

ንስኺ ካብ ሰማይ እትዓብዩ ካብ ምድሪ'ውን ልዕሊ ኹሉ እትኽብሪ ብርኽቲ ኣደ ኢኺ፡ ከምኡ'ውን ልዕሊ ኹሉ ሕልና ኢኺ፡ ንዓኺ

ዝመሳሰል ብዛዕባ ዕቤትክን ክብርኽን ከዘንቱ ዝኽእልከ መን እዩ! ኦ ማርያም መላእኽቲ የኽብሩኺ ሱራፌል ከኣ ይውድሱኺ፡ እቲ ኣብ ልዕሊ ሱራፌልን ኪሩቤልን ዝነብር ጐይታ መጺኡ ኣብ ከርስኺ ሓዲሩ እዩ፡ ንሱ መፍቀር ሰብ ስለ ዝኾነ ናብኡ ኣቕረበና ናትና ሞት (ሓጢኣት) ኣብ ነብሱ ጽዒኑ ናቱ ህይወትን ድሕነትን ሃበና፡ ስለዚ ክብርን ምስጋናን ናቱ እዩ'ሞ፡ **ኦ ቅድስት ድንግል ለምንልና።**

ኦ ማርያም ንስኺ ብርኽቲ ኢኺ፡ ፍረ ከርስኺ ከኣ ቡሩኽ እዩ፡ ኦ ድንግል ወላዲት ኣምላኽ ሓበን መመከሒት ናይ ደናግል፡ እቲ ቅድሚ ዓለም ዝነበረ ኣባኺ ሓደረ፡ ዘመኑ ዘይቑጸር ኣምላኽ ካባኺ ተወልደ፡ ስጋና ተዋሃደ ቅዱስ መንፈሱ ኸኣ ሃበና፡ ብብዝሒ ምሕረቱ ኸኣ ምስኡ ማዕረ ገበረና፡ ኦ ማርያም ንስኺ ካብተን ብዙሕ ክብርን ጸጋን ዝተዋህበን ብዙሓት ኣንስቲ ትበልጺ፡ ኣንቲ ወላዲተ ኣምላኽ መንፈሳዊት ሃገር ልዑል እግዚኣብሄር ኣባኺ ዝሓደረ፡ ኣብ ልዕሊ ኪሩቤልን ሱራፌልን ዝቕመጥ ጐይታ ኣብ ሕቑፍኺ ሓቑፍክዮ፡ እቲ ንኹሉ ፍጥረት ብብዝሒ ምሕረቱ ዝምግብ

ኣምላኽ ኣጥባትኪ ሒዙ ጸባ ጠበወ፡ ንሱ ኣምላኽናን ናይ ኩሉ መድሓንን እዩ፡ ንዘለኣለም ከኣ ሓላዊና እዩ፡ ንሱ ዝፈጠረና ክንሰግደሉን ክነመስግኖን እዩ'ም፡ **ኦ ቅድስት ድንግል ለምንልና።**

ድንግል ማርያም ናይ ጥዑም ሽታ መቐመጢት መፈልፈሊት ማይ ህይወት ፍረ ክርስኺ ንኹሉ ዓለም ኣድሓነ ካባና ኸኣ መርገም ኣጥፍኣልና ብቅዱስ መስቀሉን ብቅዱስ ትንሳኤኡን ኣብ ማእከልና ሰላም ገበረ፡ ንኣዳም ድማ ከም ብሓድሽ ናብ ገነት ኣእትዩዎ እዩ'ም: **ኦ ቅድስት ድንግል ለምንልና።**

ድንግል ማርያም ንጽህትን እምንትን ወላዲት ኣምላኽ እያ፡ ንደቂ ሰብ ለማኒት ምሕረት ካብ ሓጢኣትና ይቕረ ክብለልና ናብ ክርስቶስ ወድኺ ምሕረት ለምንልና፡ **ኦ ቅድስት ድንግል ለምንልና።**

ድንግል ማርያም ኣብ ቤት መቅድስ ኮይና ብዘይካ'ቲ ብኽብሪ "ኦ ቅድስት ድንግል ሰላም ንዓኺ ይኹን" እና በለ ዘበሰረኒ መልኣኽ እንተ

ዘይኮይኑ ካልእ ዋላ ሓንቲ ዝፈልጦ ከም ዘይብለይ እግዚኣብሄር ይፈልጥ እዩ፡ እናበለት ጨርሐት። ዘይጽወር ጾርኪ፡ ዘይውሰን ወሰንኪ ነቲ ዋላ ሓደ'ኳ ክውስኖ ዘይኽእል ክኣልኪ፡ ክሸከሞ ዝኽእል'ውን ምንም የልቦን። አ ምልእተ ጸጋ ብብዙሕ ኪብሪ ውዳሴኺ ይበዝሕ ንስኺ ንቃል-ኣብ መሕደሪ ኮንኪ ኢኺ፡ ንስኺ ንምእመናን ህዝበ ክርስትያን እትእከቢ መጋረጃ ኢኺ፡ ንስሉስ ቅዱስ ሰግደት ከም ዝግባእ እትምህሪ ንስኺ ኢኺ፡ እታ ሙሴ ዝራኣያ ዓንዲ ሓዊ ዝተሸከምኪ ንስኺ ኢኺ፡ እቲ ዓንዲ ሓዊ ዝተባህለ ድማ ወዲ እግዚኣብሄር ኢየሱስ ክርስቶስ መጺኡ ኣብ ከርስኺ ዝሓደረ እዩ። ንፈጣሪ ሰማያትን ምድርን ታቦት (መሕደሪት) ኮንኪ፡ ኣብ ከርስኺ ትሻዓተ ወርሒ ተሸከምክዮ ንስኺ ነቲ ሰማያትን ምድርን ክውስንዎ ዘይክእሉ ንምውሳኑ እምንቲ ኮንኪ፡ ካብ ምድሪ ናብ ሰማይ መደያይቦ መሳልል ኮንኪ፡ ብርሃንኪ ካብ ብርሃን ጸሓይ ይበልጽ፡ ንስኺ እቶም ቅዱሳን ሰባት ብሓጎስን ብደስታን ዝራኣይዎ ብሩህ ኮኾብ ካባኺ ዝወጸ ምብራቅ ኢኺ፡ ኣብ ሔዋን ብሕማምን ብጻዕርን ክትወልድ ፈሪዱ ዝነበረ ኣምላኽ፡ ንስኺ ማርያም ግና "አ

ምልእተ ጸጋ ተሓጐሲ” ዝብል ቃል ሰማዕኪ፡ በዚ ቃል እዚ ኸኣ ናይ ኵሉ ፍጥረት ገዛኢ ዝኾነ ንጉስ ወለድክልና፡ መሓርን መፍቕር ሰብን ስለ ዝኾነ ኸኣ መጺኡ ኣድሓነና፡ ምእንቲዚ ምስ ቅዱስ ገብርኤል መልኣኽ ኮይንና “ማርያም ብርኽቲ ኢኺ፡ ፍረ ከርስኺ’ውን ቡሩኽ እዩ” እናበልና ንውድሰኪ፡ ኦ ምልእተ ጸጋ እግዚኣብሄር ምሳኺ እዩ’ሞ ደስ ይበልኪ፡ **ኦ ቅድስት ድንግል ለምንልና።**

## ውዳሴ ማርያም ናይ ቀዳም

*ብዕለት ቀዳመይቲ ሰንበት ዝንበብ ናይ ኣዴና ቅድስት ድንግል ማርያም ወላዲት ኣምላኽ ምስጋና*

ንጽህትን ብርህትን ብኹሉ ቅድስትን ዝኾነት፡ ድንግል ማርያም ንጐይታ ኣብ ግናዕ ኣእዳዋ ዝሓቘፈቶ ኵሎም ፍጥረታት ከኣ ምስኣ ይሕጐሱ፡ ብዓቢይ ድምጺ ቅድስት ድንግል ለምንልና እናበሉ ዝልሙኑኺ ኢዮም እሞ፡ **ኦ ቅድስት ድንግል ለምንልና።**

ኦ ምልእተ ጸጋ ደስ ይበልኪ፡ ካብ እግዚአብሄር ሞገስ ዝረኸብኪ ደስ ይበልኪ፡ እግዚአብሄር ምሳኺ እዩ'ሞ ደስ ይበልኪ፡ ኦ ግርምቲ ድንግል ዕቤትኪ ዕጹብ እዩ እናበልና ነመስግነኪ፡ ምስ ቅዱስ ገብሪኤል መልኣኽ ኮይንና ፍስሃና ነቕርበልኪ፡ ካብ ከርስኺ ዝተረኽበ ፍረ ከኣ መድሓኒት ወገንና ስለ ዝኾነ፡ ናብ እግዚአብሄር ኣቦ ኣቕሪቡና እዩ'ሞ፡ **ኦ ቅድስት ድንግል ለምንልና።**

ርኽስት ዘይብሉ ንጹህ ቤት ከብካብ ስለ እትመስሊ መንፈስ ቅዱስ ኣባኺ ሓደረ፡ ሓይሊ ልዑል'ውን ኣጽለለኪ፡ ኦ ማርያም ብሓቂ ንዘለኣለም ዝነብር ቃል፡ ወልደ-ኣብ ወለድክልና ንሱ ድማ መጺኡ ካብ ሓጢኣትና ኣድሒኑና እዩ'ሞ፡ **ኦ ቅድስት ድንግል ለምንልና።**

ንስኺ ካብ ዘርኢ ዳዊት ዝተረኸብኪ ዘመድ ኢኺ፡ ብስጋ ከኣ ንመድሓኒና ኢየሱስ ክርስቶስ ወለድክልና፡ ንሱ ቅድሚ ዓለም ዝነበረ ሓደ በይኑ ናይ ኣብ ቃል እዩ፡ ስልጣኑ ሰዊሩ ካባኺ መልክዕ ባርያ ለበሰ፡ **ኦ ቅድስት ድንግል ለምንልና።**

ኦ ወላዲት ኣምላኽ፡ ንስኺ ኣብ ልዕሊ ምድሪ ዘላ ካልኣይቲ ሰማይ ኮንኪ፡ ጸሓይ ጽድቂ ጐይታ ብዘይርኽሰት ካባኺ ተወለደልና፡ ከምቲ ትንቢት ነቢያት ከኣ ብዘይዘርኢ ሰብኣይን ብዘይ ጉድለትን ወሊድክዮ ኢኺ'ሞ፡ **ኦ ቅድስት ድንግል ለምንልና።**

ቅድስተ ቅዱሳን ዝተሰምኺ ማሕደር ንስኺ ኢኺ፡ ኣብ ውሽጣ ኩለንትናኡ ብወርቂ ዝተለበጠ ታቦት ዘሎኪ፡ ከምኡ'ውን ናይ ኪዳን ጽላትን ሕቡእ መና ዝሓዘት መሶብ ወርቅን ዘሎኪ ኢኺ፡ ንሱ ኸኣ መጺኡ ኣብ ድንግል ማርያም ዝሓደረ ወዲ እግዚኣብሄር እዩ፡ ቃል ኣብ ብዘይ ርኽሰት ካብኣ ሰብ ኮነ፡ ነቲ ምስጋና ዝመልእ ንጉስ ኣብዚ ዓለም ወለደቶ፡ መጺኡ ከኣ ኣድሓነና፡ ኣደ ነባቢ በጊዕ ገነት ዝተሰምኺ ማርያም ተሓጐሲ፡ ንዘለኣለም ዝነብር ወልድ ኣብ ድማ መጺኡ ካብ ሓጢኣትና ኣድሒኑና እዩ'ሞ፡ **ኦ ቅድስት ድንግል ለምንልና።**

ኣደ ንጉስ ክርስቶስ ተሰመኺ፡ ንዕኡ ምስ ወለድኪ ኸኣ ብድንግልናን ንጽህናን ነበርኪ፡ ብኽንገር ዘይከኣል ምስጢር ንኣማኑኤል

ወለድክዮ፡ ስለዚ ንሱ'ውን ብዘይ ጉድለት (ጥፍኣት) ሓልዩኪ እዩ'ም፡ **ኦ ቅድስት ድንግል ለምንልና።**

እታ እግዚኣብሄር ኣብ ልዕሊኡ ተቀሚጡ ከሎ ያዕቆብ ዝረኣያ መሳልል ንስኺ ኢኺ፡ ብኹለንትናኡ ክምርመር ዘይከኣል ኣምላኽ ኣብ ከርስኺ ብድንግልና ጸዊርክዮ ኢኺ፡ ስለዚ ምእንቲ ድሕነትና ክብል ካባኺ ንዝተወልደ ጐይታና ኢየሱስ ክርስቶስ ኣማላዲት ኲንክልና ኢኺ'ም፡ **ኦ ቅድስት ድንግል ለምንልና።**

ኦ ብርኽትን ንጽህትን ኣደራሽ፡ እኖሆ ጐይታ ብብዝሒ ምሕረቱ ንዝፈጠሮ ኩሉ ዓለም ንኸድሕን ካባኺ ተወልደ፡ ንዕኡ ድማ ነመስግኖን ንውድሶን: ንሱ ሕያዋይን መፍቀር ሰብን እዩ'ም፡ **ኦ ቅድስት ድንግል ለምንልና።**

ኦ ምልእተ ጸጋ ርኽስት ዘይብልኪ ድንግል ደስ ይበልኪ፡ ክብረት ኩሉ ዓለም ዝኾንኪ ጽርይቲ ብርለ፡ ዘይትጠፍእ ብርሃን፡ ዘይትፈርስ መቅደስ ዘይትቐንን በትሪ ሃይማኖት፡ ምርኩስ ቅዱሳን ኢኺ፡ ናብቲ መድሓኒና ዝኾነ ሕያዋይ ወድኺ

ለምንልና። ምእንቲ ከምሕረናን፡ ይቕረ ክብለል ናን ሓጥኣትና'ውን ከስርየልናን፡ **ኦ ቅድስት ድንግል ለምንልና።**

## ውዳሴ ማርያም ናይ ቅድስት ሰንበት

*ብዕለት ቅድስቲ ሰንበት ክርስትያን ዝንበብ ናይ ኣዴና ቅድስት ድንግል ማርያም ወላዲት ኣምላኽ ምስጋና*

ኦ ካብ ኩለን ኣንስቲ ብርኽቲ ዝኾንኪ ማርያም ፍቕርቲ ተሰመኺ፡ ንስኺ እታ ቅድስተ ቅዱሳን እትብሃል ካልኣይቲ ቀመር (ክፍሊ) ኢኺ፡ ኣብ ውሽጣ ኸኣ ብኢድ እግዚኣብሄር ዝተጻሕፈ ዓሰርተ ቃላት (ትእዛዛት) ናይ ኪዳን ጽላት ዘለዋ ኣቕዲሙ ብየውጣ ዓሰርተ ትእዛዛት ነገረና፡ ንሳ ኸኣ ንመድሓኒና ኢየሱስ ክርስቶስ ቀዳመይቲ ስሙ እያ፡ ብዘይ ምልዋጥ ካባኺ ሰብ ዝኾነ ኢየሱስ ክርስቶስ፡ ንሓድሽ ኪዳን መታዓረቒ ኮነ፡ ንሱ ብምፍሳስ ቅዱስ ደሙ ንምእመናን ኣንጺሕዎም ንኣሕዛብ'ውን ቀዲስ ዎም እዩ'ሞ፡ **ኦ ቅድስት ድንግል ለምንልና።**

ኦ ኣዴና ንጽህቲ ወላዲት ኣምላኽ ምእንት'ዚ ኩልና ነዕብየኪ ነኽብረኪ ኣሎና፡ ኩሉ ጊዜ ካብቲ መፍቀር ሰብ ወድኺ ምሕረት ምእንቲ ክንረክብ ናባኺ ንልምንን ንንቃዕርርን ኣሎና። ካብ ዘይነቅዝ (ዘይቁንቁን) ዕንጸይቲ ዝተሰርሐ፡ ኩሉንትናኡ ብወርቂ ዝተለበጠ ታቦት፡ ንቃል እግዚኣብሄር ይመስል፡ ንሱ ብዘይ ምፍላይን ብዘይ ምልዋጥን ሰብ ዝኾነ፡ ጥፍኣት ዘይብሉ ንጹህ መለኮት፡ ምስ ኣብ ማዕርነት ዘለዎ እዩ፡ ብእኡ ንንጽህቲ ድንግል ኣበሰራ፡ ብቅዱስ ኪነ-ጥበብ ብዘይ ዘርኢ ሰብኣይ ከማና ሰብ ኮነ፡ መለኮቱ ኣዋሂዱ ድማ ብዘይ ርኽሰት ካባኺ ሰብ ኮይኑ እዩ'ም **ኦ ቅድስት ድንግል ለምንልና።**

ብትእዛዝ እግዚኣብሄር ዝተሳእሉ ኪሩቤል ዝጋርዱኺ መቕደስ ኢኺ፡ ኦ ንጽህቲ ቃል ካባኺ ብዘይ ምልዋጥ ሰብ ዝኾነ፡ ሓጢኣትና ዝሰርየልናን ኣበሳና ዝድምስሰልናን ኮይኑ እዩ'ም **ኦ ቅድስት ድንግል ለምንልና።**

ኣብ ውሽጣ ሕቡእ መና ዘለዋ ንጽህቲ መሶብ ወርቂ ንስኺ ኢኺ፡ ጐይታ ድማ ንኹሉ ዓለም

ህይወት ዝህብ ካብ ሰማያት ዝወረደ ሕብስቲ እዩ'ሞ፡ **ኦ ቅድስት ድንግል ለምንልና።**

ድሙቕ ብርሃን ዝጸርኪ ናይ ወርቂ ቀዋሚ ቀንዴል ንስኺ ኢኺ፡ ንሱ ኸኣ ኩሉ ጊዜ ናይ ዓለም መብራህቲ እዩ፡ መጀመርያ ዘይብሉ ካብ ብርሃን ዝተረኸበ ብርሃን፡ ካብ ሓቀኛ ኣምላኽ ዝተረኸበ ሓቀኛ ኣምላኽ ብዘይ ምልዋጥ ካባኺ ሰብ ዝኾነ፡ ነዞም ኣብ ጸልማትን ኣብ ድነ ሞትን እንነብር ብምምጽኡ ኣብርሃልና፡ ኣእጋርና ኸኣ ናብ መገዲ ሰላም (ድሕነት) ኣቕንዐ፡ ብፍሉይ ምስጢር ጥበቡ ኣድሒኑና እዩ'ሞ፡ **ኦ ቅድስት ድንግል ለምንልና።**

ፋሕሚ ሓዊ ዝተሸከምኪ ቡሩኽ ኣሮን ካብ መቕደስ ዝወሰዳ ናይ ወርቂ ማዕጠንቲ ንስኺ ኢኺ፡ ሓጢኣት ዝሓድግ፡ ጌጋ ዝድምስስ፡ ንሱ እቲ ካባኺ ሰብ ዝኾነ ቃል እግዚኣብሄር እዩ፡ ነብሱ ነቦኡ ስሙር መስዋዕትን ዕጣንን ጌሩ ዘቕርብ ወድኺ እዩ'ሞ፡ **ኦ ቅድስት ድንግል ለምንልና።**

ኦ ማርያም ቃል እግዚኣብሄር ዝወለድክልና መልክዐኛ ርግቢ ደስ ይበልኪ፡ ንስኺ እታ ካብ ሱር እሴይ ዝበቖለት ጥዑም መኣዛ ዘለዋ ዕምባባ ኢኺ'ሞ፡ **ኦ ቅድስት ድንግል ለምንልና።**

በትሪ ኣሮን ከይተኸልዋን ማይ ከየስተይዋን ዝለምለመት ከምኣ ድማ ሓቀኛ፡ ኦ ወላዲት ክርስቶስ ኣምላኽና ንስኺ ኢኺ፡ እቲ ዝወለድ ክዮ ብዘይ ዘርኢ መጺኡ ከኣ ኣድሒኑና እዩ'ሞ፡ **ኦ ቅድስት ድንግል ለምንልና።**

ኦ ምልእተ ጸጋ ልዕሊ ኩሎም ቅዱሳን ንስኺ ክትልምንልና ይከኣለኪ እዩ፡ ንስኺ ካብ ሊቃነ ጳጳሳት ትኸብሪ፡ ካብ ነብያት'ውን ኣጸቢቕኪ ትኸብሪ ኢኺ፡ ካብ ግርማ ሱራፌልን ኪሩቤልን ዝበልጽ ተፈታዊ ግርማ ሞገስ'ውን ኣሎኪ፡ ንስኺ ናይ ብሓቂ ትምክሕቲ ወገንና ኢኺ፡ ንነፍስና'ውን ህይወት እትልምኒ ኢኺ፡ ብቕንዕቲ ሃይማኖት ኣብ እምነትና ክጸንዓና፡ ይቕሬታኡን ምሕረቱን ክህበና፡ ብብዝሒ ምሕረቱ'ውን ሓጢኣትና ክሓድገልና፡ ናብ ጐይታናን መድሓኒ ናን ኢየሱስ ክርስቶስ ለምንልና፡ **ኦ ቅድስት ድንግል ለምንልና።**

ጸሎታን ልማኖኣን ናይ እግዝእትነ ማርያም ካብ መዓት ናይ ወዳ ይሓልወና።

ጸሎታን ልማኖኣን ናይ እግዝእትነ ማርያም ንሊ.ቃነ ጳጳሳት ኣባ ------፡ ካብ መዓት ናይ ወዳ ይሓልዎ።

ጸሎታን ልማኖኣን ናይ እግዝእትነ ማርያም ንመፍቀሬ ኣምላኽ ንንጉስና ------፡ ካብ መዓት ናይ ወዳ ይሓልዎ።

ጸሎታን ልማኖኣን ናይ እግዝእትነ ማርያም ንህዝበ ክርስትያን፡ ካብ መዓት ናይ ወዳ ይሓልዎም።

ጸሎታን ልማኖኣን ናይ እግዝእትነ ማርያም ንሃገርና ኤርትራ፡ ካብ መዓት ናይ ወዳ የድሕነና።

ጸሎታን ልማኖኣን ናይ እግዝእትነ ማርያም ንነፍሳት ምውታን፡ ካብ መዓት ናይ ወዳ የድሕኖም። ኣሜን።

# ኣንቀጸ ብርሃን

## ምስጋናን ውዳሴን ንደ ኣዶናይ

ቅድስትን ብጽእትን፡ ምስግንትን ብርኽትን፡ ክብርትን ልዕልትን፡ ኣፍ ደገ ብርሃን፡ መዓርግ ህይወት መሕደሪ መለኮት፡ ቅድስተ ቅዱሳን፡ ኣምላኽ ዝወለድኪ ድንግል ማርያም ኣዴና ንስኺ ኢኺ፡ ስምረት ናይ ኣብ፡ መሕደሪት ወልድ፡ ምጽላል ናይ መንፈስ ቅዱስ ብምባል ተሰሚኺ፡ ካብ ኩሉ ፍጥረት ብርኽቲ ኢኺ፡ ንስኺ ኣብ ክንድቲ ናይ ሰማያት ኣርያም ናይ ምድሪ ኣርያም ዝኾንኪ ኢኺ፡ ቅዱሳን ነቢያትን ካህናትን ነገስታትን ብኣኺ ምሳሌ (ተነበዩ)፡ ኣብ ውሽጣ ናይ ኪዳን ጽላት (ታቦት) ዘለዋ ቅድስተ ቅዱሳን ገበሩ፡ ወድኺ ምሕረቱ ክህበና፡ **ኦ ቅድስቲ ድንግል ለምንልና።**

ወዲ ኣምላኽ ካባኺ ብምውላዱ፡ ካብ ምድሪ ኣብ ኣርያም ንምሕዳር ብኣኺ ቀረባ ኮነልና፡ ብኣኽን ብስም ወድኽን ድማ ቀረባ ቅሩባት ኮንና። ዓሰርተ ቃላት ብኣጻብዑ ዝተጻሕፋ ጐይታ ኩሉ ፍጥረት፡ ወዲ ኣምላኽ ኣባኺ

ሓደረ፡ ኣብ ብየማን ኸደነኪ፡ መንፈስ ቅዱስ ኣጽለለኪ፡ ሓይሊ ልዑል ኣጽንዓኪ፡ ኢየሱስ ከኣ ስጋኺ ለበሰ፡ መጽሓፍ "ኣፍላጋት ማይ ህይወት ካብ ከርሱ ክውሕዝ እዩ" ከም ዝበለ፡ እቲ ዝጸምአ ናባይ ይምጻእ እሞ ይስተ ኢሉ ጨደረ፡ ወድኺ ምሕረቱ ከህበና፡ **ኣ ቅድስቲ ድንግል ለምንልና።**

ኣቐዲሙ ኣብ፡ ብየውጣ ማለት በጸብዕ እግዚኣብሄር ዝተጸሕፋ ዓሰርተ ቃላት ነገረና፡ ጐይታናን መድሓኒናን ኢየሱስ ክርስቶስ ወድኻ፡ ንስኻ በይንኻ ንዕኡ ኣቦኡ ከም ዝኾንካ፡ ንሱ'ውን በይኑ ወድኻ ከም ዝኾነ ምሂሩና እዩ፡ ኣብ ሰማያት ኣደ፡ ኣብ ምድሪ'ውን ኣቦ ከም ዘይብሉ ንኣምን፡ እቲ ካብ ሰማያት ዝወረደ፡ ብዘይካ ኣቦኡ በይኑን፡ ጰራቅሊጦስ መንፈስ ሓቅን እንተ ዘይኮይኑ፡ ምምጽኡ ዝፈልጥ የልቦን፡ ኣብ ከርስኺ ሓደረ፡ ትሽዓተ ወርሒ ድማ ጸርከየ፡ ብልደት ወድኺ ሰማያት ተሓጐሱ፡ ምድሪ ከኣ ደስ በላ፡ መልኣኽ ሓጐስ ኣበሰረ፡ መላእኽቲ ሰማይ ድማ ከምዚ እናበሉ ኣምስገኑ፡ ንእግዚኣብሄር ኣብ ሰማያት ምስጋና ይኹን፡ ኣብ ምድሪ ከኣ ሰላምን ስምረትን ንደቂ

ሰብ ይኹን፡ ጓሶት'ውን ኣብ ቤተልሄም በቲ ዝረኣይዎን ዝሰመዕዎን ኣደነቑ፡ ሰብ ጥበብ ኮኾብ ርእዮም ንወድኺ ክሰግዱሉ ንዓኺ'ውን ከመስግኑ ካብ ርሑቕ ሃገር መጹ፡ እቲ ካብ ምብራቕ ዝመርሖም ኮኾብ ከኣ ክሳብ ቤተልሄም ኣብጽሖም፡ ኣብ ልዕል'ቲ ንስኺ ምስ ወድኺ ዘሎኽዮ ቦታ ከኣ ቆመ፡ እቶም ሰብ ጥበብ ነዚ ርእዮም ከኣ ዓቢ ሓጐስ ተሓጐሱ፡ ናብኡ ኣተው ኣብ ቅድሚኡ'ውን ቆሙ፡ ናብ ምድሪ ወዲቖም ድማ ሰገዱሉ፡ ሳንዱቖም ከፈቱ ወርቅን ከርበን ዕጣንን ከኣ ገጸ በረኸት ኣቕረቡሉ፡ ገጸ በረኸት ኣቕሪብናልካ ኣሎና ዕጣን'ውን ኣቕሪብናልካ ኣሎና፡ ንዓኻ ንኽቡር ስምካ ከኣ እዩ፡ ኦ ኣምላኽና ምእንቲ ሓጢኣት ህዝብኻ ልማኖኦምን መስዋእቶምን ክትቅበል፡ ከምኡውን ሓጢኣቶም ክትሓድገሎም ዝመጻእካ ኢኻ፡ እናበሉ ዘመስግኑዎ ወድኺ ምሕረቱ ከህበና፡ **ኦ ቅድስቲ ድንግል ለምንልና።**

ካብተን ንጹሃን ንጽህቲ ንስኺ ኢኺ፡ ሕርይቲ ድንግል ኣብ ቤት መቕደስ ዝተቐመጥኪ፡ ከምቲ ካብ ዘይቀንቀኑን ዕንጸይቲ ዝተገብረ ታቦት፡ ብጽሩይ ወርቂ ዝተለበጠን ዝተሸለመን ብዙሕ

ዝዋግኡ ዘብርህ ዕንቍ ባሕሪ፡ ከምኡ ድማ ንስኺ ኣብ ቤተ መቕደስ ነበርኪ፡ መላእኽቲ ከኣ ኩሉ ጊዜ መግብኺ የምጽኡልኪ ነበሩ፡ ብኸምዚ ዝመሰለ ናብራ ብመላእኽቲ እናተጸናናዕኪ ዓሰርተ ክልተ ዓመት ነበርኪ፡ መስተኺ መስተ ህይወት እዩ፡ መግብኺ ድማ ሰማያዊ መግቢ እዩ፡ ኣቦኺ ዳዊት ብመሰንቆ ዘመረ፡ ብመንፈስ ትንቢት ድማ ከምዚ እናበለ ቃነየልኪ፡ "ጓለየ ስምዒ፡ ርኣዩ፡ እዝንኺ ጽን በሊ፡ ስድራቤትክን ኣዝማድክን ረስዒ፡ ከመይ ንጉስ መልከዕኪ፡ ትሕትናኺ ፈትዩ እዩ፡ ንሱ ጐይታኺ እዩ፡ ንዕኡ ከኣ ትሰግዲ ኢሉኪ"፡ ወድኺ ምሕረት ክህበና፡ **ኦ ቅድስቲ ድንግል ለምንልና።**

ገብርኤል መልኣኽ ካብ ንጹሃን መላእኽቲ ጉድለት ዘይብሉ፡ ካብ ቀዳሞት መላእኽቲ'ውን ኣብ ቅድሚ እቲ ጐይታ ኹሉ ዝቐውም፡ ኦ ምልእተ ጸጋ እግዚኣብሄር ምሳኺ እዩ'ሞ ኣንቲ ኦ ፍስሀቲ ደስ ይበልኪ እናበለ ኣበሰረኪ፡ ንስኺ ካብ ኣንስቲ ብርኽቲ ኢኺ፡ ካብቲ ጐይታ ኩሉ ከኣ ሞገስ (ጸጋ) ረኺብኪ ኢኺ'ሞ እንሆ ክትጠንሲ ወዲ ከኣ ክትወልዲ ኢኺ፡ ስሙ ከኣ ኢየሱስ ክትሰምይዮ ኢኺ፡ ንሱ ዓቢይን ወዲ

ልዑላን ክስመ እዩ፡ እግዚኣብሄር ኣምላኽ መንበር ኣቦኡ ዳዊት ክህቦ፡ ኣብ ቤት ያዕቆብ ከኣ ንዘልኣለም ክነግስ እዩ፡ ንመንግስቱ'ውን መወዳእታ የብሉን፡ መንፈስ ቅዱስ ናባኺ ክመጽእ እዩ፡ ሓይሊ ልዑል ከኣ ክጽልለኪ እዩ፡ እቲ ካባኺ ዝውለድ ድማ ቅዱስ እዩ፡ ወዲ እቲ ጐይታ ኹሉ ድማ ክስመ እዩ፡ ኢሉኪ እዩ'ሞ፡ እቲ ካባኺ ዝተወልደ ምሕረቱ ክህበና፡ **ኦ ቅድስቲ ድንግል ለምንልና።**

ንስኺ ቅድስቲ ኣዳራሽ ዝኾንኪ ናይ ቅድስተ ቅዱሳን መቅደስ፡ ናይ ብርሃን መጋረጃ፡ ዘይምርመር መንበር ምስጋና ኢኺ፡ ኦ ቅድስቲ ማርያም ብመቅደስ ቅድስተ ቅዱሳን ንምስለኪ፡ ከምዚ ኢልና ምምሳልና ድማ ስለቲ ናባኺ ዝመጸ ቅዱስ መንፈስን ናባኺ ስለ ዝመጸ ሓይሊ ልዑል ዘጽለለኪ እዩ፡ መጋረጃ ብርሃን ቃል-ኣብ ኢየሱስ ክርስቶስ ኣብ ከርስኺ ስለ ዝሓደረ ጐይታ ኩሎም ልዑላን መላእኽትን ሊቃነ መላእኽትን፡ መናብርትን ስልጣናትን፡ ኣጋእዝትን ሓያላትን፡ ሊቃናትን መኳንንትን ዘመስግንዎ ወድኺ ኣብ ልዕሊ ምድሪ ኣብ መብልዕ ማል ምስ ወለድኪ ብዙሕ ኣዕይንቲ

ዘለዎም ኪሩቤልን ሽዱሽተ ክንፊ ዘለዎም ሱራፌልን ኣኽበቡኺ። ናይ ብርሃን ደመና ከኣ ኣጽለለኪ፡ ሊቃነ መላእኽትን፡ ሰራዊት መላእኽትን፡ ሰራዊት ሰማይን ብፍርሃትን ብምርዓድን ኣብ ቅድሜኺ ደው በሉ፡ ኣብኡ ኸኣ ብሓድሽ ምስጋና ወደሱኺ። ኪሩቤልን ሱራፌልን ካብቲ ናይ ሰማያት ምስጋናኦም ዘይኮነ፡ ናይ ቅድም ምስጋናኦም'ውን ዘይኮነ ምስጋና ኣመስገኑኺ። እቲ ንኹሉ ፍጥረታት ዘጋብኣን፡ ንኹሉ ፍጥረት'ውን ዝምግብ ጐይታኦም ኣብ ሕቑፍኺ ተሓቚፉ ከም ህጻን ጡብኪ ኪጠቡ ምስ ረኣዩ ድማ ኣብ ኣርያም ደለይዎ፡ ኣብኡ ኸኣ ምስ ኣቦኡን ምስ መንፈስ ቅዱስን ከም ቀደሙ ረኸብዎ። ትሕትና ጐይትኦም ምስ ረኣዩ ኣዕይንቶም ናብ ኣርያም ኣልዓሉ (ጠመቱ)። ኣኽናፎም ዘርጊሖም ከኣ ንፈጣሪኦም ኣመስገኑ፡ "ጐይታ ኹሉ ንዝኾንካ ኣምላኽ ኣብ ሰማያት ምስጋና ንዓኻ ይኹን" እናበሉ፡ መሊሶም ንዓኺ ንበይንኺ ምስ ወድኺ ኣብ በዓቲ ረኣዩኺ'ሞ፡ "ኣብ ምድሪ ሰላም ይኹን" በሉ። ካባኺ ዝወሰዶ ስጋና ክለብስ ምስ ረኣይዎ ንወዲ ሰብ ፈተዎ እናበሉ ሰገዱ። ነቢይ ዳዊት ብመዝሙር ከምዚ እናበለ ተነበየ፡

“ጐይታ ኩሉ ካብ ሰማይ ካብ ድልው ኣዳራሽ መቕደሱ ተመልከተ፡ ንኹሉ ደቂ ሰብ ከኣ ረአየ፡ ንጉስ ጽባቐኺ መረጸ፡ ናይ ዘለኣለም መሕደሪተይ እዚኣ እያ፡ ሓርየያ ኸኣ ኣለኹ፡ ኣብዚኣ ክሓድር እየ” በለ፡ ወድኺ ምሕረቱ ክህበና፡ **ኦ ቅድስቲ ድንግል ለምንልና።**

ቅድስትን ብጽእትን፡ ምስግንትን ብርኽትን፡ ክብርትን ልዕልትን፡ ብሞሰብ ወርቂ ንምስለኪ፡ ኣብ ውሽጣ ካብ ሰማያት ዝወረደ ሕብስተ ህይወት ዘሎኪ ኢኺ፡ ንሱ ንኹሉ ወሃቢ ህይወ ት እዩ፡ ብእኡ ንዝኣምን ብእምነትን ብቕኑዕ ልብን ካብኡ ንዝበልዕ ምስቶም ብየማኑ ዝቖሙ ዘቕውም እዩ፡ ወድኺ ምሕረቱ ክህበና፡ **ኦ ቅድስቲ ድንግል ለምንልና።**

ንስኺ ኢድ ጥበበኛ ሰብ ዘይሰርሓ ናይ ወርቂ ቀዋሚ ቀንዴል ኢኺ፡ ኣብኣ ኣብታ ተቐዋም መብራህቲ ኣየብርሁን እዮም፡ እንታይ ደኣ ናይ ኣብ ብርሃን ባዕሉ እዩ። ካብ ብርሃን ዝተረኽበ ብርሃን ናባኺ መጸ፡ ኣባኺ ኸኣ ተቐመጠ፡ ብመለኮቱ ድማ ናብ ኩሉ መኣዝናት ዓለም ኣብርሀ፡ ካብ ደቂ ሰብ ጸልማት ኣርሓቐ፡

ብመሕወዩ ቃሉ ኸኣ ኣድሒኑና። ኣነ ናይ ዓለም ብርሃን እየ፡ ብብርሃን እመኑ፡ ብርሃን ከለኩም ድማ ተመላለሱ ኢሉ እዩ'ሞ፡ ወድኺ ምሕረቱ ከህበና፡ **ኦ ቅድስቲ ድንግል ለምንልና።**

ካብቲ ጐይታ ኹሉ ዝተረኽበ (ዝተወልደ) ናይ ኩሉ ጐይታ፡ ካብ ብርሃን ዝተረኽበ ብርሃን፡ ካብቲ ናይ ብሓቂ ኣምላኽ ዝተረኽበ ሓቀኛ ኣምላኽ፡ ዝተወልደ እምበር ዘይተፈጥረ፡ ህልውናኡ ምስ ኣቦኡ ማዕረ ዝኾነ፡ ኣብ ሰማይ ዘሎ ኾነ ኣብ ምድሪ ኩሉ ብእኡ ዝተፈጥረ፡ ምእንታና ምእንቲ ሰብ ምእንቲ ድሕነትና፡ ካብ ሰማያት ወሪዱ ካብ ቅድስቲ ድንግል ማርያም ስጋ ለበሰ፡ ሰብ ኮነ፡ ብምምጽኡ ኣብርሃልና፡ ሓጐስን ፍስሃን ከኣ ነገረና፡ ናብ ኣቡኡ ኣቕረበና መገዲ ህይወት መርሓና፡ ንዕኡ ብምእማን ድማ ናይ ዘለኣለም ህይወት ሃበና። ነብይ ኢሳይያስ ንትእዛዝ ጐይታ ኢየሱስ ብትንቢቱ ኣደነቐ፡ "ትእዛዝካ ኣብ ምድሪ ብርሃን እዩ ድማ በለ"፡ ዘካርያስ ካህን ሽማግለ ጻድቅን ንጹህን፡ ናይቲ ጐይታ ኩሉ ትእዛዝ ዝፍጽም ብምድናቕ ተገረመ፡ ኣፉ ከፈቱ ድማ "ብለውሃቱን ብምሕረቱን ንኣምላኽና ካብ ኣርያም ንዝበጽሓና

ነቶም ኣብ ጸልማትን ኣብ ጽላሎት ሞትን ዝነብሩ ብርሃኑ (ድሕነቱ) ከርእዮም፡ ነእጋርና ኸኣ ናብ መገዲ ሰላም ከቕንዕ (ክመርሕ) ተወልደ" በለ፡ ወድኺ ምሕረቱ ክህበና፡ **ኦ ቕድስቲ ድንግል ለምንልና።**

ኦ እግዝእትነ ማርያም በቲ ሰማያውያን ሊቃነ ካህናት በኣእዳዎም ዝሕዝዎ ማዕጠንቲ ወርቂ ንምስለኪ፡ ንሳቶም በቲ ማዕጠንቶም ኣብ ምድሪ ናይ ዘለዉ ጸሎት ኩሎም ቅዱሳን ምእመናን ዘዕርጉ እዮም። ከምኡ ድማ ብኣማላ ድነትኪ ናይ ደቂ ሰብ ልማኖ ኣብ ቅድሚ ስሉስ ቅዱስ ኣብን ወልድን መንፈስ ቅዱስን የዕርጉ፡ ሓጢኣት ህዝብኺ ከተስተሰርዪ ካብ ኣብን ወልድን መንፈስ ቅዱስን ተፈቒዱልኪ እዩ። ንደቂ ሰብ ናብ ህይወት ዘለኣለም ከተሰጋግሪ ንምእመናን ህዝቢኺ መድሓኒቶም ክትኮኒ ዝግባኣኪ ኢኺ። ኦ መድሓኒት ኩሉ ዓለም ቅድስቲ ድንግል ማርያም ወድኺ ምሕረቱ ክህበና፡ **ኦ ቕድስቲ ድንግል ለምንልና።**

ንስኺ ብርኽቲ ዕንጻይቲ ኢኺ፡ ዕጸ ህይወትን ዕጸ መድሓኒትን፡ ኣብ ክንዲ እታ ናይ ገነት ዕጸ

ህይወት፡ ኣብ ምድሪ ዕጸ ህይወት ዝኾንኪ ኢኺ፡ ፍረኺ ፍረ ህይወት እዩ፡ እቲ ካብኡ ዝበልዐ ድማ ንዘለኣለም ህይወት ኣሎዎ። ካባኺ ዕንባባ ተራእየ፡ መኣዛኡ (ሽታኡ) ከኣ ጥዑም እዩ፡ ኣብቶም ዝፈልጥዎ ኣብ ኩሉ ዓለም፡ ዳዊት ብመዝሙር ብዛዕባኡ ተነበየ፡ "መኣዛ ከርበን ዝባድን ሰሊሆትን ካብ ኣልባስኪ እዩ" እናበለ፡ ሰሎሞን ኣቦኺ'ውን ተነበየ ከምዚ ኸኣ በለ፡ "መኣዛ ኣፍንጫኺ ከም መኣዛ ዕጣን፡ ዝተሓጽረት ናይ ኣታኽልቲ ቦታ፡ ሓፍተይ መርዓት፡ ዝተሓጽረት ገነት፡ ዝተኸድነት ዒላ መገድኺ፡ ገነት ምስ ፍረ ኣቅማሕ፡ ቆዕ ምስ ናርዶስ፡ ናርዶስ ምስ መጽርይ፡ ቀጺመታትን ቀናንሞስን ምስ ኩሉ ዕንጸይቲ ሊባኖስ፡ ከርበን ዓልወን፡ ምስ ኩኩ ዝበለጸ ጨናታት፡ ዛራ ገነት ዒላ ማይ ህይወት ካብ ሊባኖስ ዝውሕዝ" በለኪ፡ ወድኺ ምሕረቱ ከህበና፡ **ኦ ቅድስቲ ድንግል ለምንልና።**

ናይ ኣሮን በትሪ ከይተኸልዋን ማይ ከየስተይዋን ኣብ ቤተ መቕደስ ጸዲቓ ዝተረኸበት እሞ ድልውቲ ዝኾነት ዋንኣ ንክህነት ከም ዝተመርጸ ዘርኣየት፡ ንስኺ ድማ ከምኣ ኣብ ቤተ መቕደስ

ብቕድስናን ብንጽህናን ነበርኪ፡ ብኽብርን ብዓቢይ ፍስሃን ከኣ ካብ ቤተ መቕደስ ወጺእኪ፡ ካባኺ ድማ ናይ ብሓቂ ፍረ ህይወት ዝኾነ ጐይታናን መድሓኒናን ኢየሱስ ክርስቶስ ተወልደ። ኦ ቅድስቲ ድንግል ከምቲ ካብ መልኣኽ ዝተረዳእክዮ ብዘይ ሩካቤ ወዲ ረኺብኪ፡ “መንፈስ ቅዱስ ናባኺ ክመጽእ እዩ፡ ሓይሊ ልዑል’ውን ክጽልለኪ እዩ” በለኪ፡ ወድኺ ምሕረቱ ክህበና፡ **ኦ ቅድስቲ ድንግል ለምንልና።**

ንሰብኡትን ኣንስትን ኣገልገልትኺ ብስም ወድኺ ንዝኣመንና፡ ናብ ወድኺ ከተማልድና ይግባኣኪ እዩ፡ ኦ ምልእተ ጸጋ ኦ ምውሓዝ ፍስሃ፡ ካብ ኪሩቤል ብዙሕ ዘዒንቶም፡ ካብ ሱራፌል ሽዱሽተ ዘኽናፎም ኣጸቢቑ ዝዓበየ ግርማ መልክዕ (ትርኢት) ኣሎኪ። ንሳቶም ካብ መለኮት ወድኺ ዝወጽእ እሳት ምእንቲ ከድሕኑ ገጾምን እግሮምን፡ ብኣርኣያ ትእምርተ መስቀል ይሸፍኑ፡ ንስኺ ግና ንመለኮት መሕደሪት ኮንኪ እሳተ መለኮት ከኣ ኣየቃጸለክን፡ ነበልባል ሓዊ ተሰኪምኪ፡ ነበልባል መለኮት ከኣ ኣየንደደክን፡ በታ ሙሴ ብነበልባል ሓዊ ተኸቢባ እም ቆጽላ

ኸአ ዘይተቓጸለ ዝረኣያ ዕጸ-ጳጦስ (ኪለዓው) ዝተመሰልኪ፡ ከምኡ ድማ ጐይታ ሓያላን ኩለንተናኡ ፍጹም እሳት ዝኾነ ንዓኺ ኣየቃጸለክን፡ ንስኺ ናይ ብሓቂ ንኹሉ ወገን ክርስትያን መመኪሒት ኢኺ፡ ብኣኺ ድማ ካብ ምድሪ ናብ ኣርያም ቀረባ ኮንና፡ እዚ ኸአ ወዲ ኣምላኽ ካባኺ ብምውላዱ እዩ፡ ንነፍሳትና ህይወት እትልምኒ ነቶም ብጸሎትኪ ዝኣምኑ ጸጋዊት ምሕረት ኢኺ፡ ናብ ጐይታናን መድሓኒናን ኢየሱስ ክርስቶስ ለምንልና። ንዕኡን ነኣቦኡን ንመንፈስ ቅዱስን ብምእማን ብቅንዕቲ ሃይማኖት ከጽንዓና ምሕረቱን ይቕሬታኡን ከህበና፡ ብብዝሒ ምሕረቱ ሓጢኣትና ክሓድገልና ለምንልና። ኦ ወላዲተ ጐይታ-ኹሉ ምስጋና ይኹንኪ፡ ንኣብን ንወልድን ንመንፈስ ቅዱስን ክብርን ምስጋናን፡ ሎምን ኩሉ ሳዕን ንዘለኣለም ኣለም ይኹን፡ ኣሜን። ወድኺ ምሕረቱ ከህበና ቅድስቲ ድንግል ኣዴና ለምንልና።

## ይውድሰዋ

መላእኽቲ ንማርያም ኣብ ውሽጢ መጋረጃ ከመይ ሓዲርኪ ማርያም ሓዳስ ጣዕዋ እናበሉ የመስግንዋ። መልኣኽ ንማርያም ናባኺ ከመጽእ ኣብ ማህጸንኪ'ውን ኪሓድር እዩ'ሞ ነቲ ቃል ተቐበልዮ በላ። ካብ ሰማያት ጵባቐኣ ፈትዩ ናብኣ ዝተወልደ ከመይ ኢሉ ደኣ ከም ሓደ መስኪን ኣብ ቤት ድኻ ሓደረ።

ብሻዱሻይ ወርሒ ገብርኤል መልኣኽ ናብ ናዝሬት ትብሃል ሃገረ ገሊላ ናብ ሓንቲ ድንግል ካብ እግዚኣብሄር ተላእኸ፡ ንሳ ካብ ቤት ዳዊት ንዮሴፍ ዝስሙ ሰብኣይ ተሓጽያ ነበረት፡ ስም እታ ድንግል ከኣ ማርያም እዩ። እቲ መልኣኽ ናብቲ ንሳ ዝነበረቶ ኣትዩ 'ፍስሕት ደስ ይበልኪ፡ ኦ ምልእተ ጸጋ እግዚኣብሄር ምሳኺ እዩ፡ ንስኺ ካብ ኣንስቲ ብርኽቲ ኢኺ' በላ። ንሳ ድማ ምስ ረኣየቶ በቲ ቃሉ ኣዝያ ሰምበደት፡ 'እዚ ከምዚ ዝበለ ሰላምታስ ካበይ ኮን ይኸውን' ኢላ'ውን ሓሰበት፡ እቲ መልኣኽ ከኣ 'ኦ ማርያም ካብ እግዚኣብሄር ሞጎስ ረኺብኪ ኢኺ እሞ ኣይትፍርሒ' በላ፡ 'እንሆ ክትጠንሲ ወዲ'ውን

ክትወልዲ ስሙ'ውን ኢየሱስ ክትሰምይዮ ኢኺ፡ ንሱ ዓቢይ ክኸውን ወዲ ልዑል እግዚኣብሄር ውን ኪስመ እዩ፡ እግዚኣብሄር ኣምላኽ ከኣ መንበር ኣብኡ ዳዊት ክህቦ እዩ፡ ንሱ ኣብ ቤት ያዕቆብ ንዘለኣለም ክነግስ እዩ፡ ንመንግስቱ ከኣ መወዳእታ የብሉን' በላ። ማርያም ድማ ነቲ መልኣኽ 'ኣነ ድንግል እየ፡ እዚ ነገር ከመይ ኢሉ ክኸውን ይኽእል' በለቶ። እቲ መልኣኽ መሊሱ 'መንፈስ ቅዱስ ኣባኺ ክወርድ እዩ፡ ሓይሊ ልዑል'ውን ክጽልለልኪ እዩ' በላ። 'እቲ ካባኺ ዝውለድ ከኣ ቅዱስ ወዲ ልዑል እግዚኣብሄር ኪስመ እዩ። እንሆ እታ ካብ ኣዝማድኪ ዝኾነት ኤልሳቤጥ እኳ ኣብ እርግናኣን ዕብየታን ጠኒሳ ኣላ፡ እንሆ ነታ መኻን እትብሃል እዚ ሻዱሻይ ወርሓ እዩ። ከመይ ንእግዚኣብሄር ዝሰኣኖ ነገር የልቦን' በላ። ማርያም ድማ ነቲ መልኣኽ 'እኔኹ ኣነ ባርያ እግዚኣብሄር እየ፡ ከምቲ ዝበልካኒ ይኹነለይ' በለቶ።

መልኣኽ ሰላምታ ይግባእ ንዓኺ በላ።
ገብርኤል ሰላምታ ይግባእ ንዓኺ በላ።
ማርያም ድንግል ሰላምታ ንዓኺ።
ወላዲተ ኣምላኽ ኢኺ'ሞ ሰላምታ ንዓኺ።

ማርያም ቅድስቲ ሰላምታ ንዓኺ።
ማርያም ውድስቲ ሰላምታ ንዓኺ።
ማርያም ንጽሕቲ ሰላምታ ንዓኺ።
ማርያም ፍስሕቲ ሰላምታ ንዓኺ።
ማርያም ብጽዕቲ ሰላምታ ንዓኺ።
ማርያም ብርኽቲ ሰላምታ ንዓኺ።
መሕደሪት መለኮት ሰላምታ ንዓኺ።
ደብተራ ፍጽምቲ ሰላምታ ንዓኺ።
ሓፍቲ መላእኽቲ ሰላምታ ንዓኺ።
ኣደ ኲሉ ሕዝቢ ሰላምታ ንዓኺ።
እግዝእትነ ማርያም ሰላምታ ነዓኺ።
ሰለማዊት ኢኺ'ሞ ሰላምታ ንዓኺ።
መሕደሪኡ ልዑል ዝቐደሰኪ ሰላምታ ንዓኺ።
መሕደሪኡ ክትኮንዮ ዝመረጸኪ
ሰላምታ ንዓኺ።
ብልብሲ ወርቂ ስልምትን ስርግውትን
ሰላምታ ንዓኺ።
ብብሩር ዝተገብረ ክንፊ ርግቢት ሰላምታ ንዓኺ
ጎንኺ ብሓመልማል ወርቂ ዝተሸለመ ማርያም
ሰላምታ ንዓኺ።
ምብራቓዊት ኣፍደገ ኣደ ብርሃን ሰላምታ ንዓኺ
ካብ ደብርታት ልዕል ትብሊ ካብ ጸሓይ ትበርሂ
ሰላምታ ንዓኺ።

ማርያም ሕርይትን ክብርትን ሰላምታ ንዓኺ።

ናብ ጐይታናን መድሓኒናን ኢየሱስ ክርስቶስ ለምንልና ንኸድሕነና፡ በቡኡ ምስጋና ምስ ቅዱሳን መላእኽቲ ክመጽእ ከሎ፡ ነባጊዕው ብየማኑ ነጣል ክኣ ብጸጋሙ ክቖውም ከሎ ንዓና ምስ እስጢፋኖስ ሰማዕትን ምስ ዮውሓንስ መጥምቅን ምስ ኵሎም ቅዱሳንን ሰማዕታትን ብየማኑ ነኸቑመና ለምንልና። ንዘለኣለም ኣለም፡ ኣሜን።

# ምሩጻት ጸሎታት

## ጸሎት ጣዕሳ

ናይ ምሕረት ሃብትን ናይ ድሕነት ምንጭን ዝኾንካ ጐይታይን ኣምላኸይን መድሓኒየይን ኢየሱስ ክርስቶስ፡ ሓጢኣተይ ኪንሳሕ ናባኻ መጺኤ። ብጽዩፍ ዝኾነ ሓጢኣተይ፡ ቅዱስ መቕደስካ ከርክስ ደፊረ እየ'ሞ ይቕረ በለለይ። ሕጂ ግና ምሕረትካን ፍቕርኻን ይደሊ ኣሎኹ፡ ከመይ ምሕረትካ ደረት ኣልቦ እዩ፡ ናባኻ ንዝመጹ ሓጢኣተኛታት'ውን ኣይትነጽግን ኢኻ። ኣእምሮይ ብሓጢኣት ተጻዒኑ ከም ዘሎን ዝተረፈኒ ሓይሊ'ውን ከም ዘይብለይ እኣምን። ኦ እግዚኣብሄር! ካባይ ኣይትከወል፡ ብኹራኻ ኣይትግንሓኒ ብነድርኻ'ውን ኣይትቕጽዓኒ። ኦ ጐይታ ኣነ ተወዲእኒ እዩ'ሞ ደንግጸለይ፡ ብዓይኒ ምሕረትካ እምበር ብሕግኻ ኣይትፍረደኒ። ፍጡርካ ዘክር፡ ኣብ ፈተነ ኣይተእትወኒ፡ ምኽንያቱ ዋላ ሓደ ካብ ባሮትካ ብግብሩ ቅንዕንኡ ዝምስክር የልቦን። ንኽብርኻ ዝበቕዕ ሓድሽ ልብሲ ኣልብሰኒ። ሓጢኣተይ ሕደገለይ እሞ "ሓጢኣቱ ዝተሓደገሉ ብጹእ እዩ" ኢለ ክዝምር እየ። ሓጢኣተይ ምስ ዝናዘዝን እከይ ግብረይ ውን ምስ ዝገልጽን ንስኻ ተጽርዮም፡ ኣሜን።

## ጸሎት ቅድሚ ኑዛዜ

ኦ እግዚኣብሄር ኣቦ! ንስኻ ሓጢኣተኛ ንኽምለስ እትጽበ፡ ንዝተጣዕሰ ንኺትቕበል'ውን ድልው ከም ዝኾንካ መብጽዓ ኣቲኻ ኢኻ'ሞ ሕጂ ናብዛ ኣብ ናይ ዘይምእዛዝ ሓጢኣት ጠፊኣ ዝነበረት ነፍሰይ ጠምት። ካብቲ ወሓዚ ምድሓንካ ብምርሓቕ፡ ምረት ስቓይ ንነዊሕ ጊዜ ጥዒመ እየ። ሕጂ ግን እንሆ ንኺነጽህ ናባኻ ተመሊሰ ኣሎኹ እሞ፡ ተቐበለኒ ደኣ እምበር ኣይትንጸገኒ። ብዓይኒ ፍቕርኻን ምሕረትካን ናባይ ጠምት'ሞ ብሓቂ ኪነጽህን ኪድሕንን እየ፡ እንተ ነጺግካኒ ግና ኪጠፍእ እየ። ኦ ጐይታ! ካብ ሓጢኣተይ ንኺንሳሕ ካብኡ ከኣ ንኽጽየፍ፡ ናብኡ'ውን ንኸይምለስ፡ ንፍቓደይ ኸተጽንዕ ብእምነትን ተስፋን ናባኻ ንኽቐርብ ጸጋኻ ሃበኒ ንኸይዝ ንግዕ'ውን ብቅዱስ መንፈስካ ኣዘክረኒ። ንኽብሪ ቅዱስ ስምካ ኢለ ምእንቲ ኺነብር፡ ከምኡ'ውን ትእዛዛትካ ንኪሕሉ ድሌት ኪህልወኒ፡ ናይ ሓጢኣተይን ሸለልትነተይን ክፍኣት ንኽግንዘብ ልበይ ኣብርሃለይ፡ ኣሜን።

# ጸሎት ድሕሪ ኑዛዜ

ኦ ኣቦ! ብለውሃትካን በቲ ኣብ ልዕሊ ሰብ ዘሎካ ፍቅርን ተሓጕሰ ኣሎኹ። ካብ ናይ ሞት ድቃስ ኣበራቢርካኒ፡ ናብ መገድኻ'ውን መሪሕካኒ ደኣ እምበር፡ ኣነ ኺጠፍእ ኣይተመነኻን። ብሓለዋ ናይቲ ጽኑዕ ዕርድኻ ካብ ስንጭሮ ሞት ኣድሒንካኒ ኢኻ። ብተስፋን እምነትን ምልኣኒ፡ ናባኻ ከም ሕሙም ንኽፍወስ እመጽእ፡ ከም ጥሙይ ንኽጸግብ ይፍትሸ፡ ከም ዝጸመአ ናብ ፈልፋሊ ማይ ሕይወት፡ ከም ድኻ ናብ ምንጪ ሃብቲ፡ ከም ሓጢኣተኛ ናብ መድሓኒ፡ ከምኡ ውን ከም መዋቲ ናብ መሰረት ናይ ህይወት እመጽእ። ንስኻ ድሕነተይ፡ ጥዕናይ፡ ህይወተይ፡ ከምኡ'ውን ሓይለይ ኢኻ። ኣባኻ ምጽንናዕን ሓጐስን ዕረፍትን ይረክብ። ሓግዘኒ፡ ሓልወኒ፡ ብለውሃትካ ድማ ኪበበኒ። ፍቃደይ ኣብ ኣእዳውካ ንኽንብር ከም ፍቃድካ'ውን ንኺነብር ምሃረኒ። ኣባኻ ክሳዕ መወዳእታ ጽንዑን ሓቀኛን ምእንቲ ኪኸውን ከኣ ድኽመተይ ኣርሕቕ፡ ኣሜን።

ምሩጻት ጸሎታት

# ጸሎት ቅድሚ ቅዱስ ቁርባን

ኦ ጐይታ! ሓጥእ እየ'ሞ ኣብ ቤተይ ኪትኣቱ ብቑዕ ኣይኮንኩን ግና "ሓጢኣትካ ተሓዲጉልካ" ጥራይ በለኒ፡ ሽዑ ነፍሰይ ኪትፍወስ እያ። ኣነ ብዘይካ እቲ ኣብ ሰብ ዘሎካ ፍቕርን ምሕረትን ርህራሄን እንተ ዘይኮይኑ፡ መኻንን ካብ ዝኾነ ሰናይ ነገር ባዶ ዚኾንኩን፡ ገለ ዘይብለይን እየ። ንስኻ ካብ'ቲ ሰማያዊ ክብርኻ ናብ ትሕትናና ወሪድካ ኣብ መብልዕ ማል ኪትውለድ ድማ ፈቲድካ። ኦ ቅዱስ መድሓኒ፡ ነቲ ክቡር ምጽኣትካ እትጽበ ዘላ ትሕትን ድኽምትን ነፍሰይ ኣይትንጸጋ። ከምቲ ናብ ቤት እቲ ለምጻም ኣቲኻ ንኺትፍውሶ ዘይኣበኻ፡ ኦ ኣምላኸይ! ናብ ነፍሰይ ኣቲኻ ከተንጽሃኒ ፍቓድካ ይኹን። ከምታ ነታ ሓጢኣተኛ ሰበይቲ ኣእጋርካ ንምስዓም ዘይኸልከልካያ ንዓይ'ውን ናባኻ ቀሪበ ካብቲ ቅዱስ ስጋኻን ቅዱስ ደምካን ንምቕባል ኣይትኸልክለኒ። እዚ ቅዱስ ቁርባን፡ ንኹሉ ክፍኣት የርሕቐለይ፡ ነቲ ክፉእ ትምኒታተይ'ውን ይቕተለለይ። ትእዛዛትካ ንምሕላው ሓግዘኒ፡ ንነፍሰይን ስጋይን ካብ ኩሉ ሓጢኣት ፈውስ። ንኽብሪ ቅዱስ ስምካ ምእንቲ ኪነብር መንፈስካ

ኣብ ውሽጠይ ይንበር፡ ምሳኻ ድማ ሓደ ግበረኒ ኣሜን።

## ጸሎት ድሕሪ ቅዱስ ቁርባን

ነፍሰይ ንእግዚኣብሄር ተዕብዮ፡ ልሳነይ ከኣ ትውድሶ። ናባይ መጺኻ ንጽህና ስለ ዘልበስካኒ ናብ ሓገስካ'ውን ከኣቱ ስለ ዘፍቀድካለይ ልበይ ይሕጎስ። ብኡኡ ጌረ ብምሕያል እምነትን ተስፋን ከዓቢ፡ እዚ ሎሚ ምሳኻ ዘሎኒ ሓድነት ንዘለኣለም ይኹነለይ። እዚ ቁርባነይ ምልክት ጸጋ ድሕነትካ ይኹነለይ፡ ምንጻህ ናይ ስጋይን ነፍሰይን፡ ከምኡ'ውን ነቲ ናይ ዘለኣለም ፍቕርን ሓጉስን ንምድላው ይኹነለይ። ኦ ጐይታ! ነፍሰይን ፍቓደይን ንዓኻ ወፈ ኣሎኹ፡ ህዋሳተይ ናባኻ ጸዊዕካ ባርኾም፡ ሓሳበይ ከኣ ከም ፍቓድካ ይኹነለይ። ልበይ ኣብርሃለይ፡ ሕልናይ ኣንቅሕ፡ ኩሉ ኩፉእ ዘበለ ኣርሕቀለይ፡ ማዕበላት ኣህድኣለይ፡ ምሳይ ኩን እሞ ምርሓኒ። ዕረፍቲ ሃበኒ፡ ጽምኣተይ ኣርውየለይ፡ ኣብ ኩሉ ጉድለታተይ ብፍቕርኻ ጠምተኒ፡ መዓልቲ ትውዳእ ኣላ'ሞ ኣባይ ጽናዕ፡ ኣብዛ ትመጽእ ሓዳስ መዓልቲ'ውን ምሳይ ኩን።

ዕላማይን ሓጐሰይን ንስኻ በይንኻ ኢኻ፡ ሎምን ንዘለኣለምን፡ ኣሜን።

## ጸሎት ቅድሚ መግቢ

ኦ እግዚኣብሄር፡ ንስኻ ብሩኽ ኢኻ፡ ንስኻ ካብ ንእስነትና ኣትሒዝካ ትድግፈና፡ በረኸትካ እትህብ፡ ንኹሉ'ውን መግቢ እትህብ፡ ኣዒንትና ናባኻ ኣቶኲረን ኣለዋ። ንስኻ ኣብ እዋኑ መግብና ትህበና። ኣእዳውካ ዘርጊሕካ ንኹሉ ፍጥረት ተጽግብ። ነዚ መኣዲ ስለ ዘዳሎኻልና፡ ክብርን ውዳሴን፡ በረኸትን ምስጋናን፡ ንዓኻ ይኹን። ንምዕንጋል ሰብነትና ነዚ ኣብ ቅድሜና ተዳልዩ ዘሎ መኣዲ ኣእዳውካ ዘርጊሕካ ባርኾ። ንህይወትና ሓይልን ጥዕናን ይኹነልና። ካብዚ መኣዲ ንዝተኻፈሉ ኹሎም፡ ድሕነትን ጸጋን፡ በረኸትን ንጽህናን ሃቦም። መንፈሳውን ዘለኣለ ማውን መግቢ ንምድላይ ኩሉ ጊዜ ሕልናና ናባኻ ኣልዕል። ናብቲ ናይ ዘለኣለማዊ ህይወት ዝቕጽል መግቢ ንኽንጽዕር ዓድለና። ኣብቲ ሰማያዊ ሓጐስካ ንኽንሳተፍ ዓድለና። ናይ በረኸት እንጌራን፡ ናይ ድሕነት ጽዋእን ሃበና፡ ከምኡ'ውን ንልብና ብፍስሃን ሓጐስን ምልኣዮ።

ሁዱእን ሰላማዊ ህይወትን፡ ሕጉስቲ ነፍስን፡ ከምኡ'ውን ጥዕና ዘለዎ ሰብነትን ዓድለና። ኸንበልዕን ኸንሰትን ወይ ዝኾነ ኸንገብር ከሎና፡ ምእንቲ ንኽብሪ ስምካ ኢልና ኸንገብሮ፡ ኣብ ዝኾነ ነገር ፍቓድካ ኸንደሊ ምሃረና። ንዓኻ ክብርን ምስጋናን ንዘለኣለም ይኹን።

## እግዚኣብሄር ንኽመርሓካ
## ቅድሚ ውሳኔ ምውሳድ ዝጽለ ጸሎት

ጐይታ እቲ ንዓይ ጽቡቕ ዝኾነ፡ ኣነ ከም ዘይፈልጥ ንስኻ ትፈልጥ ኢኻ፡ ከምኡ'ውን ሕጂ ኣነ ............ እናጀመርኩ እየ'ሞ፡ ብጸጋኻ እንተ ዘይመራሕካኒሲ ከመይ ገይረ ቐኑዕ ምኳኑ ኪፈልጥ ይኽእል። ኦ ጐይታ ኣብዚ ጉዳይ እዚ ንኽትመርሓኒ እልምነካ ኣሎኹ፡ ንዝንባለይ ኪኸተል ኣይትግደፈኒ፡ እንተ ዘይኮይኑ ግና ኪዳናገርን ኪወድቅን እየ፡ ካብ ምንድልሃጽ (ሸተት ምባል) ሓልወኒ፡ ሓግዘኒ፡ ከም ፍቓድካ ውን ይኹን። ጽቡቕ ኮይኑ እንተ ተራእዩካ፡ ኸሳዕ መፈጸምታ ንኽብጽሖ በረኸትካ ዓድለኒ። ፍቓድካ እንተ ዘይኮይኑ ግና እዚ ድሌት ካብ ልበይ ኣልግሰለይ። ኩሉ ነገር ትፈልጥ ኢኻ፡

ካባኻ ዝተሓብአ የለን። ጐይታ ኣነ ባርያኻ እየ፡ ምሳይ እቲ ቕኑዕ ኮይኑ ዝተራእየካ ግበር። ምኽንያቱ ኣብቲ ጸጋ ናይ ፍቓድካ እንተ ዘይተገዛእኩ ዓወት ኮነ ሰላም ከም ዘይረክብ እፈልጥ እየ። ኣብ ኩሉ ኣጋጣሚ “ከም ፍቓድካ እምበር ከም ፍቓደይሲ ኣይኹን” ንኽብል ምሃረኒ። ከመይ መንግስትን ሓይልን ክብርን ንዘለኣለም ናትካ እዩ፡ **ኣሜን።**

www.ingramcontent.com/pod-product-compliance
Lightning Source LLC
Chambersburg PA
CBHW030253010526
44107CB00053B/1685
* 9 7 8 0 6 4 8 3 6 4 3 4 4 *